全国建设行业中等职业教育推荐教材

物业法律基础

(物业管理专业适用)

主 编 张 忠
主 审 弓跃峰

中国建筑工业出版社

图书在版编目(CIP)数据

物业法律基础/张忠主编．—北京：中国建筑工业出版社，2005
全国建设行业中等职业教育推荐教材．物业管理专业适用
ISBN 7-112-07195-X

Ⅰ．物… Ⅱ．张… Ⅲ．物业管理—法规—中国—专业学校—教材— Ⅳ．D992.181

中国版本图书馆 CIP 数据核字(2005)第 043689 号

全国建设行业中等职业教育推荐教材
物业法律基础
（物业管理专业适用）

主　编　张　忠

主　审　弓跃峰

*

中国建筑工业出版社出版(北京西郊百万庄)
新华书店总店科技发行所发行
北京云浩印刷有限责任公司印刷

*

开本：787×1092 毫米　1/16　印张：17　字数：412 千字
2005 年 6 月第一版　2005 年 6 月第一次印刷
印数：1—3000 册　　定价：**24.00 元**
ISBN 7-112-07195-X
F·604(13149)

版权所有　翻印必究
如有印装质量问题，可寄本社退换
（邮政编码 100037）

本社网址：http://www.china-abp.com.cn
网上书店：http://www.china-building.com.cn

本书是根据建设部中等职业学校建筑与房地产经济管理专业指导委员会制定的中等职业学校物业法律基础课程教学大纲、国家新颁布法律、法规编写的。本书全面系统地介绍了物业管理方面的法律法规，主要内容有：法律基础、民法、公司法、合同法、城市房地产法和物业管理法规。本书以实用为主，突出中等职业学校教学特点，附有大量案例分析以及相关的法律法规，帮助学生应用所学的理论解决实际问题，语言通俗易懂，有较强的系统性和实用性。

　　本书可作为中等职业学校物业管理专业教材，也可作为建筑类其他专业的教学参考书。

* * *

责任编辑：张　晶
责任设计：赵　力
责任校对：刘　梅　李志瑛

教材编审委员会名单

(按姓氏笔画排序)

王立霞	甘太仕	叶庶骏	刘　胜	刘　力
刘景辉	汤　斌	苏铁岳	吴　泽	吴　刚
何汉强	邵怀宇	张怡朋	张　鸣	张翠菊
邹　蓉	范文昭	周建华	袁建新	游建宁
黄晨光	温小明	彭后生		

出 版 说 明

物业管理业在我国被誉为"朝阳行业",方兴未艾,发展迅猛。行业中的管理理念、管理方法、管理规范、管理条例、管理技术随着社会经济的发展不断更新。另一方面,近年来我国中等职业教育的教育环境正在发生深刻的变化。客观上要求有符合目前行业发展变化情况、应用性强、有鲜明职业教育特色的专业教材与之相适应。

受建设部委托,第三、第四届建筑与房地产经济专业指导委员会在深入调研的基础上,对中职学校物业管理专业教育标准和培养方案进行了整体改革,系统提出了中职教育物业管理专业的课程体系,进行了课程大纲的审定,组织编写了本系列教材。

本系列教材以目前我国经济较发达地区的物业管理模式为基础,以目前物业管理业的最新条例、最新规范、最新技术为依据,以努力贴近行业实际,突出教学内容的应用性、实践性和针对性为原则进行编写。本系列教材既可作为中职学校物业管理专业的教材,也可供物业管理基层管理人员自学使用。

建设部中等职业学校
建筑与房地产经济管理专业指导委员会
2004 年 7 月

前　言

本教材为中等职业学校物业管理专业教学用书，是根据建设部中等职业学校建筑与房地产经济管理专业指导委员会制定的中等职业学校物业法律基础课程教学大纲、国家新颁布的法律、法规编写的。本教材全面系统地介绍了物业管理方面的法律法规。本书以实用为主，突出中等职业学校教学特点，附有思考题和案例分析以及相关的法律法规。

本教材由武汉市建设学校张忠（高级讲师）主编。武汉市建设学校黄晨光（高级讲师）编写第一章、武汉市沌口开发区法院陈泽民（法官）和中南财经政法大学程文婷（讲师）编写第三章、武汉市建设学校张忠编写第二章、第四章、第五章、第六章，张忠统稿定稿。本教材由湖北泓峰律师事务所弓跃峰律师主审，她对书稿提出了许多宝贵意见，在此致以衷心的感谢。

由于编者学识水平有限，本教材难免有疏漏之处，期待读者给予批评指正。

目　录

第一章　法律基础 1
　第一节　法律概述 1
　第二节　法律关系 5
　第三节　法律责任 8
　复习思考题 11

第二章　民法 12
　第一节　基本原则 12
　第二节　公民与法人 14
　第三节　民事法律行为和代理 16
　第四节　民事权利与民事责任 18
　第五节　诉讼时效 20
　复习思考题 21

第三章　公司法 22
　第一节　公司法概述 22
　第二节　有限责任公司 27
　第三节　股份有限公司 32
　第四节　公司债券与财务会计 35
　第五节　公司的合并、分立和终止 38
　第六节　公司法律责任 45
　复习思考题 47

第四章　合同法律制度 49
　第一节　合同法概述 49
　第二节　合同的订立 54
　第三节　合同的效力与合同的履行 56
　第四节　合同的变更、转让及终止 62
　第五节　违约责任 63
　复习思考题 67

第五章　城市房地产法 68
　第一节　城市房地产法规概述 68
　第二节　房地产开发用地 72
　第三节　房地产开发 81
　第四节　房地产交易 88
　第五节　房地产权属登记管理 97

  第六节 法律责任 …………………………………………… 103
  复习思考题 ……………………………………………………… 108
第六章 物业管理法规 ……………………………………………… 109
  第一节 物业管理 …………………………………………… 109
  第二节 我国物业管理立法 …………………………………… 114
  第三节 物业管理法律关系 …………………………………… 117
  第四节 物业管理条例的主要内容 …………………………… 123
  复习思考题 ……………………………………………………… 162
附录 ………………………………………………………………………… 163
  中华人民共和国民法通则 ……………………………………… 163
  中华人民共和国公司法 ………………………………………… 178
  中华人民共和国合同法（节选） ………………………………… 205
  中华人民共和国城市规划法 …………………………………… 216
  中华人民共和国城市房地产管理法 …………………………… 221
  建设工程质量管理条例 ………………………………………… 229
  物业管理条例 …………………………………………………… 238
  物业服务收费管理办法 ………………………………………… 246
  业主大会规程 …………………………………………………… 249
  物业管理企业资质管理办法 …………………………………… 253
  前期物业管理招标投标管理暂行办法 ………………………… 257
主要参考文献 …………………………………………………………… 263

第一章 法律基础

第一节 法律概述

一、法律的性质

（一）法律概念

法的本质是上升为国家意志的统治阶级意志，是统治阶级意志的集中反映。首先，法是上层建筑的组成部分，受经济基础的制约，具有什么样的经济模式就必然会形成什么样的法；其次，法是人们的行为规范，它调整的是人们的行为而不是思想或其他的非行为的东西；第三，法的内容不是所有人的想法，只能是掌握政权的阶级的意志，而且它还不是掌握政权阶级的意志的简单相加，而是集中的、高度的概括；第四，法的作用是统治阶级确立、维护和发展统治秩序的工具，这个工具的使用，是以军队、法庭、监狱等国家强制力为后盾的。

从广义上讲，法和法律是有区别的。法律强调的是具体的、明确的规范，法则是这些具体规范的总和。

（二）法律形式

法律形式就是法律的具体表现形式或客观存在方式。在历史的发展过程中，法律存在有三种形式：

1. 习惯法

习惯法也称不成文法，是指法律是以传统习惯的方式而不是以国家公布的文件方式存在。

2. 成文法

成文法也称制定法，是指法律通过国家权力机关制定，并公布实施。

3. 判例法

判例法即法律以法官判例方式存在，这主要是英美等国家的法律形式。

（三）法律体系

社会生活的纷繁复杂，决定了法律需要规范的行为的种类，需要调整的社会关系的类型也是复杂多样的。这样，把调整不同类型的法律内容集合在一起便形成了法律部门。

在一个国家中，不同法律部门纵横交错，组成了这个国家的法律整体，它们是相互联系、相互补充、相互协调、多层次的完整统一的有机体，我们称之为法律体系。

从横向看，法律体系是由不同的法律部门组成的。在我国，组成法律体系的法律部门有：刑法、民法、行政法、经济法、国家赔偿法、诉讼法等。

从纵向看，法律体系又是由级别不同、效力不一的法律组成。如我国宪法为我国的根本大法，效力最高；刑法、民法通则、劳动法等法律属于基本法，效力仅次于宪法；行政法规、地方法规的效力则更低一些，其内容不得与宪法和基本法律相违背。实践中曾发生行政法规与基本法律相冲突，导致法规无效的现象。因此在实践中首先要注意，自己使用的法律级别如何，是否与其他法律相抵触。企业内部管理制度在我国一般作为证据使用，必须注意不能与国家法律相冲突，否则将会导致无效，甚至会起相反的作用。

（四）法系

1. 大陆法系

大陆法系是指以法国民法典为代表建立起来的成文法体制。最早欧洲大陆国家效仿了法国的成文法模式普遍建立了自己的法律体制。随着殖民扩张，这种体制又发展到了北非、南美和日本。大陆法系又称民法法系。

2. 英美法系

英美法系是指以英国判例法为代表建立起来的判例法体制。随着英国的海上扩张，这种体制首先在美国确立了下来。目前英国的前殖民地国家普遍属于英美法系。英美法系又称普通法系。

（五）法制

法制有狭义和广义两种含义。狭义的法制是"法律制度"的简称；广义的法制是指民主政治的制度化、法律化，并严格依照法律进行国家管理的一种原则。通常意义的法制是就广义而言的。

现代意义的法制是与民主紧密联系的，因为民主是法制的前提和基础，法制是民主的保障，所以只有采取民主制度的国家才有可能成为法制国家。

法制的实现是通过三个方面来完成的：首先是立法，即通过民主程序制定出适合国情、符合需要的法律规范，把社会生活纳入法律轨道；其次是司法，即国家司法机关在社会生活中严格执法，切实地使法律在社会生活中发挥出效能；第三是守法，即国家机关、公民、法人都能主动地积极地依照法律的规定行使权利、承担义务，或者履行职责、行使权力，把法律内容真正落实在实处，贯彻到位。所以，我国的法制原则是"有法可依、有法必依、执法必严、违法必究。"

（六）法律制度

法律制度有多种含义，从广义上讲，法律制度是指一个国家法律规范的总和；从狭义上讲，法律制度是指调整某一类特定关系，规范某一类特定行为的法律规范的总和。在本书中我们所要了解的是狭义的法律制度。

法律制度按照划分方式不同，可以作出不同的分类，但多数都以法律部门为依据来建立法律制度，如企业法律制度、民事法律制度、诉讼法律制度、行政法律制度等等。在一个部门法中，还有许多不同的具体法律制度，如在诉讼法律制度中有回避制度、两审终审制度等；在建设法律制度中有招标投标制度、许可证制度等等。

二、法律的作用

（一）法律在政治上的作用

法律在政治上的作用反映出法律的核心目的，就是为了维护掌握政权的阶级的统治地位，使其地位合法化；其次表现在法律要协调统治者内部之间关系，确认内部各成员间的平等地位和民主权利，调整成员之间以及个别成员与整体之间的矛盾，求得内部团结，共同维护自身的统治地位；第三表现在调整统治者与其同盟者之间的关系，尽量反映同盟者的利益，争取他们的支持，求得统治地位的巩固。

（二）法律在社会管理中的作用

法律的直接职能是管理社会，维护政治秩序、经济秩序和社会秩序，所以管理社会是法律的直接目的，诸如交通安全法、环境保护法、城市规划法等。

（三）法律的规范作用

规范人的行为是法律最直接的作用，也是实现其他作用的手段。法律规范人的行为主要通过：

1. 引导人们实施行为

当法律确定了应当怎样做或禁止怎样做以后，它便能够指引人们抑制作出违反法律的行为，积极作出符合法律的行为。

2. 评价或预测人们的行为

法律一经产生就成为了客观存在，由于它要求全社会共同遵守，因而能起到尺度和准绳的作用。于是对一个人的行为，他就可以依靠法律来判断是对的还是错的。同样，凭借法律，也可以预测他人将如何实施行为，以及国家司法机关对这种行为将采取的相应措施。

3. 对一般人的教育作用

这种作用即表现在某人的违法行为受到制裁时，对一般人所起到的警戒作用；又表现在人们的合法行为受到法律的保护和鼓励时，对他人所起到的示范作用。

4. 对违法者的强制矫正作用

这主要是通过国家司法机关，对违法犯罪人员强制制裁，使其放弃违法行为，或弥补违法造成的损失。

（四）法律在企业管理中的作用

企业既要与社会相融合，又属于特定范畴的小社会。在社会主义市场经济条件下，法律对企业管理有着极其重要的作用。

（1）法律思想产生于社会管理，对企业的宏观管理具有指导意义；

（2）法制原则能够引导企业确立管理模式，形成有益的管理原则，依法管理企业首先要求企业要根据自身的实际情况制定出完善的科学的管理制度，以实现管理目的；

（3）法律原则能够指引企业管理运行；

（4）促进企业加强成本核算，提高市场竞争能力；

（5）加强企业的自我保护意识，提高权利保护能力。

三、法律规范

（一）法律规范的概念

法律规范是指掌握政权的阶级依照自己的意志，由国家机关制定或认可并由国家强制力保证其实施的具体行为规范。

（二）法律规范的构成要素

法律规范规定的是具体的行为，因而其表达方式必须有一个严谨的逻辑结构，任何一个法律规范都必须由假定、处理、制裁三部分组成，法学上称之为法律规范三要素：

1. 假定

假定是指在法律规范中，确定适用该规范的条件和环境的部分。

2. 处理

处理是指行为规则的本身,是法律规范确定的允许做什么,禁止做什么,要求做什么的部分。

3. 制裁

制裁是法律规范的后果部分。它说明的是违反法律规范时,国家将给予怎样的处置,即法律规范的强制措施。

(三)法律规范的种类

从法理学角度看,按不同的标准,法律规范可以分出不同的种类。从应用性角度讲,我们按法律规范所确定的行为规则的性质,把法律规范分为禁止性规范、义务性规范和授权性规范。

1. 禁止性规范

禁止性规范是指规定人们不得作出某种行为的法律规范,它要求人们不得作出某种行为。

2. 义务性规范

义务性规范是指人们必须作出某种行为的法律规范,如《合同法》第7条规定的"当事人订立、履行合同,应当遵守法律、行政法规",就属于义务性规范。

3. 授权性规范

授权性规范是指规定人们有权作出某种行为的规范,它既不禁止人们作出这种行为,也不要求人们必须作出这种行为,而是赋予了一个权利,做与不做都不违反法律,一切由当事人自己决定。法律之所以确立这种规范,就是要防止他人干涉当事人的行为自由。《中华人民共和国城市房地产管理法》第12条规定的"土地使用权出让,可以采取拍卖、招标或双方协议的方式"就属于授权性规范。

需要进一步阐明的是,禁止性规范和义务性规范又统称为强制性规范,在法律条文中这类规范普遍使用"应当"、"必须"、"不得"、"禁止"等关联词;授权性规范则往往使用"可以"做关联词。因此,当我们在法律条文看到有关的关联词时,就应该知道是哪一种规范了。

(四)法律规范的解释

1. 有权解释

有权解释也称正式解释,是指有权的国家机关和公职人员基于法律赋予的职权,对法律规范所作的解释,它包括立法机关在立法时,对法律所作的立法解释;最高人民法院和最高人民检察院在司法工作中,对如何具体应用法律等问题所作的司法解释;国家行政机关(指国务院及其各部委)对特定方面的事务,具体如何应用所作的行政解释。

2. 无权解释

无权解释也称非正式解释,是不具有法律约束力的解释,即这种解释具有任意性,不论解释的内容是否符合法律实质,均不得作法律使用。无权解释包括:公民、法人和诉讼当事人对法律的理解和解释,即任意解释;专家、学者在研究、著作和教学过程中对法律规范的解释,即学理解释。

有权解释和无权解释最本质的区别在于,有权解释具有法律效力,它相当于法律,是法律规范的进一步展开,也是实际生活中必须遵守的规则;无权解释不具有法律效力,只是个人对法律的理解，只具有参考作用。因此在实践中，不仅要注意法律规范，也要注意法律规范的解释。对无权解释则要多听一些意见和建议，并确认这些解释是否具有法律依据。许多法律，特别是经济法，都在法律条文中注明，该法由哪个机关负责解释。这些被法律赋予解释权的机关或公职人员，对该法所作的解释都属于有权解释。

（五）法律规范的效力

法律规范的效力是指法律规范的有效范围，即法律在什么时间、地点、对哪些人有效等等。法律规范的效力包括时间效力、空间效力和对人的效力。

1. 时间效力

时间效力是指法律开始生效或已经失效的时间，以及法律对它颁布前的事项和行为有无溯及力的问题。一般地，法律生效以公布时间或公布的特定时间生效；终止则以决议或命令宣布废止或者随着新法律的公布，旧法律自然失效。在有无溯及力的问题上，我国采取的是无溯及力或从轻溯及的原则。如我国刑法采用的是"从旧兼从轻"原则。

2. 空间效力

空间效力是指法律生效的地域范围，即法律在哪些地方生效。

3. 对人的效力

对人的效力是指法律对什么样的人生效。

了解法律的效力，有助于当事人知道哪些法律对自己有用，在工作中可以有针对性的选择一些重点法律来学习和应用。

第二节 法 律 关 系

一、法律关系

法律关系就是由法律规范所确定和调整的人与人或人与社会之间的权利、义务关系。法律的直接内容就是规定人的权利和义务，不同的法律规范规定了人的不同的权利和义务，这些不同的权利和义务就形成了不同的法律关系。

需要指出的是，从法律意义讲，"人"包括两种含义，一是指自然人，就是指普通的公民；另一是指法人，即法律承认其具有相应法律能力的组织。

二、法律关系的权利和义务

权利和义务是法律规范的直接内容，了解法律最大的价值就在于明确自己享有哪些权利，应承担哪些义务，以及应如何行使权利和履行义务。

1. 权利

是指法律规范所确定的，权利主体可以作出一定的行为或要求他人作出一定的行为。对于法定的权利，任何人都不得干涉，当事人可以根据自己的意志，在法定范围内自由地行使权利。

2. 义务

是指根据法律规范的规定，义务主体必须作出或不作出某种行为。对义务，除非权利人有法律的允许，否则当事人不得放弃履行，他人也不得阻止当事人履行义务。

权利和义务是对应的，一方面，一方当事人享有的权利，必须靠另一方当事人或社会应承担的义务来保证；另一方面，对于一个人，他在享有权利的同时，也必须对他人或社会承担相应的义务。

在许多情况下,某一个具体的行为,既是一个人的权利,又是一个人的义务,此时这个行为就成了责任。在组织性、管理性规范中,普遍存在这种现象,如《中华人民共和国公司法》要求经理执行董事会的决议,此时经理执行董事会决议的行为,既是经理的法定权利,又是经理必须承担的义务。之所以要提及这一点,就在于在一般的情况下,当事人是可以放弃自己的权利的,而对于责任,由于有义务的含义,因而当事人不能放弃,否则将要承担违反职责的法律制裁。

三、法律关系的构成要素

任何法律关系都是由法律关系主体、法律关系客体和法律关系内容三个要素构成。三要素的内涵不同,则组成不同的法律关系,如民事法律关系、行政法律关系、劳动法律关系、经济法律关系等等。同样,变更其中一个要素就不再是原来的法律关系。

1. 民事法律关系的主体

民事法律关系的主体是指参加民事法律关系享受权利或承担义务的人,即民事法律关系的当事人,如无主体,就无发生民事法律关系可言,故主体成为民事法律关系设立的不可缺少的一个要素。

根据我国《民法通则》规定,可以作为民事法律关系主体的有公民和法人,国家是国家主权的代表者,同时又是国家财产所有权的拥有者,在特定的情况下,国家可以作为民事主体直接参与债的法律关系,如以国家的名义发行公债,承受无人继承的遗产等。

民事法律关系的双方当事人可以是单个的,也可以是多数的。但至少须有双方当事人参加,其民事法律关系才能成立。在民事法律关系中享有权利的一方称为权利主体,负有义务的一方称为义务主体。在双务法律关系中,双方当事人既是权利主体,又是义务主体。

2. 民事法律关系的内容

民事法律关系的内容是指民事法律关系主体间的权利和义务。民事法律关系如果仅有主体,而主体之间并无权利、义务,则仍不能发生民事法律关系。故民事法律关系的内容也是民事法律关系设立的不可缺少的要素。

民事法律关系当事人之间的权利、义务,是相互联系、相互依存的,当事人一方的权利,正是当事人另一方的义务,或者双方均享有权利,又都负有相应的义务等。而权利的实现和义务的履行必须以民事责任为保证,故民事责任也与民事法律关系相联系。作为民事法律关系内容的权利和义务,往往成为我们划分民事法律关系的性质、类别和社会属性的重要根据,例如:买卖、赠与、租赁、保管等各种合同类别的划分,正是根据合同当事人之间权利、义务的不同而确定的。

3. 民事法律关系的客体

民事法律关系的客体是指民事法律关系的权利与义务所指向的对象。在通常情况下,民事主体都是为了某项客体彼此才设立一定的权利、义务,从而建立民事法律关系,例如,甲乙双方订立买卖房屋的合同,在这个买卖房屋的民事法律关系中,房子便是双方权利、义务所指向的事物——客体。如果仅有主体和内容,而无客体,那么这种权利和义务就是空洞的,法律关系也是难以成立的。

按照我国《民法通则》的规定,可以作为民事法律关系客体的,有物、行为、不行为、智力劳动成果和一定的利益等。

物，是指现实存在的为人们可以控制、支配的一切自然物和劳动创造的物，如水流、矿藏、自然生长的树木和劳动创造的各种具体的物。人们为物而发生着各种民事法律关系，所以物是民事法律关系的最普遍的客体。

行为，一般是指人的有意识的活动。行为可分为作为、不作为，又称行为、不行为。在有些民事法律关系中，就是以人们的行为作为客体的，例如，在运输合同法律关系中，就是以承运人将承运的货物运达指定地点的行为为客体的。在某些民事法律关系中则是以不作为作为客体的，如按照出版合同，作者不得将手稿另交他人出版的行为等。

智力成果，是人类脑力劳动的成果，属于一种精神财富，亦可作为民事法律关系的客体，如著作权关系、发明权关系的客体就是作者的著作或发明人的发明。作者对自己的作品享有版权，发明人依法对自己的发明取得专利权，或者将自己的版权、专利权转让或允许他人使用等。在这些法律关系中，智力成果便是法律关系的客体。

四、法律关系的产生、变更和消灭

（一）法律关系的产生

法律关系的产生是指法律关系主体之间形成了一定的权利和义务关系。某单位与施工单位签订了工程承包合同，主体双方产生了相应的权利和义务，此时，受法律规范调整的法律关系即告产生。

（二）法律关系的变更

法律关系的变更是指法律关系的三个要素发生变化。

1. 主体变更

主体变更是指法律关系主体数目增多或减少，也可以是主体改变。在合同中，客体不变，相应权利义务也不变，此时主体改变也称为合同转让。

2. 客体变更

客体变更是指法律关系中权利义务所指向的对象发生变化。客体变更可以是其范围变更，也可以是其性质变更。

3. 内容变更

内容变更是指法律关系中主体之间的权利与义务的改变。但当事人对合同变更的内容约定不明确的，推定为未变更。

（三）法律关系的消灭

法律关系的消灭是指法律关系主体之间的权利义务不复存在，彼此丧失了约束力。

1. 自然消灭

法律关系自然消灭是指某类法律关系所规范的权利义务顺利得到履行，取得了各自的利益，从而使该法律关系达到完结。

2. 协议消灭

法律关系协议消灭是指法律关系主体之间协商解除某类法律关系规范的权利义务，致使该法律关系归于消灭。

3. 违约消灭

法律关系违约消灭是指法律关系主体一方违约，或发生不可抗力，致使某类法律关系规范的权利不能实现。

(四) 法律关系产生、变更和消灭的原因

法律关系并不是由法律规范本身产生的，法律规范并不直接产生法律关系。法律关系只有在一定的情况下才能产生，而这种法律关系的变更和消灭也是由一定情况决定的。这种引起法律关系产生、变更和消灭的情况，即是人们通常称之为的法律事实。法律事实即是法律关系产生、变更和消灭的原因。

法律事实是指能够引起法律关系产生变更和消灭的客观现象和事实。

法律事实有事件和行为两种。

1. 事件

事件是指法律规范所规定的不依当事人的意志为转移的客观事件。事件可分为自然事件、社会事件和意外事件。自然事件：如出生或死亡，地震、海啸、台风等；社会事件：如战争、政府禁令、暴乱等；意外事件：如爆炸事故、触礁、失火等。

2. 行为

行为是指能够引起权利义务关系产生、变更或解除的人的有意识的行为。一是法律行为必须是有行为能力的人实施的行为，只有法律特别规定时，才能产生法律后果。二是法律行为必须是有意识的行为，人的意识状态的不同，决定了适用不同的法律。

行为依照行为方式的不同分为积极行为和消极行为。积极行为是指当事人积极地实施了某种行为，故而称作为；消极行为是指当事人消极地不去实施某种行为，故而称不作为。不论是作为还是不作为都具有法律行为的性质，可以产生重复或解除法律关系。

法律行为按照合法程序还可划分出合法行为和违法行为。合法行为是指实施了法律所要求或允许作的行为，或者没有实施法律所禁止作的行为；违法行为是指实施了法律所禁止的行为，或者没有实施法律所要求作的行为。合法行为要受到法律的肯定和保护，产生积极的法律后果；违法行为要受到法律的矫正和制裁，产生消极的法律后果。

第三节 法 律 责 任

一、法律责任

（一）法律责任的概念

法律责任也称违法责任，是指自然人、法人或国家公职人员因违反法律而应依照法律承担的法律后果。

（二）法律责任的特征

1. 法律责任具有法定性

法律责任的法定性主要表现了法律的强制性，即违反法律时就必然要受到法律的制裁，它是国家强制力在法律规范中的一个具体体现。

2. 引起法律责任的原因是法律关系的主体违反了法律

法律关系主体违反法律不仅包括没有履行法定义务，而且还包括超越法定权利。任何违反法定的义务或超越法律权利的行为，都是对法律秩序的破坏，因而必然要受到国家强制力的修正或制裁。

3. 法律责任的大小同违反法律义务的程度相适应

违反法律义务的内容多、程度深，法律责任就大，相反，违反法律义务少、程度浅，

法律责任就小。

4. 法律责任须由专门的国家机关和部门来认定

法律责任是根据法律的规定而让违法者承担一定的责任,是法律适用的一个组成部分,因此,它必须由专门的国家机关或部门来认定,无权的单位和个人是不能确定法律责任的。

二、法律责任的构成条件

通常,有违法行为就要承担法律责任,受到法律制裁,但是,并不是每一个违法行为都要引起法律责任,只有符合一定条件的违法行为才能引起法律责任,这种能够引起法律责任的各种条件的总和称之为法律责任的构成要件。法律责任的构成要件有两种:一类是一般构成要件,即只要具备了这些条件就可以引起法律责任,法律无需明确规定这些条件;另一类是特殊要件,即只有具备法律规定的要件时,才能构成法律责任。特殊要件必须有法律的明确规定。

(一) 一般构成要件

法律责任的一般构成要件由以下四个条件构成,它们之间互为联系、互为作用,缺一不可。

1. 有损害事实发生

损害事实就是违法行为对法律所保护的社会关系和社会秩序造成的侵害。这种损害事实首先具有客观性,即已经存在;没有存在损害事实,则不构成法律责任。其次,损害事实不同于损害结果。损害结果是违法行为对行为指向的对象所造成的实际损害。由此可见,有些违法行为尽管没有损害结果,但是已经侵犯了一定的社会关系或社会秩序,因而也要承担法律责任,如犯罪的预备、未遂、中止等。

2. 存在违法行为

法律规范中规定法律责任的目的就在于让国家的政治生活和社会生活符合统治阶级的意志,以国家强制力来树立法律的威严,制裁违法,减少犯罪。如果没有违法行为,就无需承担法律责任,而且合法的行为还要受到法律的保护,所以,只要行为没有违法,尽管造成了一定的损害结果,也不承担法律责任,如正当防卫、紧急避险和执行公务的行为,就不应承担法律责任。

3. 违法行为与损害事实之间有因果关系

违法行为与损害事实之间的因果关系,指的是违法行为与损害事实之间存在着客观的、必然的因果关系,就是说,一定损害事实是该违法行为所引起的必然结果,该违法行为正是引起损害事实的原因。

4. 违法者主观上有过错

所谓过错,是指行为人对其行为及由此引起的损害事实所抱的主观态度,包括故意和过失。如果行为在主观上既没有故意也没有过失,则行为人对损害结果不必承担法律责任。如企业在施工中遇到严重的暴风雨,造成停工,从而延误了工期,在这种情况下,停工行为和延误工期造成损失的结果并非出自施工者的故意和过失,而属于意外事件,因而不应承担法律责任。

(二) 特殊构成要件

特殊构成要件是指由法律特殊规定的法律责任的构成要件,它们不是有机地结合在一起的,而是分别同一般要件构成法律责任。

1. 特殊主体

在一般构成要件中对违法者即承担责任的主体没有特殊规定,只有具备了相应的行为能力即可成为责任主体。而特殊主体则不同,它是指法律规定违法者必须具备一定的身份和职务时才能承担法律责任。主要指刑事责任中的职务犯罪,如贪污、受贿等,以及行政责任中的职务违法,如徇私舞弊、以权谋私等。不具备这一条件时,则不承担这类责任。

2. 特殊结果

在一般构成要件中,只要有损害事实的发生就要承担相应的法律责任,而在特殊结果中则要求后果严重、损失重大,否则不能构成法律责任。如质量监督人员对工程的质量监督工作粗心大意、不负责任,致使应当发现的隐患而没有发现,造成严重的质量事故,那么他就要承担玩忽职守的法律责任。

3. 无过错责任

一般构成要件都要求违法者主观上必须有过错,但许多民事责任的构成要件则不要求行为者主观上是否有过错,只要有损害事实的发生,那么,受益人就要承担一定的法律责任,这种责任,主要反映了法律责任的补偿性,而不具有法律制裁意义。

4. 转承责任

一般构成要件都是要求实施违法行为者承担法律责任,但在民法和行政法中,有些法律责任则要求与违法者有一定关系的第三人来承担,如未成年人将他人打伤的侵权赔偿责任,应由未成年人的监护人来承担。

三、法律责任的种类

依照行为违法的不同和违法者承担法律责任的方式的不同,法律责任可分为民事责任、行政责任、刑事责任。

(一) 民事责任

民事责任是指按照民法规定,民事主体违反民事义务时所应承担的法律责任。以产生责任的法律基础为标准,民事责任可分为违约责任和侵权责任。违约责任是指行为人不履行合同义务而承担的责任;侵权责任是指行为人侵犯国家、集体和公民的财产权利以及侵犯法人名称权和自然人的人身权时所应承担的责任。承担民事责任的方式有:停止侵害,排除妨碍,消除危险,返还财产,恢复原状,修理、更换、重作,赔偿损失,支付违约金等。

(二) 行政责任

行政责任是指因违反法律和法规而必须承担的法律责任,它包括两种情况:一是公民和法人因违反行政管理法律、法规的行为而应承担的行政责任;二是国家工作人员因违反政纪或在执行职务时违反行政法规的行为。与此相适应的行政责任的承担方式分为两类:一类是行政处罚,即由国家行政机关或授权的企事业单位、社会团体,对公民和法人违反行政管理法律和法规的行为所实施的制裁,主要有警告、罚款、拘留、没收、责令停业整顿、吊销营业执照等;另一类是行政处分,即由国家机关、企事业单位对其工作人员违反行政法规或政纪的行为所实施的制裁,主要有警告、记过、记大过、降职、降薪、撤职、留用察看、开除。

(三) 刑事责任

刑事责任是法律责任中最强烈的一种，其承担方式是刑事处罚。刑事处罚有两种：一种是主刑，包括管制、拘役、有期徒刑、无期徒刑和死刑；另一种是附加刑，包括罚金、没收财产和剥夺政治权利。有些刑事责任可以根据犯罪的具体情况而免除刑事处罚。对免除刑事处罚的罪犯，有关部门可以根据法律的规定使其承担其他种类法律责任，如对贪污犯可以给予开除公职的行政处分。

复习思考题

1. 法律的概念及形式有哪些？
2. 法律的作用是什么？
3. 法律规范的概念及构成要素是什么？
4. 法律关系的概念及构成要素是什么？
5. 法律责任的概念及构成条件是什么？

第二章 民　　法

第一节 基 本 原 则

民法的基本原则，是我国民法的社会主义本质的集中表现，是我们进行民事活动必须遵循的法律原则。《民法通则》第一章对基本原则专门作了规定。

一、保护公民、法人合法民事权益的原则

《民法通则》第五条："公民、法人的合法的民事权益受法律保护，任何组织和个人不得侵犯。"从而把保护公民和法人的合法民事权益提到了基本原则的高度。

保护公民和法人的合法权益是我国各个法律部门的共同任务，但作为调整平等主体之间的财产关系和人身关系的民法，则负有更为重要的使命。

《民法通则》第二章、第三章对公民和法人做了专章的规定，确认了公民和法人的主体资格和在法律上享有的平等地位。在"民事权利"一章中具体规定了公民和法人享有的各项民事权利，并且不允许任何组织或个人非法侵犯。在"民事责任"一章中，对侵犯公民和法人的人身权利和财产权利的行为规定了各种民事制裁方式。这些都体现出我国民法对公民和法人合法权益的保护。

二、平等、自愿、等价有偿原则

《民法通则》第三条规定："当事人在民事活动中的地位平等。"第四条规定："民事活动应当遵循自愿、公平、等价有偿、诚实信用的原则。"这两条规定总的说来是商品经济中的价值规律在民法中的体现。

平等，主要是指民事主体在民事活动中的法律地位平等。在民事法律关系中，不论公民与法人、上级与下级、国有与私营，都是法律地位平等的民事主体，在民事活动中必须平等相待，不允许强迫命令。各自的合法权利都受到法律的平等保护。

自愿，主要是指民事主体是否参与民事活动以及设定何种民事权利和义务应当取决于他们的自主自愿的自由意志。这就为反对他人干预、强迫提供了法律上的保障。

等价有偿，主要是指民事主体在财产转移或提供劳务等民事活动中，应当按照等价有偿原则进行。如按照对等的价格转移财产，对提供劳务或完成工作成果者给予相应的报酬等。这里所说的等价并非绝对意义上的等价，而是一种对价。但民法并不干预民事主体无偿转移财产或对某些民事权利的放弃，这是民法自愿原则的一种体现。

平等、自愿、等价有偿之所以成为民法的基本原则，是由于民法所调整的财产关系的核心属于商品关系这一特点所决定的。在商品交换中，各方都是以平等的所有者或管理者的姿态出现的，是双方自愿的、按照等价有偿原则进行的。

在民事活动中遵循平等、自愿、等价有偿的原则是商品交换原则的法律表现，反映了价值规律的客观要求。认真实行这一原则，有利于协调国民经济各部门的经济联系和协作，促进社会主义市场经济的繁荣和发展。

三、公平、诚实信用的原则

我国民法要求民事主体在民事活动中，应当遵循公平、诚实信用的原则。这些原则是社会主义的道德规范上升为民事法律规范，反映了社会主义民法与社会主义道德的统一性，同时，也是长期以来市场活动中所形成的一种行为规范，有其独立的社会根源。

公平，属于一种主观的评价。在阶级社会里，不同的阶级对公平、不公平有着不同的看法和理解，正如恩格斯所指出的那样，"这个公平却始终只是现存经济关系在其保守方面或在其革命方面的观念化、神圣化的表现。希腊人和罗马人的公平观认为奴隶制度是公平的；1789年资产者阶级的公平观则要求废除被宣布为不公平的封建制度"。

我国民法的公平原则，体现了社会主义的公平观。《民法通则》关于民事主体的规定、关于民事权利和义务的规定、关于民事责任的规定等，都贯彻了公平的原则，不允许民事法律关系的任何一方享有特权，不承认任何组织或个人的特殊地位。《民法通则》第一百三十二条在侵权损害的民事责任中规定："当事人对造成损害都没有过错的，可以根据实际情况，由当事人分担民事责任。"可根据实际情况和当事人的经济条件，由没有过错的致害人和受害人双方分担损失，以减轻受害人的经挤损失。这种规定是民法公平原则的又一体现，是对其他民事规范在实施中引起不公平结果时的一种补救或矫正。

诚实与信用原则要求维持当事人之间的利益以及当事人利益与社会利益之间的平衡。在当事人之间的利益关系中，该原则要求当事人以对待自己事务的态度来对待他人事务，保证法律关系的当事人都能得到自己应得的利益。在当事人与社会的利益关系中，诚实信用原则要求当事人不得通过自己的行为损害第三人和社会的利益。该原则的功能有二：一是指导人们的民事行为，是对当事人进行民事活动时必须具备诚实、善意的内心状态的要求；二是对法官衡平权的授予，法官在法律对一些问题的解决没有明确规定时可以适用此原则。

《民法通则》把诚实、守信用的道德规范用法律形式肯定下来，成为人人必须遵循的法律原则，也是对那些不讲诚实、不守信用、破坏社会主义市场经济正常秩序的不法行为作斗争的法律武器。

四、遵守法律和国家政策的原则

《民法通则》第六条规定："民事活动必须遵守法律，法律没有规定的，应当遵守国家政策。"任何违反法律的行为，都会使国家和人民利益遭到损害，因此，公民和法人以及其他民事主体，在行使民事权利、进行民事活动时，必须遵守国家的法律。

这里所指的法律是广义的。《民法通则》和其他单行民事法规、条例、办法以及包含在其他规范性文件中的民事规范或者对民事活动有影响的行政性规范，都是进行民事活动应当遵守的法律，例如，违背《中华人民共和国森林法》及其《实施细则》，变卖、滥伐木材的行为，就是因违反法律而致无效的民事行为。

由于我国目前制定完备的民法典的条件和经验还不够成熟，只好先将那些比较成熟的而又是急需的部分加以规定。我国《民法通则》也正是在这种条件下制定的。但严格地说，这些规定大都是比较原则性的，要把它们付之实行，还须由有关国家机关进行解释或作出必要的补充规定。在法律没有规定的情况下，民事活动就要遵守国家的政策。

国家的政策也是国家意志的体现，它与国家的法律一样属于上层建筑的范畴。我们党和国家为了谨慎地指导社会生产和生活,往往先制定相应的政策,在总结经验的基础上把行之有效的政策制定为相应的法律。国家政策是制定法律的依据,是法律的核心和基本思想,法律是国家政策的定型化、条文化。例如,国家关于个体经济的政策,也是我国指导个体经济的发展和《民法通则》所规定的有关个体工商户和个人合伙等关系的法律依据,因此,违反国家政策的民事行为,也将会导致无效的法律后果。当然,我们要逐渐把民事经济活动从主要依靠政策转到依照法律办事的轨道上来,这是社会主义法制建设的要求。

五、尊重社会公德、社会公共利益的原则

《民法通则》第七条规定:"民事活动应当尊重社会公德,不得损害社会公共利益,破坏国家经济计划,扰乱社会经济秩序。"这一规定是指民事权利不得滥用。

社会公德是指在一定社会里占统治地位的道德,它依靠社会舆论、信念、习惯和教育等方法来维持。不同的阶级对道德、不道德有着不同的评价。在一定社会里具有普遍约束力的道德称之为社会公德或一些国家民法所说的"公序良俗"。

公共利益也称社会利益,任何组织或个人均不得侵犯。

我国实行的是社会主义市场经济,作为主要调整商品关系的我国民法,必须把服从国家市场经济作为自己的一项任务而切实加以贯彻,任何破坏国家市场经济的行为必然对社会经济建设和发展产生不良影响。

虽然不道德的行为未必都是非法行为,但大多是有损公共利益或社会秩序的行为,因此,《民法通则》把尊重社会公德、不得损害社会公共利益、破坏市场经济和扰乱社会公共秩序作为进行民事活动必须遵守的准则。这一规定对发扬社会主义道德风尚、促进社会主义精神文明和物质文明建设等方面,均有重要的意义。

总之,我国民法的上述诸原则,从不同的方面发挥着指导民事活动的作用,它们既相互配合,又相互制约,共同构成了一个整体,形成了我国民法的特征。我们不能只强调其中的某个原则,忽视其他原则,而应当在民事活动中全面地加以贯彻。

第二节 公民与法人

一、公民

民事主体是民事法律关系的参加者,是民事权利和义务的承担者。民法是为了确认和调整民事主体间的一定的社会关系,因此确认公民民事主体资格是我国民法的一项重要任务。《民法通则》对民事主体主要分为两大类:一是公民;二是法人。按照我国宪法规定:"凡具有我国国籍的人都是中华人民共和国公民。"由此可见,我国公民的概念就是具有我国国籍的自然人。但是在我国领域里,也还有外国国籍的人和无国籍人,按照《民法通则》第八条第二款的规定:"除法律另有规定外,《民法通则》关于公民的规定也适用于外国国籍的自然人或无国籍的自然人。"用"自然人"一词,就可以包括这些人。

(一)公民民事权利能力

是指公民享有民事权利、承担民事义务的资格。《民法通则》第九条规定:"公民从出生时起到死亡时止,具有民事权利能力,依法享有民事权利,承担民事义务。"

(二)公民民事行为能力

是指公民通过自己的行为行使民事权利或履行民事义务的能力。《民法通则》对公民民事行为能力分为三类：完全民事行为能力、限制民事行为能力和无民事行为能力。

1. 完全民事行为能力

完全民事行为能力是指公民能够通过自己的行为行使民事权利、履行民事义务的能力。

《民法通则》第十一条规定："十八周岁以上的公民是成年人，具有完全民事行为能力，可以独立进行民事活动，是完全民事行为能力人。

十六周岁以上不满十八周岁的公民，以自己的劳动收入为主要生活来源的，视为完全民事行为能力人。"

2. 限制民事行为能力

限制民事行为能力是指具有一定的民事行为能力，但为保护其合法权益和维护社会正常经济秩序不得不对其行为给予一定的限制。

《民法通则》第十二条规定："十周岁以上的未成年人是限制民事行为能力人，可以进行与他的年龄、智力相适应的民事活动；其他民事活动由他的法定代理人代理，或者征得他的法定代理人的同意。"

3. 无民事行为能力

无民事行为能力是指公民完全不能够通过自己的行为行使民事权利、履行民事义务的能力。

《民法通则》第十二条第二款规定："不满十周岁的未成年人是无民事行为能力人，由他的法定代理人代理民事活动。"

二、法人制度

（一）法人概述

1. 法人的概念

依照《民法通则》第三十六条规定："法人是具有民事权利能力和民事行为能力，依法独立享有民事权利和承担民事义务的组织。"法人是与自然人相对应的一个法律概念，是指在法律上与自然人(或称公民)相对应的"人"。

2. 法人成立的条件

（1）依法成立；

（2）有必要的财产或经费；

（3）有自己的名称、组织机构和经营场所；

（4）能够独立承担民事责任。

（二）法定代表人

法人的法定代表人是指能够代表法人行使民事权利、承担民事义务的主要负责人。法人作为一个组织是不能直接实施行为的，而必须通过法定代表人的行为，或其依照职权和法律要求而授权他人的行为才能完成，所以，法定代表人是法人实施行为的第一载体。

在了解法定代表人时需要注意以下几个问题：

（1）法定代表人不一定是法人的最高领导人；

（2）法定代表人享有的权利和承担的义务具有特殊性；

（3）法定代表人的变更并非意味着法人的变更。法定代表人不影响法人所实施行为的法律效力。

第三节 民事法律行为和代理

一、民事法律行为

(一) 民事法律行为的概念

《民法通则》第五十四条对民事法律行为作了定义性的规定:"民事法律行为是公民或者法人设立、变更、终止民事权利和民事义务的合法行为。"这一规定说明:

(1) 民事法律行为是以设立、变更或终止某种民事法律关系为目的的一种民事行为;

(2) 民事法律行为是一种合法的民事行为。

例如,民事权利主体依法签订合同和设立遗嘱的行为,就是民事法律行为。

(二) 民事法律行为的特征

1. 民事法律行为是以发生一定法律后果为目的的民事行为

民事法律行为是民事主体为了设立、变更或终止一定的民事权利、义务的民事行为,因而民事法律行为是与人们的意志相联系的一种法律事实。能否发生行为人预期的法律后果,这是判断某项民事行为是否为法律行为的一个重要标志。侵权行为虽然也可发生一定的法律后果,即赔偿受害人损失的法律后果,但这种行为的法律后果一般不是行为人所预期的,因此它属于违法的民事行为,而不属于民事法律行为。

2. 民事法律行为以行为人真实意思表示为必备的要素

法律行为既然是人们有目的有意识的行为,因此意思表示就是法律行为构成的核心或者说是不可缺少的要素。所谓意思表示,是指行为人把要进行法律行为的意思(意愿、意向)以一定方式表现于外部,便于他人知晓和获得法律承认。所以没有意思表示,也就没有法律行为。

3. 民事法律行为是一种合法行为

民事法律行为的内容与形式符合法律的要求或者不违背法律和社会公共利益的,才能受到法律的承认和保护,也才能产生行为人所预期的法律后果,否则不仅不会产生行为人所预期的法律后果,而且要受到法律的制裁——即发生行为人所不期望的法律后果。例如,有人利用合同形式进行诈骗等不法行为,这种行为尽管采取法律行为的形式,但因属于违法行为,自然不能成为法律行为。

总之,具备上述三项特征的民事行为才能成为民事法律行为。

二、代理

(一) 代理的概念

代理是代理人在代理权限内,以被代理人的名义实施民事法律行为,被代理人对代理人的代理行为承担民事责任。由此可见,在代理关系中通常涉及三个人,即被代理人、代理人和第三人。如某甲委托某乙去某丙处为自己购买机床一台,在这个代理关系中,某甲为被代理人,某乙为代理人,某丙为第三人。

(二) 代理的种类

代理有委托代理、法定代理和指定代理三种形式。

1. 委托代理

委托代理是指根据被代理人的委托而产生的代理,如公民委托律师代理诉讼即属于委托代理。

2. 法定代理

法定代理是基于法律的直接规定而产生的代理，如父母代理未成年人进行民事活动就是属于法定代理。法定代理是为了保护无行为能力的人或限制行为能力的人的合法权益而设立的一种代理形式，适用范围比较窄。

3. 指定代理

指定代理是指根据主管机关或人民法院的指定而产生的代理。这种代理也主要是为无行为能力的人和限制行为能力的人而设立的，如人民法院指定一名律师作为离婚诉讼中丧失行为能力而又无其他法定代理人的一方当事人作为代理人，就属于指定代理。

(三) 代理人在代理活动中应注意的几个问题

1. 代理人应在代理权限范围内进行代理活动

如果代理人没有代理权、超越代理权限范围或代理权终止后进行活动，即属于无权代理，倘若被代理人不予以追认的话，则由行为人承担法律责任。

2. 代理人应亲自进行代理活动

代理关系中的委托授权，是基于对代理人的信任，委托代理就是建立在这种人身信任的基础上的，因此，代理人必须亲自进行代理活动，完成代理任务。

3. 代理人应认真履行职责

代理人接受了委托，就有义务尽职尽责地完成代理工作，如果不履行或不认真履行代理职责而给被代理人造成损害的，代理人则应承担赔偿责任。

4. 不得滥用代理权

滥用代理权表现为：

(1) 以被代理人的名义同自己实施法律行为，如果以被代理人的名义同自己订立合同，就属于此种情形。

(2) 代理双方当事人实施同一个法律行为，例如，在同一诉讼中，律师既代理原告，又代理被告，这就很可能损害合同一方当事人的利益，因此，此种情形为法律所禁止。

(3) 代理人与第三人恶意串通损害被代理人的利益，例如，代理人与第三人相互勾结，在订立合同时给第三人以种种优惠，而损害了被代理人的利益，对此，代理人、第三人要承担连带责任。

(四) 代理权的终止

由于代理的种类不同，代理关系终止的原因也不尽相同。

1. 委托代理的终止

(1) 代理期限届满或代理事务完成；

(2) 被代理人取消委托或代理人辞去委托；

(3) 代理人死亡或丧失民事行为能力；

(4) 作为被代理人或代理人的法人组织终止。

2. 法定代理或指定代理的终止

(1) 被代理人或代理人死亡；

(2) 代理人丧失行为能力；

(3) 被代理人取得或恢复民事行为能力；

(4) 指定代理的人民法院或指定单位取消指定；
(5) 由于其他原因引起的被代理人和代理人之间的监护关系消灭。

第四节 民事权利与民事责任

一、民事权利

（一）民事权利概念

民事权利是指民事法律关系中民事主体享有的权利，如：姓名权、荣誉权、健康权、财产权等。

（二）民事法律关系的分类

按不同的标准，可将民事法律关系作不同的分类：第一，财产法律关系与人身法律关系；第二，物权法律关系与债权法律关系；第三，绝对法律关系与相对法律关系；第四，请求权法律关系与形成权法律关系；第五，主法律关系与从法律关系等。这些不同的民事法律关系，确认了不同的民事权利和义务，故与上述各种民事法律关系相适应，民事权利亦可作如下的分类：财产权与人身权；物权与债权；绝对权与相对权；请求权与形成权；主权利与从权利等。

1. 财产权与人身权

依民事权利内容的性质不同，可分为财产权与人身权，这是民事权利最基本的分类。

财产权是指具有物质财产内容直接与经济利益相联系的民事权利，如基于财产的占有而发生的物权；基于财产的转让而发生的债权等。财产权一般可用金钱计价及自由转让。

人身权是指具有与人身不可分离，以特定精神利益为内容的民事权利，如公民的姓名权、名誉权、法人的名称权等。由于人身权具有与权利人的人身不可分离性，故一般不能转让和继承，也不能用金钱计价。

2. 物权与债权

物权是民事主体依法对特定的物进行管理支配，享有利益并排除他人干涉的权利。

物权的种类有所有权、地上权、永佃权、地役权、抵押权、质权和留置权等。

债权是按照合同约定或依照法律规定，在当事人之间产生的特定的权利和义务关系，如合同之债、侵权之债等。

3. 绝对权与相对权

依民事权利的效力范围不同，可以分为绝对权与相对权。

绝对权是指其效力及于一切人的权利，它的义务人是不特定的任何人，即任何人均负有不妨害权利人实现其权利的义务，故绝对权又称对世权。绝对权的主体一般不必通过义务人的作为就可实现自己的权利。各种人身权、所有权和其他物权等都属于绝对权。

相对权是指其效力仅及于特定当事人的权利，它的义务人是特定的，所以又称对人权。相对权的主体必须通过特定义务人的履行义务的行为才能实现其权利。债权就是一种相对权。

4. 请求权与形成权

依民事权利作用的不同，可分为请求权与形成权。

请求权是指权利人可以要求他人为一定行为或不为一定行为的权利。债权是典型的请求权，如合同当事人有权要求对方履行义务，受害人有权要求加害人赔偿损失等。

形成权是指权利人仅凭自己单方的行为便可使某人权利发生、变更或消灭的权利，如追认权、选择权、解除权、继承抛弃权等都属于形成权。

5. 主权利与从权利

从民事权利的相互关系上，可分为主权利与从权利。主权利是指互有关联的两个以上的民事权利中，可以独立存在的民事权利。从权利是指互有关联的两个以上的民事权利中，必须以其他权利的存在为前提的民事权利。从权利随主权利的存在或消灭而存在或消灭，例如，抵押权的存在，是以债权的存在为前提的，因此，债权是主权利，抵押权是从权利。

二、民事责任

（一）民事责任的概念

民事责任是民事法律责任的简称，它是民事违法行为人依法所必须承担的法律后果，亦即由民法规定的对民事违法行为人所采取的一种以恢复被损害的权利为目的并与一定的民事制裁措施相联系的国家强制形式。民事责任这一概念说明以下几层意思：

(1) 民事责任是由民法规定的法律责任；

(2) 民事责任是对民事违法行为人施加的责任；

(3) 民事责任以恢复被害人被损害的权利为目的；

(4) 民事责任总是与一定的民事制裁措施相联系；

(5) 民事责任是一种国家的强制形式，这说明它是由国家机关依法认定和执行的或经国家认可并以国家强制力保证执行的。

民事责任作为一项法律制度，它是指确立民事责任的原则、条件和形式等法律规范的体系。我国民事责任制度是我国民法体系的重要组成部分。

（二）民事责任的特征

1. 民事责任是因违反民事义务，依法应承担的一种法律后果

这是民事责任的本质特征。我国《民法通则》规定："公民、法人违反合同或者不履行其他义务的，应当承担民事责任。""公民、法人由于过错侵害国家的、集体的财产，侵害他人财产、人身的，应当承担民事责任。"这些规定说明发生民事责任，是以存在法律规定或当事人约定的民事义务为前提。一般说，没有民事义务就没有民事责任，但是，这并不等于说凡负有义务就必然承担责任。民事责任，只因存在违反了民事义务或因侵害了他人的民事权利的事实而发生。由于违反义务同侵犯权利是一个问题的两个方面，侵犯他人民事权利实际也是违反法律规定的权利不可侵犯的义务，因此，可以说民事责任是违反民事义务的法律后果。违反民事义务的法律后果，是民事义务法律效力的表现。

2. 民事责任主要是一种财产责任

这说明民事责任是以财产为其主要内容和基本属性的。

民事责任的财产性质，是由民法的任务和调整对象决定的。我国民法是以保障公民、法人的合法民事权益，正确调整民事关系，维护社会经济秩序，促进社会主义市场经济发展，保障社会主义现代化建设事业顺利进行为主要任务，以调整平等、等价有偿的财产关系为主要对象的，由此决定必须主要用财产性质的方法来调整。因为只有这样，才能保证市场经济按其规律发展，也才能使被损害者权益得到弥补。显然，民事责任主要是一种财产责任。

我们说民事责任主要是一种财产责任，这并不能排除在民事责任中还有一部分属于非财产责任。由于我国民法除主要调整财产关系之外，还调整一部分人身非财产关系，因此与之相适应的我国民事责任方式，还包括一部分非财产性的责任，如消除影响、恢复名誉、赔礼道歉等。

3. 民事责任是法律规定违法行为人对受害人承担的责任

民事责任是一方当事人对另一方当事人承担责任的特征，是由民法调整的社会关系平等性决定的。平等性是我国民法调整的社会关系的特点，表明当事人在这种关系中的法律地位平等，权利、义务平等。按照平等原则要求，在民事法律关系中，当一方当事人不履行义务或侵犯对方的权利时，即因为它不仅使该方的合法利益受到损害，也使其平等的法律地位受到破坏，法律便迫使加害人承担同样的不利后果，以使受害人被破坏的平等地位和被损害的权益得到恢复或弥补，所以，民事责任应是由一方当事人对另一方的责任。

4. 民事责任的范围与违法行为造成的权利损害相适应

所谓与违法行为造成的权利损害相适应包括两方面的含义：一是指造成损害的结果不同，适用的责任形式应当不同。造成财产上损失，则适用财产责任形式，如赔偿损失，返还原物等；造成非财产上的损害，则适用非财产的责任形式，如侵害姓名权、名誉权等主要适用恢复名誉、赔礼道歉等。二是指造成财产上的损失，则根据损失来确定承担民事责任的范围。这样既能使受害人被损害的利益得到相应的弥补，又能使违法行为人得到应有的教育。民事责任的这一特征，也就是它的补偿性和恢复原状性。

5. 民事责任是对违法行为的一种民事法律制裁

任何一种法律责任总是与对违法行为人适用一定的法律制裁相联系的，否则，就谈不上什么法律责任。民事责任既为法律责任的一种，当然同样要表现为对违反民事法律（实际是违反民事义务）行为人施加一种法律制裁，这是民事责任强制力的表现。

第五节 诉讼时效

一、时效的概念

时效是指一定事实状态在法律规定期间内的持续存在，从而产生与该事实状态相适应的法律效力。时效一般可分为取得时效和消灭时效。

关于时效，《中华人民共和国民法通则》作了专章规定。在我国只承认消灭时效制度，不承认取得时效制度。消灭时效就是我们所说的诉讼时效。

二、诉讼时效

（一）诉讼时效的概念

诉讼时效是指权利人在法定期间内，未向人民法院提起诉讼请求保护其权利时，法律规定消灭其胜诉权的制度。

（二）诉讼时效的种类

1. 普通诉讼时效

我国《民法通则》一百三十五条规定，向人民法院请求保护民事权利的诉讼时效为两年，法律另有规定的除外。由此可见，普通诉讼时效期间通常为二年。

2. 短期诉讼时效

我国《民法通则》一百三十六条规定，下列诉讼时效期间为一年：
（1）身体受到伤害要求赔偿的；
（2）延付或拒付租金的；
（3）出售质量不合格的商品未声明的；
（4）寄存财物被丢失或损毁的。

3. 特殊诉讼时效

《民法通则》一百四十一条规定，法律对诉讼时效另有规定的，依照法律规定，如《中华人民共和国合同法》一百二十九条规定，因国际货物买卖合同和技术进出口合同争议提起诉讼或者申请仲裁的期限为四年。

4. 权利的最长保护期限

《民法通则》一百三十七条规定，诉讼时效期间从权利人知道或应当知道权利被侵害时起计算。但是，从权利被侵害之日起超过二十年的，人民法院不予保护。这就是说，权利人不知道或不能知道权利已被侵害，自权利被侵害之日起经过二十年的，其权利也失去法律的强制性保护。

（三）诉讼时效的起算

诉讼时效的起算，即诉讼时效期间的开始，它是从权利人知道或应当知道其权利受到侵害之日起开始计算，即从权利人能行使请求权之日开始算起，但是，从权利被侵害之日起超过二十年的，人民法院不予保护。

（四）诉讼时效的中止

诉讼时效的中止是指在时效进行中，因一定法定事由的出现，阻碍权利人提起诉讼，法律规定暂时中止诉讼时效期间的计算，待阻碍诉讼时效的法定事由消失后，诉讼时效继续进行，累计计算。我国《民法通则》一百三十九条规定，在诉讼时效期间的最后六个月，因不可抗力或者其他障碍不能行使请求权的，诉讼时效中止。从中止诉讼时效的原因消除之日起，诉讼时效期间继续计算。

（五）诉讼时效的中断

诉讼时效的中断是指在时效进行中，因一定法定事由的发生，阻碍时效的进行，致使以前经过的诉讼时效期间统归无效，待中断事由消除后，其诉讼时效期间重新计算。我国《民法通则》十四条规定，诉讼时效因提起诉讼的当事人一方提出要求或者同意履行义务而中断，从中断时起，诉讼时效期间重新计算。

复习思考题

1. 民法的基本原则是什么？
2. 公民的民事权利能力、民事行为能力的概念是什么？
3. 法人的概念及成立条件是什么？
4. 民事法律行为的概念及特征是什么？
5. 代理的概念及种类有哪些？
6. 代理权终止的情形有哪些？
7. 诉讼时效的概念及种类有哪些？

第三章 公 司 法

第一节 公司法概述

一、公司的概念和特征

公司起源于欧洲中世纪的意大利及地中海沿岸商业城市的家族经营团体和海运组织康曼达(commenda)。随着资本主义市场经济的发展，公司逐步发展和完善，以至于成为现代社会最为普遍和典型的企业组织形式。一般来讲，所谓公司就是指依照法定条件和程序设立的、以营利为目的的企业法人。公司具有以下四个法律特征：

1. 公司必须从事经营活动

公司作为企业的一种组织形式，从事经营活动是其基本的社会职能和活动方式。所谓经营活动就是有组织、有计划、有控制地进行商品的生产、流通或服务性活动。这就将公司同从事社会管理活动的国家机关，从事党务活动的党组织，从事文化、教育、卫生、体育活动的事业单位和从事社会公益活动的社会团体区别开来。

2. 公司必须以营利为目的

营利性是公司的本质特性。发起人设立公司的目的，投资人投资于公司的目的和公司从事经营活动的目的都旨在营利。所谓以营利为目的，是指公司必须通过其经营活动获得经济上的利益，并通过合理的利润分配使股东也获得收益。

3. 公司具有法人资格

综观各国公司立法，公司在法律上都居于企业法人的地位，因为，公司是具有法人资格的企业。公司之所以为法人，是因为公司具备法人的基本条件和特征，即公司是依法成立的，公司拥有自己独立的必要财产，公司有自己的名称、组织机构和场所，公司能够独立承担法律责任。

4. 公司标准的法定性

世界各国的公司立法其宗旨都是为了规范公司的组织和行为，因此，公司的组织和行为必须具有法定性。我国公司法对公司的种类、组织机构、权利义务、设立、变更和终止都作了专门规定。设立公司必须根据公司法规定的公司种类以及法律对各类公司所规定的条件和程序，即法定的标准进行。公司要变更、终止和清算，也要根据公司法所规定的条件和程序进行，否则，不仅不会发生相应的法律效力，还要承担一定的法律责任。

二、公司的种类

(一)以责任形式为标准对公司的分类

按照公司及公司股东对公司债务所负责任的不同，可以把公司分为无限公司、有限公司、股份有限公司和两合公司。

1. 无限公司

无限公司亦称无限责任公司,是指由两个以上股东组成的,股东对公司债务负无限连带责任的公司。简言之,无限公司就是仅由无限责任股东组成的公司,它是典型的人合公司。无限公司的股东必须对公司的债务负无限连带清偿责任,所谓无限连带清偿责任是股东不问其出资方式、出资数量和盈亏分配比例,就公司债务向债权人承担全部偿还的责任。这里的"连带"是对股东之间而言的,并非指股东与公司之间的连带。当公司资产不足以清偿债务时,债权人可直接要求全体股东或任何一个股东以自己所有的全部资产予以全额偿还。我国《公司法》没有确认无限公司这一公司形式。

2. 有限公司

有限公司又称有限责任公司,是指由两个或两个以上的股东共同出资,每个股东以其所认缴的出资额对公司承担有限责任,公司以其全部资产对其债务承担责任的企业法人。

3. 股份有限公司

股份有限公司又称股份公司,是指注册资本由等额股份构成,并通过发行股票筹集资本,股东以其所认购的股份对公司承担有限责任,公司以其全部资产对公司债务承担责任的企业法人。

4. 两合公司

两合公司是指由一人以上的无限责任股东与一人以上的有限责任股东所组成,其无限责任股东对公司债务负无限连带责任,有限责任股东对公司债务仅以其出资额为限承担有限责任的公司。这种公司在世界范围内为数不多,我国《公司法》也没有规定这种公司形式。

(二)以对外信用基础为标准对公司的分类

按照公司信用基础的不同,可以把公司分为人合公司、资合公司和人合兼资合公司。这是大陆法系国家的公司法学者对公司所进行的一种学理分类。

1. 人合公司

人合公司是指以股东个人的名誉、地位和声望作为对外经营活动的信用基础的公司。人合公司的信用基础在于人——股东,它着重于股东的个人条件,强调的是股东相互之间的信任,而不在乎公司资本的多寡,因为人合公司的股东是以个人的全部财产承担责任的。无限公司就是典型的人合公司。

2. 资合公司

资合公司是指以资本的结合作为对外经营活动的信用基础的公司。资合公司的信用基础在于公司的资本,即公司的财产数额,而不注重股东的个人条件和信用。股份有限公司是典型的资合公司。

3. 人合兼资合公司

人合兼资合公司介于人合公司与资合公司之间,是指以股东的个人信用和公司的资本共同作为对外经营活动的信用基础的公司。这种公司既有人合的一面,也有资合的一面,是两者的有机结合。有限责任公司、两合公司皆系人合兼资合公司。

(三)以组织管辖系统为标准对公司的分类

公司依据其组织管辖系统,即是否具有从属关系,可划分为总公司和分公司。

1. 总公司

总公司亦称本公司,是管辖该公司系统内所有分公司的具有法人资格的公司,它的资格要在公司章程中加以确认,并经公司登记机关核准登记,它有权对分公司实行统一管理、协调指导和监督检查。按照国家规定,称总公司的,必须下设三个以上分公司,否则,不能称为总公司。

2. 分公司

分公司是指总公司在其住所以外依照法定条件和程序设立并受其统辖的从事经营活动,不具备法人资格的分支机构。分公司是从属于总公司的分支机构,是总公司内部的一个组成部分。分公司不能独立承担法律责任,其法律责任由总公司承担,因此,从本质上讲,分公司并不是公司,而是公司的一个组成部分。

(四)以公司之间的控制关系为标准对公司的分类

按照一个公司对另一个公司的控制与依附关系,可以把公司分为母公司和子公司。

1. 母公司

母公司是一种控制性公司,有时又称控股公司,是指拥有另一个公司一定比例的股权或通过协议方式能够对另一公司进行实际控制的公司。母公司具有独立的法人资格,能够以自己的独立名义进行经营活动,并能独立承担法律责任。母公司在客观上实际控制子公司,它对子公司的重大事项拥有实际上的决策权。

2. 子公司

子公司也称被控股公司,是指其一定比例以上的股权被另一公司所拥有或通过协议方式受另一公司实际控制的公司。子公司也具有独立的法人资格,它独立于母公司而存在,拥有自己独立的财产,能够独立的从事经营活动,并独立承担法律责任,这是子公司同分公司的最大区别。

(五)以公司的国籍为标准对公司的分类

世界各国对公司国籍的认定有不同的标准,概而言之,主要有:

(1)设立准据法主义,即依公司设立所依据的法律为本国法还是外国法来确定公司的国籍;

(2)股东国籍主义,即以公司股东的国籍或过半数出资者的所属国为公司的国籍;

(3)设立行为地法主义,即依公司设立登记行为所在地为本国还是外国来确定公司的国籍;

(4)住所地国籍主义,即以公司住所所在地的国家为其国籍。

依据我国公司法的规定,按照公司的国籍可以把公司分为本国公司、外国公司和跨国公司。

我国对公司国籍的认定,兼采取设立准据法主义和设立行为地法主义,即凡依我国法律在我国被批准登记设立的公司,不论外资多少,均为我国公司,是我国的法人。

外国公司不是按其所在国的法律而设立,只是在得到该国的认可或批准,并办理必要的登记手续后,在该国进行营业活动,因此,外国公司一般均为外国总公司在他国所设立的分公司,对分公司业务所在地的国家来说,称之为外国公司。

跨国公司是指以本国为基地或中心,在不同国家或地区设立分公司、子公司或投资企业,从事国际性生产经营活动的经济组织。就跨国公司的性质而言,它并非一个严格的公司法概念,实为政治经济学或国际经济法的范畴。跨国公司在法律上不是一个独立的实体,其内部关系具体表现为母公司与子公司、总公司与分公司及其他参股投资关系,并受相应的法律规范调整。

（六）以公司资本筹集方式及出资转让方式对公司的分类

按照公司资本筹集方式及出资转让方式的不同可以把公司分为封闭式公司和开放式公司，这是英美法系国家对公司的基本分类。

封闭式公司，又称少数人公司、不上市公司、私公司，是指资本全部由设立该公司的股东所拥有，不能对外发行股份，股东的出资证明不能在股票市场上自由流通的公司，此种公司类似于大陆法系国家中的有限公司。

开放式公司，又称多数人公司、上市公司、公公司，是指可以公开招股，股票可以在股票市场公开进行交易的公司，此种公司类似于大陆法系国家中的股份有限公司。

三、公司法的概念与立法模式

（一）公司法的概念与特征

1. 公司法的概念

所谓公司法，就是国家为了实现对公司的宏观调控而制定的，调整公司在设立、变更和终止以及其他对内对外活动中所发生的社会关系的法律规范的总称。

2. 公司法的特征

（1）公司法是国家对公司进行宏观调控的法律手段。公司法是由国家机关制定、反映国家意志，并由国家强制力保证实施的行为规则，它的核心任务就是通过公司法实现国家对公司的宏观调控。

（2）公司法是公司自身活动的行为准则。公司法以公司这种特定的企业形式为其规范对象，它是专门规定公司有关活动的法律文件。公司法是一种行为法，是公司进行有关活动的行为准则，但公司法规范的行为只是与公司组织特点直接相关的行为，至于与公司组织特点没有直接关联的行为，则由其他相关的法律予以规范。

（3）公司法是集组织法、行为法之大成的法律部门。从立法体制考察，公司法是一种组织法、实体法和程序法三结合的立法模式。

（4）公司法是具有涉外因素的国内法。公司法就其本质而言，它属于国内法的范畴，但它同其他国内法相比，又具有一定的涉外性。其涉外性主要体现在以下三个方面：公司法适合于外商投资的有限责任公司；外国法人、自然人在法律规定的范围内可以作为设立股份有限公司的发起人；公司法对外国公司的分支机构作了专门规定。

（二）公司法的立法模式

从世界范围来看，公司法在整个法律体系中的地位主要有四种立法模式：民法典模式、商法典模式、统一公司法典模式和地方立法模式。我国于2004年8月28日由第十届全国人大常委会第十一次会议修正的《中华人民共和国公司法》，是一部适用于全国范围的统一的公司法，因此，我国公司法采取的是统一法模式。在我国的整个法律体系，公司法属于商法的范畴。

四、公司的名称、住所及负责人

（一）公司的名称

公司的名称是公司的人格性、独立性的具体体现，是公司设立登记，从事生产经营活动，并享有权利和承担义务的基本条件。一般来讲，公司的名称就是公司的称谓，它是指公司依法专有的与其他公司相区别的一种文字标志。

在我国，公司名称的立法规定主要有《公司法》第九条和其他有关法规、规章，其内容主要包括：

1. 公司名称的组成

按照我国现行规定，公司名称应当由以下部分依次组成：字号、行业或者经营特点、组织形式。除全国性公司、历史悠久、字号驰名的公司和外商投资公司经国家工商行政管理局核准外，其他一般公司的名称还应当冠以所在地省、市、县行政区划名称。依照公司法设立的有限责任公司和股份有限公司，必须在其名称中标明"有限责任公司"或"股份有限公司"字样。

2. 公司名称的禁用内容和文字

根据我国规定，公司名称不得含有的内容和文字主要是：①有损于国家、社会公共利益的；②可能对公众造成欺骗或者误解的；③外国国家（地区）名称、国际组织名称；④政党名称、党政军机关名称、群众组织名称、社会团体名称及部队番号；⑤汉语拼音字母（外文名称中使用的除外）、数字；⑥其他法律、行政法规规定禁止的。此外，除全国性公司外，其他公司名称中不得使用有"中国"、"中华"或者冠以"国际"字样。

3. 公司名称的预先核准制度

根据我国的规定，法律、行政法规规定设立公司必须报经审批或者公司经营范围中有法律、行政法规规定必须报批的项目，应当在报送审批前办理公司名称的预先核准，并以公司登记机关核准的公司名称报送审批。

（二）公司的住所

公司法人是法律所赋予的商事权利主体，需要进行必要的商事活动，而要进行必要的商事活动，就离不开作为开展商事活动必要前提的长期固定的中心活动地址，即住所。我国《公司法》第十条规定："公司以其主要办事机构所在地为住所。"因此，我国法律所指的公司住所就是公司主要办事机构所在地。

（三）公司的负责人

1. 公司负责人的概念

公司是一种企业法人，不像自然人有行为的实体，因此，公司法人的意思是由公司机关的自然人表示的，公司法人的行为也是由公司机关的自然人代表其进行的。代表公司法人的自然人，即为公司的负责人。根据公司法的规定，公司的负责人主要是指董事、监事和经理。

2. 公司负责人的任职资格

我国《公司法》第五十七条明确规定，有下列情形之一的，不得担任公司的董事、监事和经理：①无民事行为能力或者限制民事行为能力；②因犯有贪污、贿赂、侵占财产、挪用财产或者破坏社会经济秩序罪，被判处刑罚，执行期满未逾五年，或者因犯罪被剥夺政治权利，执行期满未逾五年；③担任因经营不善破产清算的公司、企业的董事或者厂长、经理，并对该公司、企业的破产负有个人责任的，自该公司、企业破产清算完结之日起未逾三年；④担任因违法吊销营业执照的公司、企业的法定代表人，并负有个人责任的，自该公司、企业被吊销营业执照之日起未逾三年；⑤个人所负数额较大的债务到期未清偿。如果公司违反这五项规定选举、委派董事、监事或者聘任经理的，该选举、委派或者聘任无效。此外，根据我国《公司法》第五十八条的规定，国家公务员也不得兼任公司的董事、监事和经理。

3. 公司负责人的义务和责任

根据我国《公司法》第五十九条至第六十三条的规定，公司负责人必须依法履行下列义务和责任：①董事、监事和经理应当遵守公司章程，忠实履行职务，维护公司利益，不得利用在公司的地位和职权为自己谋取权利，不得利用职权收受贿赂或者其他非法收入，不得侵占公司的财产；②董事、经理不得挪用公司资金或者将公司资金借贷给他人，不得将公司资产以其个人财产或者以其他个人名义开立账户存储，不得以公司资产为本公司的股东或者其他个人债务提供担保；③董事、经理不得自营或者为他人经营与其所任职公司同类的营业或者从事损害本公司利益的活动。从事上述营业或者活动的，所得收入应归公司所有。董事、经理除公司章程规定或者股东会、股东大会同意外，不得同本公司订立合同或者进行交易；④董事、监事和经理除依照法律规定或者经股东会、股东大会同意外，不得泄露公司秘密；⑤董事、监事和经理执行公司职务时违反法律、行政法规或者公司章程的规定，给公司造成损害的，依法应当承担赔偿责任，情节严重时，还要承担相应的行政责任，甚至还要承担刑事责任。

第二节 有限责任公司

一、有限责任公司的概念和特征

（一）有限责任公司的概念

根据我国《公司法》第三条的规定，有限责任公司是指股东以其出资额为限对公司承担责任，公司则以其全部资产对公司的债务承担责任的企业法人。有限责任公司取无限公司和股份有限公司之所长，而舍其所短，它实行有限责任，股东风险较小，便于股东投资；股东人数有限，出资的转让有严格限制，股东相对稳定，又有利于股东间的合作，因而，有限责任公司在其产生后，发展很快，在商事主体中占据十分重要的地位。

（二）与其他公司类型相比较，有限责任公司具有以下特征

1. 责任的有限性

这是有限责任公司最为基本的特征。股东责任的有限性是指各个股东仅以各自的出资额为限对公司经营活动及后果承担责任，而对公司所负债务则不承担无限连带清偿责任。

2. 闭锁性或封闭性

有限责任公司的封闭性主要表现在以下三个方面：①股东人数有限。我国的有限责任公司除国有独资公司外，股东一般为二人以上五十人以下。将股东人数限制在一个相对狭小的范围内，这就为有限责任公司的封闭性奠定了基础；②有限责任公司在设立方式上只能采用发起设立，而不能采用募集设立，因而，它不能向社会公开募集股份、公开发行股票，而只能在少数特定人中筹资，所以，公司在资本筹集上具有封锁性；③有限责任公司在经营管理方面也有封锁性，由于股东人数有限且相对稳定（出资转让较为困难），其经营状况不涉及社会公众的利益，因此，其财务状况也无需向社会公开，这就在客观上使公司经营管理处于相对封闭的状态。

3. 设立程序较为简便

由于有限责任公司只能采取发起设立，而不能采取募集设立，故其设立程序较为简

便。在我国，有限责任公司基本上实行登记制度，除从事特殊行业的经营，或国家法律、法规有特别规定外，一般只要符合法定条件，均可直接予以注册。

4. 组织机构的设置比较灵活

依照我国《公司法》的规定，在有限责任公司中，股东会、董事会、监事会这三种组织机构的设置不像股份有限公司那样必须设置，其设置往往具有一定的灵活性和选择性。如外商投资有限责任公司可不设股东会和监事会，而只设董事会。国有独资公司也可只设董事会，而不设股东会和监事会。股东人数较少、规模较小的有限责任公司除设股东会外，还可只设执行董事、1~2名监事，而不设董事会和监事会。

5. 人资两合性

有限责任公司是一种资本的联合，具有资合公司的特点，同时，它又是一种人的集合，也具有人合公司的特点。

二、有限责任公司的设立

（一）有限责任公司的设立条件

有限责任公司的设立是有限责任公司成立的法定必须程序，是有限责任公司取得法人资格，能够高效、科学运行的第一关。我国《公司法》第十九条对有限责任公司的设立条件作了明确规定，与之相关的条款则对每个条件予以具体化，使之易于操作和把握。设立有限责任公司的法定条件有以下五个方面：

1. 股东符合法定人数，这是关于股东人数条件的规定

除国有独资公司外，有限责任公司的股东必须是二人以上五十人以下，这是我国《公司法》关于股东法定人数的规定。需要说明的是，这个条件不仅在公司设立时必须具备，而且在公司存续过程中股东转让其出资时也应遵守。至于国有独资公司，属于"一人公司"，股东只有一个，则属于有限责任公司的一种特殊形式，在股东人数上当然有例外。

2. 股东出资达到法定资本最低限额，这是关于资本条件的规定

资本是公司赖以生存的"血液"，是公司运营的物质基础，也是对公司债务的总担保。因此，资本是设立公司又一必不可少的法定条件。根据我国《公司法》第二十三条的规定，有限责任公司按行业或经营范围的不同，其注册资本的最低限额也不尽相同。

3. 股东共同制定公司章程，这是关于章程条件的规定

公司章程是公司的"宪法"（宪章），是公司组织和行为的纲领性文件，也是处理公司内、外部关系的基本依据，同时，也是公司登记机关所要审查的重要文件，因此，它是公司设立时的核心文件。公司章程应当由全体股东共同制定，并由每一个股东在章程上签名、盖章，否则公司就无法设立。

4. 有公司名称，建立符合有限责任公司要求的组织机构

这是关于组织条件的规定，这一条件有两个方面：①有公司名称；②建立符合有限责任公司要求的组织机构。

5. 有固定的生产经营场所和必要的生产经营条件

这是关于物质条件的规定，公司如果没有固定的生产经营场所，公司就无法从事生产经营活动，他人也无法同公司进行业务往来；同时，公司如果没有必要的生产经营条件，

也就失去了赖以存在的物质基础。因此，有固定的生产经营场所和必要的生产经营条件，也是公司设立时必须具备的法定条件。

（二）有限责任公司的设立方式

我国《公司法》第二十条规定："有限责任公司由二个以上五十个以下股东共同出资设立。国家授权投资的机构或者国家授权的部门可以单独投资设立国有独资的有限责任公司。"这就是关于有限责任公司设立方式的法律规定。

由此可见，有限责任公司有共同出资设立和单独投资设立两种方式。一般有限责任公司由二个以上五十个以下的股东共同出资设立，国有独资公司则由国家授权投资的机构或者国家授权的部门单独投资设立。这两种设立方式，从法理上讲，都属于发起设立方式，前者属于多个股东发起设立，后者属于一个股东发起设立。

（三）有限责任公司的设立程序

根据我国《公司法》的规定，设立有限责任公司依法应履行下列五个法定程序：

1. 制定公司章程
2. 足额缴纳所认缴的出资

《公司法》明确规定，股东不按上述规定缴纳所认缴的出资，应当向已足额缴纳出资的股东承担违约责任。

3. 验资

我国《公司法》第二十六条还规定："股东全部缴纳出资后，必须经法定的验资机构验资并出具证明。"因此，验资也是设立有限责任公司的法定必经程序。

4. 审批

凡法律、行政法规规定需要经有关部门审批的，在公司登记前还必须办理审批手续。由此可见，审批并非设立有限责任公司的法定必经程序，只有必要时才履行这一程序。

5. 登记注册

向公司登记机关申请设立登记时，依法应由全体股东指定的代表或者共同委托的代理人提出，并提交有关法定文件和资料。公司登记机关对符合公司法规定的条件的，予以登记，发给"企业法人营业执照"；对不符合条件的，则不予以登记。公司营业执照签发日期即为有限责任公司的成立日期。

三、有限责任公司的组织机构

（一）股东会

有限责任公司的股东会由全体股东组成。股东会是公司的权力机构，决定公司的重大决策事项。我国《公司法》第三十八条规定了股东会行使的职权。

股东会会议分为定期会议和临时会议两种。定期会议是指公司章程规定的定期召开的股东会议。根据规定，代表四分之一以上表决权的股东，三分之一以上董事或者监事，可以提议召开临时股东会议。

设立董事会的有限责任公司，其股东会会议由董事会召集，董事长主持。股东会的首次会议由出资最多的股东召集和主持。召开股东会会议，应当于会议召开十五日以前通知全体股东。股东按出资比例行使表决权。

股东会的议事方式和表决程序，由公司章程规定，但不得与法律规定相抵触。股东会对公司增加或减少注册资本，分立、合并、解散或者变更公司形式以及修改公司章程作出的决议，必须经代表三分之二以上表决权的股东通过。

股东会应当对所议事项的决定作成会议记录，出席会议的股东应当在会议记录上签名。

（二）董事会

有限责任公司设董事会作为其业务执行机构，董事会成员为三至十三人。规模较小和股东人数较少的有限责任公司可以设一名执行董事，而不设董事会。我国《公司法》第四十六条规定了董事会的职权。

不设董事会的公司，上述职权由执行董事行使，董事会设董事长一人，可设副董事长一至二人。董事长、副董事长的产生办法由公司章程规定。董事长为公司的法定代表人，对外代表公司。两个以上的国有企业或者其他两个以上的国有投资主体设立的有限责任公司，其董事会成员中应当有公司职工代表。董事会中的职工代表由公司职工民主选举产生，这是由公司财产的国有性质所决定的。

董事会的职权是通过召集董事会会议的方式实现的。董事会会议由董事长召集和主持，董事长因特殊原因不能履行职务时，由董事长指定副董事长或其他董事召集和主持。三分之一以上董事可以提议召开董事会会议。

召开董事会会议，应于会议召开十日以前通知全体董事。董事会应当对所议事项的决定作成会议记录，出席会议的董事应当在会议记录上签名。

董事会的议事方式和表决程序，由公司章程规定，但不得违背有关法律规定。

（三）经理机构

公司设立经理机构作为其常设辅助业务执行机关。经理机构是辅助董事会执行业务并隶属于董事会的代理机关，负责公司的日常管理事务。我国《公司法》第五十条规定了经理的职权。经理机构由总经理、副总经理等经理组成。

经理可以由公司的股东担任，也可以由非股东担任。经理依法应列席董事会会议。

（四）监事会

监事会，是对董事及经理执行业务活动进行监督检查的机构。监事会作为公司的监督机关，其职责是对董事及经理的活动实行监督，其内容包括一般业务上的监督，也包括会计事务上的监督，一般不参与公司的业务决策和管理。董事、经理及财务负责人不得兼任公司的监事。

我国《公司法》规定，股东人数较多和经营规模较大的有限责任公司，设立监事会，其成员不得少于三人。股东人数较少和规模较小的有限责任公司可不采用监事会的形式，可以设一至二名监事，其职责与监事会相同。

我国《公司法》规定，监事会应由股东代表和适当比例的公司职工代表组成，具体比例由公司章程规定。监事会中职工代表由公司职工民主选举产生。

我国《公司法》第五十四条规定了监事会或监事行使的职权，监事应列席董事会会议。

四、国有独资公司

（一）国有独资公司的概念和特征

国有独资公司是指国家授权投资的机构或者国家授权的部门单独投资设立的有限责任公司。国有独资公司的特征：

1. 股东的单一性

国有独资公司的投资者即股东只有一个，即国家授权投资的机构或国家授权的部门。

2. 资产的国有性

国有独资公司的资产是国家作为出资者单独投资的，故公司中的资产属于国家所有。

3. 责任的有限性

国家对公司只承担有限责任，而不承担无限责任。

4. 适用范围的特定性

只有国务院确定的特殊产品或者属于特定行业的公司，才能采取国有独资公司的形式，其他行业的公司不宜采用这种形式。

5. 职工民主管理

董事会成员中要有职工代表，而且必须设置职工代表大会等民主管理机构。

6. 资产转让的特殊性

国有独资公司的资产转让，依照法律、行政法规的规定，由国家授权投资的机构或者国家授权的部门办理审批和财产权转移手续，否则，转让无效。

7. 公司财产权的特殊性

经营管理制度健全、经营状况较好的大型国有独资公司，可以由国务院授权行使资产所有者的权利。

（二）国有独资公司的组织机构

1. 不设股东会

由股东和董事会共同行使法律赋予股东会的职权。

2. 设董事会

①成员由三至九人组成，由国家授权投资的机构或者国家授权的部门按照董事会的任期委派或者更换；②成员中应当有公司职工代表，由职工民主选举产生；③董事会设董事长一人，可以视需要设副董事长；④董事长、副董事长，由国家授权投资的机构或者国家授权的部门从董事会成员中指定；⑤董事长为公司的法定代表人；⑥董事会每届任期3年；⑦依照《公司法》第四十六条和第六十六条规定行使职权。

3. 设经理

①由董事会聘任或解聘；②经国家授权投资的机构或者国家授权的部门同意，董事会成员可以兼任经理；③依照《公司法》第五十条规定行使职权。

4. 设职工代表大会

根据我国《公司法》第十六条规定，国有独资公司应设置职工代表大会，依法行使民主管理的权力。

5. 公司负责人的兼职问题

国有独资公司的董事长、副董事长、董事、经理，未经国家授权投资的机构或者国家授权的部门同意，不得兼任其他有限责任公司、股份有限公司或者其他经营组织的负责人。

第三节 股份有限公司

一、股份有限公司的概念和特征

根据我国《公司法》第三条的规定,股份有限公司是指其全部资本分为等额股份,股东以其所持股份为限对公司承担责任,公司则以其全部资产对公司的债务承担责任的企业法人。

与其他公司类型相比较,股份有限公司具有以下特点:

1. 责任的有限性

股份有限公司的股东仅以其所认购的股份为限对公司负责。

2. 资本募集的公开性

股份有限公司可以通过发行股票的形式来筹集公司的资本,任何人只要愿意支付股金,购买股票,就可以成为股份有限公司的股东。

3. 股东出资的股份性

其资本要均分为等额的股份,每个股东所持有的股份数额可以不同,但每股的金额必须相等。

4. 公司股票的流通性

股份有限公司的股票可以作为交易的标的,原则上可以自由买卖。

5. 公司财产的独立性

股份有限公司股东的出资,构成了公司的独立财产,形成了公司法人所有权,使股份有限公司成为最典型的法人组织。

二、股份有限公司的设立

(一)股份有限公司的设立条件

根据我国《公司法》第七十三条的规定,设立股份有限公司应当具备以下六个法定条件:

1. 发起人符合法定人数

设立股份有限公司,应当有五人以上为发起人,其中必须有过半数的发起人在中国境内有住所。国有企业改制为股份有限公司的,发起人可以少于五人,但应当采取募集设立方式。

2. 发起人认缴和社会公开募集的股本达到法定资本最低限额

我国《公司法》第七十八条规定:"股份有限公司注册资本的最低限额为人民币一千万元。股份有限公司注册资本最低限额需高于上述所定限额的,由法律、行政法规另行规定。"

3. 股份发行、筹办事项符合法律规定

这些规定主要表现在我国《公司法》第三章的第一节和第四章的第一节涉及的条款比较多,概括起来,在实体方面主要有股份的发行原则、发行价格、国有企业改组为股份有限公司的资产折股等规定,在程序方面主要有发行股份的审查批准、招股、股票的交付等内容。

4. 发起人制定公司章程,并经创立大会通过

5. 有公司名称，建立符合股份有限公司要求的组织机构
6. 有固定的生产经营场所和必要的生产经营条件

(二) 股份有限公司的设立方式

我国《公司法》第七十四条规定："股份有限公司的设立，可以采取发起设立或募集设立的方式。"

1. 发起设立

发起设立是指由发起人认购公司应发行的全部股份而设立公司。

2. 募集设立

募集设立是指由发起人认购公司应发行股份的一部分，其余部分向社会公开募集而设立公司。

(三) 股份有限公司的设立程序

1. 发起设立股份有限公司的程序

①认足股份，公司发起人必须认足公司章程规定发行的股份；②缴纳股款，发起人依法应缴纳全部股款或依法办理其财产权的转移手续；③选举董事会和监事会；④审查批准，股份有限公司的设立，必须经过国务院授权的部门或者省级人民政府批准；⑤设立登记，公司的"企业法人营业执照"签发之日，即为股份有限公司的成立之日；⑥发布公告。

2. 募集设立股份有限公司的程序

①发起人认购法定股份，发起人认购的股份不得少于公司股份总数的百分之三十五，其余股份应当向社会公开募集；②政府审查批准；③发起人募集股份，发起人认购法定股份，并经政府审查批准后，其余股份则要依照法定程序向不特定的社会公众公开募集；④认股人认股，从法律意义上讲，认股人的认股行为是对发起人募股要约的承诺；⑤缴纳股款；⑥召开创立大会，发行股份的股款缴足后，必须经法定的验资机构验资并出具证明，发起人应当在三十日内主持召开公司创立大会，创立大会由认股人组成；⑦设立登记，董事会应当于创立大会结束后三十日内向公司登记机关申请设立登记；⑧发布公告，股份有限公司应当在其设立登记被核准后的三十日内发布公司设立登记公告，并应当自公告发布之日起三十日内将发布的公告报送公司登记机关备案；⑨上报备案，股份有限公司登记成立后，依法还应当将募集股份情况报国务院证券管理部门备案。

三、股份有限公司的组织机构

(一) 股东大会

1. 股东大会的性质

我国《公司法》第一百零二条明确规定："股份有限公司由股东组成股东大会。股东大会是公司的权力机构，依照本法行使职权。"

2. 股东大会的种类

股东大会可分为股东大会年会和临时股东大会两种类型，股东大会年会每年举行一次，有下列情形之一的，应当在两个月内召开临时股东大会：①董事人数不足法定的人数或者公司章程所定人数的三分之二时；②公司未弥补的亏损达股本总额的三分之一时；③持有公司股份百分之十以上的股东请求时；④董事会认为必要时；⑤监事会提议召开时。

3. 股东大会的议事规则

股东大会决议事项依法采取表决的方式，所持每一股份有一表决权。股东大会作出决议，必须经出席会议的股东所持表决权的半数以上通过。股东大会对公司合并、分立或者解散公司作出决议，必须经出席会议的股东所持表决权的三分之二以上通过。修改公司章程必须经出席股东大会的股东所持表决权的三分之二以上通过。

（二）董事会、经理机构

1. 董事会的性质

股份有限公司必设董事会，董事会是由全体董事组成的会议，是业务执行机构或经营决策机构。

2. 董事会的组成

股份有限公司设董事会，其成员为五至十九人。

3. 经理机构

是股份有限公司必设的主持公司生产经营和管理工作的辅助业务执行机构。

（三）监事会

1. 监事会的性质

监事会是股份有限公司依法必须设置的对公司经营状况和财务状况进行监督检查的组织机构。监事会是股份有限公司必备的机构，必须设置。

2. 监事会的成员及任期

监事会由股东代表和适当比例的公司职工代表组成，具体比例由公司章程规定。监事会中的职工代表由公司职工民主选举产生。董事、经理和财务负责人不得兼任监事。监事的任期每届为三年。监事任期届满，可连选连任。

四、上市公司

（一）上市公司的概念和特点

上市公司是指所发行的股票经国务院或国务院授权证券管理部门批准在证券交易所上市交易的股份有限公司，其特点为：

(1) 上市公司是股份有限公司的一种；

(2) 上市公司是股票在证券交易所交易的股份有限公司；

(3) 上市公司是股票获准上市的股份有限公司。

（二）上市公司的法定条件

我国《公司法》第一百五十二条规定，股份有限公司申请其股票上市必须符合下列条件：

(1) 股票经国务院证券管理部门批准已向社会公开发行；

(2) 公司股本总额不少于人民币五千万元；

(3) 开业时间在三年以上，最近三年连续盈利；原国有企业依法改建而设立的，或者本法实施后新组建成立，其主要发起人为国有大中型企业的，可连续计算；

(4) 持有股票面值达人民币一千元以上的股东人数不少于一千人，向社会公开发行的股份达公司股份总数的百分之二十五以上；公司股本总额超过人民币四亿元的，其向社会公开发行的比例为百分之十五以上；

(5) 公司在最近三年内无重大违法行为，财务会计报告无虚假记载；

(6) 国务院规定的其他条件。

(三) 上市公司股票上市的暂停与终止

1. 上市公司股票上市的暂停

根据《公司法》第一百五十七条的规定,暂停上市的情形有:

(1) 公司股本总额、股权分布等发生变化不再具备上市条件;

(2) 公司不按规定公开其财务状况,或者对财务会计报告作虚假记载;

(3) 公司有重大违法行为;

(4) 公司最近三年连续亏损。

2. 上市公司股票上市的终止

所谓股票上市的终止,是指证券交易所根据国家证券管理部门的指令,依法取消不符合上市条件的公司股票继续在证券交易所进行交易。上市公司有第一百五十七条第(二)项、第(三)项所列情形之一经查实后果严重的,或者有第(一)项、第(四)项所列情形之一,在限期内未能消除,不具备上市条件的,由国务院证券管理部门决定终止其股票上市。

公司决议解散、被行政主管部门依法责令关闭或者宣告破产的,由国务院证券管理部门决定终止其股票上市。

五、物业管理公司

物业管理公司是按照法定程序成立并具有相应资质条件的独立企业法人,物业管理公司的形式有两种:有限责任公司和股份有限责任公司,物业管理公司的设立条件、程序、组织机构的设置等应遵守相应公司法的规定。

第四节 公司债券与财务会计

一、公司债券

(一) 公司债券的概念和特征

1. 公司债券的概念

债券是政府、公司向社会公众筹措资金而发行的一种固定有价证券,是一种表明债权债务的凭证。当债券到期时,债券持有人可以持券要求发行者偿还本金和利息。公司债券是指公司依法定程序发行的、约定在一定期限还本付息的有价证券。所谓有价证券,是指证券所代表的权利是一种具有财产价值的权利,同时,行使这种权利必须以持有证券为必要条件,而公司债券具有有价证券的本质特征和表现形式。

2. 公司债券的特征

(1) 公司债券是一种债权凭证,即持券人在公司债券约定的期限到来时凭公司债券可请求发行公司支付约定的利息并偿还债券的本金;

(2) 公司债券具有一定的期限;

(3) 公司债券具有相对的安全性,同股票相比,公司债券的投资风险比较小;

(4) 公司债券具有流通性,公司债券的活力就在于它可以在证券二级市场上进行流通。证券的二级市场即证券的交易市场;

(5) 公司债券具有收益性,公司债券,对于发行公司而言,是一种筹资方式,而对于购买者来说,则是一种投资工具。人们投资公司债券的目的完全在于公司债券的收益性;

(6) 公司债券具有法定性，公司债券是要式证券，必须由法律、法规确定的一系列要素构成。

(二) 公司债券的发行

1. 公司债券的发行主体

我国《公司法》第一百五十九条明确规定："股份有限公司、国有独资公司和两个以上的国有企业或者其他两个以上的国有投资主体投资设立的有限责任公司，为筹集生产经营资金，可以依照本法发行公司债券。"

2. 公司债券的发行条件

根据我国《公司法》一百六十一条的规定，发行公司债券，必须符合下列条件：①股份有限公司的净资产额不低于人民币三千万元，有限责任公司的净资产额不低于人民币六千万元；②累计债券总额不超过公司净资产额的百分之四十；③最近三年平均可分配利润足以支付公司债券一年的利息；④筹集的资金投向符合国家产业政策；⑤债券的利率不得超过国务院限定的利率水平；⑥国务院规定的其他条件；⑦发行公司债券筹集的资金，必须用于审批机关批准的用途，不得用于弥补亏损和非生产性支出。

3. 公司债券的发行禁止

根据我国《公司法》第一百六十二条规定："凡有下列情形之一的，不得再次发行公司债券：①前一次发行的公司债券尚未募足的；②对已发行的公司债券或者其债务有违约或者延迟支付本息的事实，且仍处于继续状态的。"

4. 公司债券的发行程序

根据我国《公司法》的规定和实践中的具体做法，公司债券的发行应严格依照以下法定程序：①作出决议或者决定，根据我国《公司法》第一百六十三条的规定，股份有限公司、国有有限责任公司发行公司债券，首先要由董事会制订方案，股东大会或股东会作出决议；而国有独资公司发行公司债券，则要由国家授权投资的机构或者国家授权的部门作出决定；②提交发行申请，根据我国《公司法》第一百六十五条的规定，公司向国务院证券管理部门申请批准发行公司债券，应当提交下列文件：公司登记证明、公司章程、公司债券募集办法、资产评估报告和验资报告；③国务院证券管理部门审查批准；④公告公司债券募集办法；⑤承销发售，承销公司债券可采取包销或代销两种方式；⑥置备公司债券存根簿。

(三) 公司债券的转让

1. 公司债券转让的概念

公司债券转让是指通过法定手续，使公司债券由持有者一方转让到受让者一方的流通行为。《公司法》规定，公司债券可以转让。但是，公司债券的转让应当在依法设立的证券交易场所进行。

2. 公司债券转让的价格

公司债券的转让价格由转让人与受让人约定。由于我国《公司法》规定转让债券须在依法设立的证券交易所进行，所以，双方约定转让价格的具体方式大多采用集合竞价的方式。

3. 公司债券转让的方式

① 记名公司债券，由债券持有人以背书方式或者法律、行政法规规定的其他方式转

让。记名债券的转让,由公司将受让人的姓名或者名称及住所记载于公司债券存根簿;②无记名公司债券,由债券持有人在依法设立的证券交易场所将该债券交付给受让人后,即发生转让的效力。

二、公司财务会计

(一) 公司财务会计制度

公司财务会计制度,是指根据由法律、行政法规和国务院财政主管部门的规定建立的公司财务会计办事规则的总称,包括财务制度和会计制度,它是进行公司财务会计管理活动和业务工作的基本规则,是公司生产经营活动的核算基础,也是国家经济管理制度的重要组成部分。

(二) 公司的财务制度

1. 公司资本金制度

资本金制度是关于资本金的筹集、管理、营运、核算以及盈亏分配关系的法律规范的总称。资本金制度是公司制的基石,也是公司财务制度的重要内容。从我国《公司法》的规定来看,主要包括以下几个方面:

(1) 公司实行资本金确定原则。设立公司必须要有法定的资本金,且资本金必须达到法定资本金的最低限额。

(2) 公司可以采取吸收货币、实物、工业产权、专有技术、土地使用权和发行股票等形式筹集资金。

(3) 公司实行资本金保全原则。除法律另有规定外,股东在公司登记成立后或在认缴股份金额后,不得抽回其资本金。

(4) 公司实行资本维持和不变原则。公司增加或者减少注册资本必须依法进行。

(5) 公司股东作为出资者按投入公司的资本额享有所有者的资产收益、重大决策和选择管理者等权利,股东以其出资额或以持有股份为限对公司承担责任。

2. 公司固定资产

公司的固定资产是使用年限在一年以上,单位价值在规定的标准之上,并且在使用过程中保持原有物质形态的资产,如建筑物、机器设备、运输工具等都属于固定资产。

3. 公司流动资产

公司的流动资产是指可在一年内或长于一个营业周期内变现或动用的资产,一般包括现金、银行存款、短期投资、应收及预付款项、存货等。

(三) 公司的会计制度

1. 公司的财务会计报告

公司的财务会计报告是反映公司生产经营成果和财务状况的总结性书面文件,它应当包括下列财务会计报表及附属明细表:①资产负债表,是记载公司实有资本和现实负债,反映特定期间公司的资产、负债和股东权益状况的一种会计报表;②损益表,是记载该营业年度亏损及收益状况的会计报表,它由收益、费用和利润三项会计要素构成;③财务状况变动表,是我国会计制度改革中新增的报表,是综合反映会计年度内公司运营资金来源和运用以及增减变动情况的一种会计报表;④财务情况说明书,是为了帮助理解会计报表的内容而对报表的有关项目所作的解说;⑤利润分配表,是记载公司利润分配和年终利润节余情况的一种会计报表,它是损益表的附属明细表。公司除上述法定的会计账册外,不得另立会计账册。对公司资产,不得以任何个人名义开立账户存储。

2. 公积金

公积金是指公司为了增强其自身的经济实力,扩大公司的经营规模和经营范围,弥补公司将来的亏损,依照法律、公司章程或股东会的决议从公司的营业利润或者其他收入中提取的储备基金。《公司法》规定,公司分配当年税后利润时应提取利润的百分之十列入公司法定公积金,其用途为:①弥补公司亏损;②扩大公司生产经营;③增加公司资本。

依据公积金提取的依据,分为法定公积金和任意公积金:①法定公积金是指依照法律的强制性规定而必须从公司的税后利润和其他收入中提取的储备金;②任意公积金,是指依照公司章程或股东大会决定,从公司税后利润中提取的公积金,任意公积金的提取不具有强制性,属于公司内部事务。

3. 公益金

公益金是指依法从公司利润中提取的用于职工福利的基金。《公司法》规定,公司分配当年税后利润时应提取利润的百分之五至百分之十列入公司法定公益金。

4. 公司的盈余分配

是指公司在一定时期内的生产经营成果,包括公司的营业利润、投资收益和营业外收支净额,其中,营业利润是指营业收入减去营业成本和营业费用,再减去营业收入应负担的税金后的余额;投资收益是指公司对外投资取得的利润、利息、福利等,扣除发生的投资损失后的余额;营业外收支净额是指与公司生产经营无直接关系的各项收入减去各项支出后的余额。

5. 公司利润的分配顺序

公司弥补亏损和提取公积金、法定公益金后所余利润,有限责任公司按照股东的出资比例分配,股份有限公司按照股东持有的股份比例分配。股东会或者董事会违反上述规定,在公司弥补亏损和提取法定公积金、法定公益金之前向股东分配利润的,必须将违反规定分配的利润退还公司。

第五节 公司的合并、分立和终止

一、公司的合并

(一)公司合并的概念

公司合并是指两个或两个以上的公司为了生产经营管理之需要,依照公司法的规定,签订合并协议,归并为一个公司的法律行为。由此可见,公司的合并就是两个或两个以上的公司变为一个公司。

(二)公司合并的形式

公司合并依法可以采取吸收合并和新设合并两种形式。

1. 吸收合并

吸收合并亦称存续合并,是指两个或两个以上的公司合并时,其中一个公司继续存在(称为存续公司),而其余公司则归于解散(称为解散公司),即一个公司吸收其他公司,被吸收的公司解散。

2. 新设合并

新设合并亦称创设合并，是指两个或两个以上的公司合并时，参加合并的各原有公司同时解散，而另外成立一个新公司。由于合并的各原有公司没有一个存续下来，均同时归于解散，失去法人资格，不复存在，而在此基础上，另行创立了一个新公司，故新设合并也称创设合并。

（三）公司合并的程序

在我国，公司合并必须履行以下法定步骤：

1. 签订合并协议

这是公司合并时应履行的程序，也是公司合并的第一步。公司董事会拟订好公司合并方案后，即可据此与其他公司进行协商，在平等互利的基础上签订合并协议。合并协议应采用书面形式。

2. 作出合并决议

公司合并协议签订后，由董事会将合并方案及协议交由股东会或股东大会决议。股东会作出的合并决议，依法必须经代表三分之二以上表决权的股东通过，股东大会作出的合并决议，依法必须经出席会议的股东所持表决权的三分之二以上通过。

3. 编制资产负债表及财产清单

为了明确公司合并时的财产状况，合并各公司必须编制资产负债表及财产清单。

4. 通知及公告债权人

公司应当自作出合并决议之日起十日内通知债权人，并于三十日内在报纸上至少公告三次。债权人自接到通知书之日起三十日内，未接到通知书的，自第一次公告之日起九十日内，有权要求公司清偿债务或者提供相应的担保，否则，公司依法不得合并。

5. 报请批准

在我国，有限责任公司的合并不需要报经政府或政府有关部门批准，但我国《公司法》第一百八十三条则明确规定，股份有限公司合并，必须经国务院授权的部门或者省级人民政府批准。由此可见，股份有限公司非经批准，不得擅自合并，否则，合并无效。

6. 办理登记手续

公司合并属于公司的变更形式之一，应当依法向公司登记机关办理变更、注销或设立登记。

（四）公司合并的法律后果

公司的合并是一种法律行为，必然具有一定的法律效力，产生一定的法律后果。归纳起来，公司合并可产生以下法律后果：

1. 公司的解散

这里的公司解散与一般的公司解散有所不同，一般的公司解散必须经过清算程序，但因合并而解散的公司则无须经过清算程序，其法人资格即归于消灭。

2. 公司的变更

在吸收合并的情况下，存续的公司虽系原公司的继续存在，但因吸收了其他被合并的公司，所以，吸收合并导致了存续公司的变更，主要是股东人数、资本总额，乃至责任形式的变更等，为此，吸收合并后存续的公司必须修改其公司章程，以适应这种变更。

3. 公司的设立

在新设合并的情况下，原来参加合并的公司均已消灭，但在此基础上，又重新设立了一个公司,所以新设合并也导致了新公司的设立。

4. 债权债务的概括承继

因合并而解散的公司,其债权债务,由合并后存续的公司或者新设立的公司当然地、概括地享有和承担。

二、公司的分立

(一) 公司分立的概念

公司的分立与公司的合并都是属于公司的变更范畴,不同的是公司的分立正好与公司的合并相反。所谓公司的分立就是一个公司为了生产经营和管理之需要,依照《公司法》的规定,将其分成两个或两个以上公司的法律行为。公司的分立是将原来存在的一个公司划分为两个或两个以上的独立公司,它既不同于公司建立自己的分公司,也不同于划小核算单位,而是一种公司变更的法定形式。

(二) 公司分立的形式

我国《公司法》对公司分立的形式没有明确规定,但根据国外的有关规定和公司分立的实践来看,公司的分立有分解分立和分支分立两种形式。

1. 分解分立

分解分立又称新设分立,是指把一个原有公司分成两个或两个以上的新公司,原有的公司因此而解散,新分立的公司依法成为新的公司法人。

2. 分支分立

分支分立又称派生分立,是指把一个原有公司的财产和业务分出一部分或若干部分,组成为新的公司,新组成的公司依法成为新的公司法人,原有的公司法人仍然存在,只是由于被分支出去一部分或若干部分而发生了变更。

(三) 公司分立的程序

公司的分立必须严格依照《公司法》所规定的程序进行。一般来说,公司分立必须经过以下法定程序:

1. 作出公司分立的决议

公司的分立首先应由董事会拟订方案,然后报请公司的权力机构由其作出分立决议。有限责任公司的分立应由股东会作出决议,股东会作出的分立决议,必须经代表三分之二以上表决权的股东通过。股份有限公司的分立则应由股东大会作出决议,股东大会作出的分立决议,必须经出席会议的股东所持表决权的三分之二以上通过。

2. 分割公司财产

公司分立,无论是分解分立,还是分支分立,依法都要对其财产作相应的分割。

3. 编制资产负债表及财产清单

4. 通知及公告债权人

5. 报请批准

在我国,有限责任公司的分立不需要报经政府或政府有关部门批准,但我国《公司法》第一百八十三条则明确规定,股份有限公司的分立,必须经国务院授权的部门或省级人民政府批准。

6. 办理登记手续

公司的分立属于公司的变更形式之一,应当依法向公司登记机关办理变更登记、注销登记或设立登记。

(四) 公司分立的法律后果

公司的分立是一种法律行为,必然具有一定的法律效力,产生一定的法律后果。归纳起来,公司分立可产生以下法律后果:

1. 公司的变更

分支分立导致了存续公司的变更。

2. 公司的解散

在分解分立的情况下,原有的公司失去其法人资格,归于消灭,不复存在,但因分解分立而解散的公司则无须经过清算程序,其法人资格即归于消灭。

3. 公司的设立

公司的分立,无论其为分解分立,还是分支分立,均有两个或两个以上的公司设立。因此,分解分立和分支分立都导致了新公司的设立。

4. 债权债务的承继

因分立而解散的公司的债权,由分立后新设或存续的公司按所达成的协议享有,因分立而解散的公司的债务,则按所达成的协议由分立后新设或存续的公司承担。

三、公司的组织形态变更

(一) 公司的组织形态变更的概念

公司的组织形态变更,即公司组织形式的变更或公司法定类型的变更,是指公司不中断其法人资格,依照《公司法》的规定,变更其组织形式,使其成为其他种类公司的法律行为。公司的组织形态变更,使某一种类的公司依法变成了另一种类的公司。

关于公司的组织形态变更,现代各国公司法多采取限制主义,即只允许性质相似公司间的变更,而不允许性质不同的公司间的变更。在我国公司的法定种类只有有限责任公司和股份有限公司两种形式,而根据《公司法》第三十八条、第四十六条和第一百零三条、第一百一十二条的规定,我国法律只允许有限责任公司变更为股份有限公司,而不允许股份有限公司变更为有限责任公司。

(二) 公司的组织形态变更的条件

根据我国《公司法》的有关规定,有限责任公司变更为股份有限公司,应当符合以下几个条件:

(1) 发起人应当有五人以上;
(2) 注册资本达到人民币一千万元的法定最低限额;
(3) 变更公司章程;
(4) 建立符合股份有限公司要求的组织机构;
(5) 折合的股份总额应当相等于公司净资产额;
(6) 为增加资本而向社会公开募集股份时,应当依照《公司法》的有关规定办理。

(三) 公司的组织形态变更的程序

有限责任公司变更为股份有限公司不仅应该具备一定的条件,而且也应履行一定的程序。根据《公司法》的规定,公司的组织形态变更主要应履行以下法定程序:

(1) 由董事会制订公司组织形态变更的方案;
(2) 由股东会作出组织形态变更的决议,股东会作出公司组织形态变更的决议,依法必须经代表三分之二以上表决权的股东通过；

(3) 呈报审批，有限责任公司变更为股份有限公司依法必须经过国务院授权的部门或者省级人民政府批准，这是因为股份有限公司的设立程序复杂，设立责任重大，为了防止一些设立人以先设立有限责任公司、再将其变为股份有限公司的手段，回避法律监督，所以我国法律将呈报审批规定为一个必须程序，如果向社会公开发行股票，还需报经国务院证券管理部门批准；

(4) 办理登记，公司组织形态变更时，其章程已经变更，其他登记事项也可能发生变更，因此，公司组织形态变更时须办理变更登记手续，但不必办理注销及设立登记，我国《公司法》规定，董事会应代表公司向公司登记机关办理变更登记，公司的组织形态变更因登记而发生法律效力。

(四) 公司的组织形态变更的法律后果

公司的组织形态变更是一种法律行为，必然具有一定的法律效力，产生一定的法律后果。由于有限责任公司变更为股份有限公司，股东对公司之责任并未因组织形式的变更而有所不同，并非另行设立新公司，故其法人资格之存续，不受影响。原有限责任公司的债权、债务则由变更后的股份有限公司承继。

四、公司的终止

(一) 公司终止的概念

所谓公司终止，也称公司消灭，是指公司由于法律或公司章程规定的事由发生而丧失其生产经营资格和法人资格，缴销营业执照的法律过程。公司终止一方面表明公司在法律上作为商事主体资格的丧失，即公司终止后，公司的权利能力和行为能力便不复存在。

(二) 公司终止的条件

根据我国《公司法》和《公司登记管理条例》的有关规定，公司终止的条件主要有以下六项：①公司章程规定的营业期限届满；②公司章程规定的解散事由出现；③股东会决议解散；④公司因合并、分立而解散；⑤公司被依法宣告破产；⑥公司被依法责令关闭。

(三) 公司终止的程序

1. 公司解散终止的程序

公司因解散而终止的程序归纳起来，大致分为以下三个步骤：一是进行清算。公司除因合并、分立解散外，其他形式的解散都应首先成立清算组，依法对公司资产、债权和债务进行清理结算。二是办理注销登记手续。公司自清算结束后，应向原公司登记机关申请注销登记，经公司登记机关核准注销登记，公司就要缴销营业执照。三是发布公告。公司应当在其注销登记被核准后的三十日内发布注销登记公告，并应当自公告发布之日起三十日内将发布的公告送公司登记机关备案。如果是因吊销"企业法人营业执照"而解散的，公告则由公司登记机关发布，至此，公司的生产经营和法人资格就正式终止了。

2. 公司破产终止的程序

破产是公司终止的一种特殊程序，与公司解散终止的程序相比，要复杂一些，公司破产终止必须按照国家相应的破产立法所规定的条件和程序进行，而解散终止则按公司立法的有关规定进行。一般来讲，公司破产终止的程序大致分为以下八个步骤：①破产申请的提出；②破产申请的受理；③通知和公告债权人；④申报债权；⑤组织债权人会议；⑥破产宣告；⑦破产清算；⑧破产终止。

五、公司的清算

（一）公司清算的概念

公司无论是因解散（除因合并、分立而解散者外）而终止，还是因破产而终止，都必须依法进行清算，因此，公司清算是公司终止的法定必经程序。所谓公司清算，是指在公司解散或破产的终止过程中，了结公司债务，分配公司剩余财产，从而使公司生产经营资格和法人资格归于消灭的法定程序。简言之，公司清算就是对公司终止时的财产、债权和债务所进行的清理、结算。只有通过清算，终结公司现存的法律关系，处理终止公司的剩余财产，才能使其完全丧失生产经营和法人资格。公司的清算不仅关系到公司、股东、职工的合法权益，而且涉及到债权人、债务人的切身利益，因此，公司清算是一个十分重要的法律问题。

（二）公司清算的种类

公司清算依据其方式的不同，可分为任意清算和法定清算两种。任意清算是指依照公司章程规定或股东会决议的方法所进行的清算，而法定清算则是指依照法律所规定的程序和方法所进行的清算。任意清算适用于无限公司和两合公司，而法定清算则主要适用于有限责任公司和股份有限公司。在我国因没有无限公司和两合公司之种类，故我国公司法只确定了法定清算一种方式。

法定清算又可分为破产清算与解散清算两种情况。破产清算是依照我国有关破产的立法规定所进行的清算，而解散清算则是依照我国公司立法的规定所进行的清算。一般来说，这两种清算在清算的原因、清算组的组织者、清算的程序和剩余财产的处理等方面都有一定的区别。

解散清算又有普通清算和特别清算两种形式。普通清算是在公司自愿解散的情况下所进行的清算，即在公司章程规定的营业期限届满或者公司章程规定的解散事由出现以及股东会决议解散时所适用的程序，特别清算则是在公司因违反法律和行政法规被依法责令关闭而解散时所进行的清算。这两种清算的区别主要在于，前者由公司从内部产生清算组，后者则由有关主管机关组织成立清算组。

（三）清算组的性质及职责

1. 清算组的成立

根据我国《公司法》的规定，公司因不能清偿到期债务，被依法宣告破产的，由人民法院依照有关破产立法的规定，组织股东、有关机关及有关专业人员成立清算组；公司因公司章程规定的营业期限届满或者公司章程规定的其他解散事由出现而解散的，应当在十五日内成立清算组，有限责任公司清算组由股东组成，股份有限公司的清算组由股东大会确定其人选，逾期不成立清算组的，债权人可以申请人民法院指定有关人员组成清算组，人民法院则应当受理申请，并及时指定清算组成员；公司违反法律、行政法规被依法责令关闭而解散的，则由有关主管机关组织股东、有关机关及有关专业人员成立清算组。

由此可见，清算组的成立，有三种方式：一是由法院组织成立；二是由公司自己成立；三是由有关主管机关组织成立。

2. 清算组的性质

我国《公司法》以清算公司（即处于清算阶段的公司）代表说为其立法根据，规定清算组在清算期间代表公司参与民事诉讼活动,因此,我国的公司清算组在公司清算期间和清算范围内,对外代表公司,对内执行清算业务,是公司最为重要的法定代表机关。在公司清算阶段,公司的董事会已经不复存在,其权限也无从行使,清算组则成了取代董事会、接管公司的权力机构。

3. 清算组的职责

清算组的性质决定了它的职责范围。根据我国《公司法》的规定,清算组在清算期间负有下列职责:

(1) 清理公司财产,分别编制资产负债表和财产清单。

(2) 通知或者公告债权人。为了确保债权人的合法权益,清算组必须依法将公司终止的事实通知或公告债权人,以便债权人申报债权。

(3) 处理与清算有关的公司未了结的业务。清算组成立之后,应尽快处理与清算相关的公司未了结的业务,但不得开展新的经营活动。

(4) 清缴所欠税款。由于税款涉及国家财政收入,具有特殊的重要意义,因此,公司原来应当缴纳而未缴纳的税款由清算组缴纳,一并结清纳税事宜。

(5) 清理债权、债务。如果公司享有债权,清算组应要求债务人履行;如果公司负有债务,清算组应在公告申报债权期限届满后,清偿公司债务。在申报期限内,不得对任何债权人进行清偿。

(6) 处理公司清偿债务后的剩余财产。债务清偿后,清算组应依照法定方式,将剩余财产分配给各个股东。

(7) 代表公司参与民事诉讼活动。在清算范围内,清算组有权以清算公司的名义,在法院起诉和应诉。清算组在诉讼时,可推选一人具体执行诉讼事宜。

4. 清算组成员的义务及责任

根据我国《公司法》第一百九十八条的规定,清算组成员的义务和责任主要有以下四个方面:

(1) 忠于职守,依法履行清算义务;

(2) 不得利用职权收受贿赂或其他非法收入;

(3) 不得侵占公司财产;

(4) 因故意或者重大过失给公司或者债权人造成损失的,应当承担赔偿责任。

清算组成员利用职权徇私舞弊、谋取非法收入或者侵占公司财产的,责令退还公司财产。没收违法所得,并可处以违法所得一倍以上五倍以下的罚款。构成犯罪的,依法追究刑事责任。

(四)公司清算的程序

公司清算是依时间先后依次进行的一系列活动的总称。为了使清算工作能够顺利达到预期的法律后果,提高公司清算的效率,使公司清算沿着规范化的方向健康地向前发展,公司清算必须依照法律规定的程序进行。

1. 公司解散的清算程序

公司解散的清算程序大致分为以下五个法定步骤:①通知并公告;②清理公司财产;③制定清算方案;④处理公司财产;⑤清算终结。

2. 公司破产的清算程序

关于公司破产的清算程序，根据我国有关破产立法的规定，一般应经过以下六个步骤：①接管破产公司；②清理破产财产；③清理债权债务；④变卖破产财产；⑤分配破产财产；⑥破产清算的终结。

第六节 公司法律责任

一、公司法律责任的概念和特征

（一）公司法律责任

公司法律责任，是指违反了公司法的规定所应当承担的法律责任。必须说明，这里所指的公司法律责任是从广义来理解的，它不仅包括公司作为责任主体在违反公司法后应当承担的法律责任，也包括其他如公司发起人、股东、清算组及有关机关等因违反公司法所应承担的法律责任。

（二）公司法律责任具有以下特征

1. 责任主体的多样性

根据我国《公司法》的规定，因违反公司法的规定而承担法律责任的主体除公司外，还包括以下六种：①公司的发起人和股东；②公司的董事、监事和经理；③公司的清算组及其成员；④公司及有关主管部门的直接负责的主管人员和其他直接责任人员，包括国务院授权的有关主管部门、国务院证券管理部门、公司登记机关及公司登记机关的上级部门的直接负责的主管人员和其他责任人员；⑤承担资产评估、验资或者验证的机构；⑥其他人，包括将公司资产以任何个人名义开立账户存储的人和冒用有限责任公司和股份有限公司名义的人。

2. 责任内容的法定性

我国公司法对有关主体违反公司法规定的义务应承担的法律责任作了明确规定，既规定了行为人不履行法定义务应受惩罚的行为内容，又规定了对违法者的制裁形式。

3. 责任追究的强制性

公司法规定的主体如果违反了公司法规定的义务，就要予以追究，法律责任的追究具有强制性，它以国家强制力作为后盾。

4. 责任形式的综合性

公司法规定的法律责任并不是单一的责任形式，而是包括三种形式，即民事责任、行政责任和刑事责任。

二、公司法中的法律责任类型

（一）民事责任

民事责任，是指民事法律关系的主体没有按照法律规定履行自己的义务所应承担的法律后果。在社会主义市场经济活动中，公司及其股东和债权人是最重要的民事主体。如果公司及其相关主体在民事活动中没有按照法律规定或合同约定履行义务，都要依照有关法律的规定承担相应的法律后果。

（二）行政责任

行政责任，是指公司及其相关主体因实施行政违法行为所应承担的法律后果。公司及其相关当事人在公司的设立及其经营活动过程中，都必然成为行政关系的重要主体，都必须服从国家的行政管理，履行法定的行政义务。

（三）刑事责任

刑事责任，是指行为人实施了刑法所禁止的犯罪行为而必须承担的法律后果。刑事责任是法律责任当中最为严厉的一种。

三、公司法规定的违法行为的种类

（一）公司设立登记中的违法行为

(1) 违反《公司法》规定，在办理公司登记时虚报注册资本、提交虚假证明文件或者采取其他欺诈手段隐瞒重要事实取得公司登记的；

(2) 公司的发起人、股东未交付货币、实物或者未转移财产权，虚假出资，欺骗债权人和社会公众的；

(3) 公司的发起人、股东在公司成立后，抽逃其出资的；

(4) 未依法登记为有限责任公司或者股份有限公司，而冒用有限责任公司或者股份有限公司名义的；

(5) 公司成立后无正当理由超过六个月未开业的，或者开业后自行停业连续六个月以上的；

(6) 公司登记事项发生变更时，未按照《公司法》规定办理有关变更登记的。

（二）公司直接融资过程中的违法行为

(1) 制作虚假的招股说明书、认股书、公司债券募集办法发行股票或者公司债券的；

(2) 未经《公司法》规定的有关主管部门的批准，擅自发行股票或者公司债券。

（三）公司财务会计和国有资产管理中的违法行为

(1) 在法定的会计账册以外另立会计账册的；

(2) 将公司资产以任何个人名义开立账户存储的；

(3) 公司向股东和社会公众提供虚假的或者隐瞒重要事实的财务会计报告；

(4) 公司不按照《公司法》规定提取法定公积金、法定公益金的；

(5) 将国有资产低价折股、低价出售或者无偿分给个人的。

（四）董事、监事、经理的违法行为

(1) 董事、监事、经理利用职权收受贿赂、其他非法收入或者侵占公司财产的；

(2) 董事、经理挪用公司资金或者将公司资金借贷给他人的；

(3) 董事、经理违反《公司法》规定，以公司资产为本公司的股东或者其他个人债务提供担保的；

(4) 董事、经理违反《公司法》规定自营或者为他人经营与其所任职公司同类的营业的。

（五）公司变更和清算过程中的违法行为

(1) 公司在合并、分立、减少注册资本或者进行清算时，不按照《公司法》规定通知或者公告债权人的；

(2) 公司在进行清算时，隐匿财产，对资产负债表或者财产清单作虚伪记载或者未清偿债务前分配公司财产的；

(3) 清算组不按照《公司法》规定向公司登记机关报送清算报告，或者报送清算报告隐瞒重要事实或者有重大遗漏的。

(六) 社会中介机构对公司实施社会监督中的违法行为

(1) 承担资产评估、验资或者验证的机构提供虚假证明文件的；

(2) 承担资产评估、验资或者验证的机构因过失提供有重大遗漏的报告的。

(七) 政府有关机关对公司管理中的违法行为

(1) 国务院授权的有关主管部门，对不符合《公司法》规定条件的设立公司的申请予以批准，或者对不符合《公司法》规定条件的股份发行的申请予以批准；

(2) 国务院证券管理部门对不符合《公司法》规定条件的募集股份、股票上市和债券发行的申请予以批准；

(3) 公司登记机关对不符合《公司法》规定条件的登记申请予以登记；

(4) 公司登记机关的上级部门强令公司登记机关对不符合《公司法》规定条件的登记申请予以登记的，或者对违法登记进行包庇的。

复习思考题

一、选择题

1. 下面公司可以不设股东会的是(　　)。
   A. 股东人数及经营规模较小的有限责任公司
   B. 某有限责任公司投资设立的子公司
   C. 某国有资产管理局投资的国有独资公司

2. 股份有限公司的股东大会进行决议时，对修改公司章程、公司合并或分立、公司解散等事项表决时，应采用(　　)决议规定。
   A. 以出席股东大会的股东 2/3 以上表决同意
   B. 以出席股东大会的股东所持表决权的 2/3 以上通过
   C. 以全体股东的 2/3 以上通过
   D. 以全体股东所持表决权的 2/3 以上通过

3. 上市公司股本总额 8000 万元，股票面值 10 元。以下情况中，构成该公司股票暂停上市的原因是(　　)。
   A. 公司决定将股本总额减少 3000 万元
   B. 为实现上述决定，公司收购本公司股票 300 万股
   C. 由于上述收购，持有 100 万股以上的本公司股东人数变为 1200 人
   D. 由于上述收购，向社会公开发行的股份总额变为 150 万股

4. 依照我国公司法的规定，某股份有限公司在发行股票时以超过股票票面金额的发行价格发行，则该股票发行所得的溢价款，应当列为公司财产的(　　)。
   A. 利润　　　　　　　　　　　　B. 资本公积金
   C. 盈余公积金　　　　　　　　　D. 法定公益金

5. 公司应当依据公司法在每一会计年度终了时制作财务会计报告，并依法经审查验收。此处的财务会计报告应当包括(　　)财务会计报表及附属明细表。
   A. 资产负债表及损益表　　　　　B. 财务状况变动表及财务情况说明书
   C. 现金流量表　　　　　　　　　D. 利润分配表

6. 以下情形中，公司清算组应当自公司清算结束之日起 30 日内向原公司登记机关申请注销登记的是(　　)。

A. 公司被依法宣告破产
B. 股东会议决定解散
C. 公司被依法责令关闭

7. 某公司经理张某违反公司法规定自营与其所任职公司同类的手机销售业务，其所得收入应按（　　）处置。

A. 是不合法所得，应由国家没收 　　B. 收归公司所有
C. 属于张某的合法收入 　　D. 冲抵其应缴的罚款

二、简答题

1. 我国法律规定的公司形式有几种？你了解大陆法系国家与英美法系国家的公司形式吗？
2. 分公司与子公司有何异同？
3. 外商投资的有限责任公司适用我国《公司法》吗？
4. 某曾于1998年因走私文物入狱，现刑满释放后满5年他还能担任本公司的工会副主席吗？为什么？
5. 公司董事李某与所任职公司订立电脑买卖合同，此行为有法律效力吗？如果有效，请指出有效的法律条件？
6. 设立有限责任公司应该具备哪些法定条件？
7. 有限责任公司能采取募集设立方式吗？
8. 王某欲成立一个以经营食品批发为主的有限责任公司，兼营食品零售，现有资本40万元，问他现有资本能否注册成为一个经营食品批发为主的有限责任公司？为什么？
9. 设立股份有限公司应该具备哪些法定条件？
10. 根据我国公司法的规定，股票的上市应当具备哪些法定条件？
11. 股份有限公司在哪些情况下，可以召开临时股东大会？
12. 哪些主体可以发行公司债券？发行公司债券需要具备哪些法定条件？
13. 某有限责任公司开发的产品供不应求，为扩大生产，公司决定在已经拥有净资产1亿元人民币的情况下，再次发行公司债券。该公司曾于两年前发行了五年期公司债券2000万元，此次发行的公司债券最高数额是多少？
14. 公司法人资格消灭，是否一定要经过清算程序？
15. 公司分立后其债权债务如何承担？
16. 有限责任公司变更为股份有限公司，应当符合哪些法定条件？
17. 公司依法终止的原因有哪些？
18. 违反公司法的法律责任形式有几种？
19. 公司的发起人、股东未交付货币、实物或者未转移财产权，虚假出资，欺骗债权人和社会公众的，如何处罚？
20. 公司成立后无正当理由超过几个月未开业的，或者开业后自行停业连续几个月以上的，由公司登记机关吊销其公司营业执照？
21. 某公司向股东和社会公众提供虚假财务会计报告处以10万元罚款，同时承担10万元的民事赔偿责任，其可供执行财产只有15万元，问如何承担责任？

第四章 合同法律制度

第一节 合同法概述

一、合同
(一) 合同的概念

《合同法》第二条明确规定:本法所称合同是平等主体的自然人、法人、其他组织之间设立、变更、终止民事权利义务关系的协议。婚姻、收养、监护等有关身份关系的协议,适用其他法律的规定。

因此《合同法》所指的合同应是指财产合同,包括物权合同和债权合同,排除了对婚姻、收养、监护等身份合同的调整。

(二) 合同的法律特征

1. 合同是一种法律行为

法律行为是人们有意识进行的旨在引起法律后果的行为。法律行为的目的是要在当事人之间建立一定的法律关系或变更、消灭一定的法律关系,也就是要取得法律对当事人之间权利义务关系的承认和保护。签订合同即实施法律行为,合同依法成立,当事人之间即建立了权利义务关系,并且这种权利义务关系受到国家法律的保护,如果当事人不履行合同,就要承担法律责任。

2. 合同是两个或两个以上当事人意思表示一致的法律行为

①从合同成立看,必须有两个或两个以上的当事人;②既然合同的成立必须有两个或两个以上当事人参加,那么则要求他们之间互作意思表示;③双方或多方当事人不仅须互作意思表示,而且意思表示必须是一致的,否则合同是不能成立的。

3. 合同当事人的法律地位平等

合同是商品经济的产物,既然是商品,则要求人们须按价值规律要求进行交换,亦即交换人在经济上应该是平等的。这种经济上的平等反映到法律上来,则要求交换人的法律地位平等。因此,要求合同的当事人,不论是法人还是公民,也不论法人组织的所有制或隶属关系如何,他们在合同关系中,法律地位应该是平等的。

4. 合同当事人合法的行为

双方当事人签订合同必须遵守国家法律和政策的规定,才能得到国家的承认和保护,从而产生预期的法律后果。如果当事人签订违反国家法律和政策的合同,不仅合同无效,得不到法律保护,而且还要承担由此而产生的法律责任。

二、合同法的概念
(一) 合同法的概念

合同法是当代各国民事法律制度的一个重要组成部分,是国家制定或认可的调整民事流转关系的法律规范的总和(财产流转关系是指一个财产由一个主体转移给另一个主体的关系,是财产运动的法律表现)。合同法规定的是什么人有资格签定合同,当事人如何签定合同,合同是否具有法律效力,什么情况下可以变更或解除合同,当事人应如何行使合同权利和履行合同义务,合同被违反时如何追究法律责任,以及受害方如何获得法律救济等。

(二)我国合同法律规范

《中华人民共和国合同法》经第九届全国人民代表大会第二次会议审议,于1999年3月15日通过并公布,于1999年10月1日开始实施。《中华人民共和国经济合同法》、《中华人民共和国技术合同法》、《中华人民共和国涉外经济合同法》同时废止。

(三)《中华人民共和国合同法》的基本内容

本法共23章428条,分三部分:

第一部分,总则,第一章~第八章共8章129条

包括一般规定、合同的订立、合同的效力、合同的履行、合同的变更和转让、合同的权利义务终止、违约责任和其他规定。

第二部分,分则,第九章~第二十三章共15章298条

包括买卖合同,供用电、水、气、热力合同,赠与合同,借款合同,租赁合同,融资租赁合同,承揽合同,建设工程合同,运输合同,技术合同,保管合同,仓储合同,委托合同,行纪合同,居间合同。

第三部分,附则,共一条,规定合同法的施行日期。

三、合同的种类

(一)合同的一般分类

合同的一般分类,即依据民法理论,将所有合同分成彼此对应的两大类,以突出其法律特征。

1. 计划合同与非计划合同

计划合同是指根据国家指令性计划订立的合同。如基本建设工程承包合同。非计划合同是指不依据国家指令性计划,而是当事人依照法律的规定在自愿、平等、互利的基础上经过协商一致订立的合同。如买卖合同。

2. 单务合同与双务合同

单务合同是指一方当事人只享有权利,他方当事人只承担义务的合同。如赠与合同。双务合同是指当事人权利义务相对应,即一方的权利就是他方义务的合同。如物业服务合同。

3. 诺成合同与实践合同

诺成合同是指不以交付标的物为成立条件,只要双方当事人就合同条款取得一致意见即成立的合同。如加工承揽合同。实践合同是指当事人双方除就合同条款达成协议外,还须以一方交付标的物为成立条件的合同。如保管合同。

4. 有偿合同与无偿合同

有偿合同是指当事人享有权利时必须向对方偿付一定代价的合同。如买卖合同、物业服务合同。无偿合同是指一方当事人只负担义务不享有权利,而另一方则只享有权利不负担义务的合同。如赠予合同。

5. 要式合同与非要式合同

要式合同是指合同的订立必须采取特定的方式的合同,如合同成立需有关机关批准才有效的合同。非要式合同是指不需要特定方式,当事人自行约定即成立的合同,如传统的买卖合同。

6. 为订约人利益订立的合同与第三人利益订立的合同

为订约人利益订立的合同是指当事人为自己取得某种利益而订立的合同。为第三人利益订立的合同是指订立合同的当事人一方并不是为自己设定权利,而是为了第三人利益而与另一方订立的合同。如法人为本单位职工集体进行人身保险的合同。

7. 主合同与从合同

主合同是指在相互联系的两个合同中不依赖其他合同而独立存在的合同。如抵押合同所担保的借贷合同即为主合同。从合同是指在相互联系的两个合同中以主合同的有效存在为前提条件方能成立的合同。如为借贷合同担保的抵押合同。

8. 明示合同与默示合同

明示合同是指合同条款由合同双方当事人明确以书面或口头方式表示的合同。默示合同是指合同条款由合同双方当事人的行为加以推断的合同。

9. 有名合同与无名合同

有名合同是指法律上有明确名称的合同。如建设工程承包合同。无名合同是指法律上没有确定名称的合同。如联营合同。

10. 总合同与分合同

总合同是指建设单位、设计单位或施工单位就建设工程设计或建筑施工签订的总包合同。分合同是指总包人与分包人签订的合同。

(二) 合同的具体分类

1. 转移财产所有权或经营权的合同

(1) 此类合同的法律特征

1) 依法把作为合同标的物的所有权或经营权从一方转移给另一方;

2) 一般除赠与合同外,都是有偿合同;

3) 合同的标的物既可以是物质财产,也可以是知识产权,如专利权等。

(2) 此类合同的常见的种类

1) 买卖合同。买卖合同是出卖人转移标的物的所有权于买受人,买受人支付价款的合同。

2) 赠与合同。赠与合同是赠与人将自己的财产无偿给予受赠人,受赠人表示接受赠与的合同。

3) 借款合同。借款合同是借款人向贷款人借款,到期返还借款并支付利息的合同。

2. 转移财产使用权的合同

(1) 此类合同的法律特征

1) 当事人转移的不是财产的所有权,而是财产的使用权;

2) 转移财产使用权是有期限的,期限届满,财产所有人可以将使用权收回。

(2) 此类合同常见的种类

1) 借用合同。指出借人把一定的物品无偿地交给借用人使用,借用人在使用后,把原物还给出借人的协议。借用人只有使用权,而没有处分权,合同标的只能是特定物。

2) 租赁合同。指出租人将财产交付承租人临时占有,承租人应当向出租人支付租金,并于租赁关系终止时,将该财产原物返还出租人的协议。承租人使用租赁财产不得违背合同的约定和财产的用途,未经出租人的同意,不得转租或转借。

3. 完成工作的合同

(1) 此类合同的法律特征

1) 它的标的物是一方当事人工作的成果,而不是劳务。如加工好的物品、设计图纸等;
2) 工作成果具有明显的特定性;
3) 工作成果的所有权属于交付工作任务的一方;
4) 承揽合同采取留置物的方式担保;
5) 完成工作的合同是诺成、有偿合同,履行过程中要相互协作与支持。

(2) 此类合同常见的种类

1) 承揽合同。指承揽方用自己的设备、技术和劳力,为定作人加工、定作、修理、修缮或完成其他工作,定作人接受承揽人制作的物品或完成的工作成果,并给付报酬的协议。承揽合同包括加工合同、定作合同、修理合同、房屋修缮合同等。

2) 建设工程合同。包括工程勘察、设计、施工合同。它属于承揽合同的特殊类型。其特殊性表现有:

① 建设工程合同的法律主体具有特定性,主体间具有连带的权利义务关系,合同的履行需要合同当事人双方较长时间的通力协作;
② 建设工程合同具有严格的计划性;
③ 建设工程合同是在国家多种形式的监督管理下实施的。

4. 提供服务的合同

(1) 此类合同的法律特征

1) 它的标的不是物,而是提供服务(劳务),包括生产和流通领域内所进行的经营和服务,如运输、仓储、保管、居间等,也包括非生产流通领域中所进行的社会服务,如医疗服务、邮电服务、法律事务服务、物业管理服务等;
2) 债务人提供的服务不是通过物化的工作成果表现出来的,而只是通过他自己的行为表现出来。

(2) 此类合同常见的种类

1) 保管合同。也称寄托合同,是指一方在一定期间内为他方保管物品的协议。
2) 委托合同。指当事人双方约定,受托人以委托人的名义在委托权限内为委托人处理事务的协议。
3) 居间合同。指居间人为委托人提供订约的机会或充当订约人的介绍人,由委托人支付报酬的协议。
4) 信托合同。又称行纪合同,指受信托人以自己的名义,用信托人的费用,为信托人办理购销和寄售等业务,并收取报酬的合同。
5) 运输合同。指承运人将旅客或者货物从起运地点运输到约定地点,旅客、托运人或者收货人支付票款或者运费的合同。
6) 物业服务合同。物业管理企业与业主签订的约定双方的权利义务以及物业管理事项、服务质量、服务费用、专项维修资金的管理与使用、物业管理用房、合同期限、违约责任等方面的协议。

5. 技术合同

（1）此类合同的法律特征

1）技术合同的标的为提供技术的行为。所谓提供技术的行为包括提供现存的技术成果、对尚未存在的技术进行开发以及提供与技术有关的辅助性帮助行为，即指技术开发、转让、技术咨询和服务行为。

2）技术合同履行具有特殊性。技术合同转让，实质上是一种技术许可，即一方允许另一方在一定条件下使用他们所拥有的技术。技术合同履行因常涉及与技术有关的其他权利归属，如发明权、科技成果权、转让权等，故技术合同既受债法之约束，又受知识产权制度之规范。

3）技术合同是双务、有偿合同。当事人双方都承担相应的义务，一方应进行开发、转让、咨询或者服务，另一方应支付价款或报酬。而价款或报酬正是为另一方进行开发、转让等行为的对价，故为有偿合同。

4）技术合同当事人具有广泛性与特定性。本条并未限定合同当事人资格，自然人、法人、非法人组织均无不可，法人中还包括企业、事业、社会团体、机关法人。但是技术合同当事人，通常至少一方是能够利用自己的技术力量从事技术开发、技术转让、技术服务的组织或个人，否则合同将履行不能，因此合同当事人也有限定性。

（2）此类合同常见的种类

1）技术开发合同。指当事人之间就新技术、新产品、新工艺或者新材料及其系统的研究开发所订立的合同。

2）技术转让合同。指当事人就专利权转让、专利申请权转让、专利实施许可、技术秘密转让所订立的合同。

3）技术咨询合同。指当事人一方为另一方就特定技术项目提供可行性论证、技术预测、专题技术调查、分析评价报告所订立的合同。

4）技术服务合同。指当事人一方以技术知识为另一方解决特定技术问题所订立的合同。

6. 涉外合同

（1）此类合同的法律特征

1）涉外合同具有涉外因素：包括合同主体一方或双方不具有中国国籍；合同的客体位于中国境外或越过中国国境；合同的某种法律事实发生的国外；

2）涉外合同受国家间政治、经济关系的影响和制约；

3）涉外合同可以选择适用的法律，并受国际条约和国际惯例的调整。

（2）此类合同常见的种类：就我国现状来看，涉外合同包括货物买卖、合资经营企业合同、合作经营企业合同、合作勘探开发自然资源合同、信贷合同、租赁合同、技术转让合同、工程承包合同、成套设备供应合同、加工承揽合同、劳务合同、补偿贸易合同、科技咨询或设计合同、担保合同、保险合同、委托代理合同等。

（三）合同法中规定的合同种类

1. 买卖合同

买卖合同是出卖人转移标的物的所有权于买受人，买受人支付价款的合同。

2. 供用电、水、气、热力合同

供用电、水、气、热力合同是供电、水、气、热力人向用电、水、气、热力人供电、水、气、热力，用电、水、气、热力人支付电、水、气、热力费的合同。

3. 赠与合同

赠与合同是赠与人将自己的财产无偿给予受赠人，受赠人表示接受赠与的合同。

4. 借款合同

借款合同是借款人向贷款人借款，到期返还借款并支付利息的合同。

5. 租赁合同

租赁合同是出租人将租赁物交付承租人使用、收益，承租人支付租金的合同。

6. 融资租赁合同

融资租赁合同是出租人根据承租人对出卖人、租赁物的选择向出卖人购买租赁物，提供给承租人使用，承租人支付租金的合同。

7. 承揽合同

承揽合同是承揽人按照定作人的要求完成工作，交付工作成果，定作人给付报酬的合同。承揽包括加工、定作、修理、复制、测试、检验等工作。

8. 建设工程合同

建设工程合同是承包人进行工程建设，发包人支付价款的合同。建设工程合同包括工程勘察、设计、施工合同。

9. 运输合同

运输合同是承运人将旅客或者货物从起运地点运输到约定地点，旅客、托运人或者收货人支付票款或者运输费用的合同。

10. 技术合同

技术合同是当事人就技术开发、转让、咨询或者服务订立的确立相互之间权利和义务的合同。

11. 保管合同

保管合同是保管人保管寄存人交付的保管物，并返还该物的合同。

12. 仓储合同

仓储合同是保管人储存存货人交付的仓储物，存货人支付仓储费的合同。

13. 委托合同

委托合同是委托人和受托人约定，由受托人处理委托人事务的合同。

14. 行纪合同

行纪合同是行纪人以自己的名义为委托人从事贸易活动，委托人支付报酬的合同。

15. 居间合同

居间合同是居间人向委托人报告订立合同的机会或者提供订立合同的媒介服务，委托人支付报酬的合同。

第二节 合同的订立

一、合同订立的原则

（一）平等原则

《合同法》第三条：合同当事人的法律地位平等，一方不得将自己的意志强加给另一方。

（二）自愿原则

《合同法》第四条：当事人依法享受有自愿订立合同的权利，任何单位和个人不得非法干预。

（三）公平原则

《合同法》第五条：当事人应当遵循公平原则明确各方的权利和义务。

（四）诚实信用原则

《合同法》第六条：当事人行使权利、履行义务应当遵循诚实信用原则。

（五）遵守法律、行政法规，尊重社会公德，不损害社会公共利益原则

《合同法》第七条：当事人订立、履行合同，应当遵守法律、行政法规，尊重社会公德，不得扰乱社会经济秩序，遵守社会公共利益。

二、合同订立的程序

订立合同的程序，是指订立合同的双方当事人，经过平等协商，就合同内容取得一致意见的过程。这个过程一般包括两个步骤，即要约和承诺。

（一）要约

要约是指当事人一方以订立合同为目的而向对方提出的订立合同的意思表示，并希望对方接受。该意思表示应：内容具体确定；表明经受要约人承诺，要约人即受该意思表示约束。

要约与要约邀请的区别：

要约邀请是希望他人向自己发出要约的意思表示。寄出的价目表、拍卖公告、招标公告、招股说明书、商业广告等为要约邀请。

商业广告的内容符合要约规定的，视为要约。

（二）承诺

承诺是指当事人一方对要约人发生的要约内容和条件完全同意的意思表示。

承诺生效时合同成立。承诺生效的地点为合同成立的地点。

三、合同的内容

（一）一般条款

合同的内容由当事人约定，一般包括以下条款：

(1) 当事人的名称或者姓名和住所；

(2) 标的；

(3) 数量；

(4) 质量；

(5) 价款或者报酬；

(6) 履行期限、地点和方式；

(7) 违约责任；

(8) 解决争议的方法。

当事人可以参照各类合同的示范文本订立合同。

这些一般包括的条款只是起合同示范条款的作用，并不是作为合同成立必须具备的主

要条款。合同成立后，只要合同符合生效要件，合同就对当事人有约束力。因此，当事人对合同条款约定应当明确、具体，以便于合同履行。然而也有些合同在订立过程中欠缺某些合同条款或条款约定不明确，致使合同难以履行，在此情况下，如果欠缺主要内容而当事人又不愿协商解决，也不愿履行合同，那么合同可以确认为不成立。

（二）合同示范文本

如建设工程施工合同、商品房买卖合同、前期物业服务合同等。

四、合同的形式

合同的形式是合同当事人所达成的协议的表现形式，是合同内容的载体。有以下几种形式：

（一）书面形式

书面形式是指合同书、信件和数据电文（包括电报、电传、传真、电子数据交换和电子邮件）等可以有形地表现所载内容的形式。

（二）口头形式

（三）其他形式

如公证形式、签证形式、批准形式等。

法律、行政法规规定采用书面形式的，应当采用书面形式。当事人约定采用书面形式的，应当采用书面形式。

第三节 合同的效力与合同的履行

一、合同的效力

合同的效力，是指合同的法律效力，即合同所具有的法律拘束力。也就是法律以其强制力迫使当事人必须按照其相互之间的约定完成一定的行为。

（一）合同生效

依法成立的合同，自成立时生效。法律、行政法规应当办理批准、登记等手续生效的，依照其规定。

法律、行政法规规定应当办理批准、登记等手续，是指法律、行法规规定合同的成立或者生效必须经过有关部门的批准、登记。

附生效条件的合同，自条件成就时生效。附解除条件的合同，自条件成就时失效。附生效期限的合同，自期限届至时生效。附终止期限的合同，自期限届满时失效。

附生效条件的合同，是指合同以某种事实的发生作为条件的合同，即如果这种事实发生了合同就生效，否则就不生效。

附解除条件的合同，是指已经发生法律效力的合同，当条件成就时，该合同失效，合同要解除，当条件不成就时，合同继续有效。

附生效期限的合同，是指合同虽已成立，但在期限到来之前暂不发生效力，待到期限到来时合同才发生法律效力。

附终止期限的合同，是指已经发生法律效力的合同，这种合同在期限到来时，合同的效力消灭，合同解除。附终止期限的合同，又称附解除条件的合同。

限制民事行为能力人订立的合同，经法定代理人追认后，该合同有效，但获纯利益的合同或者与其年龄、智力、精神健康状况相适应而订立的合同，不必经法定代理人追认。

限制民事行为能力人，是指能够独立实施法律限定的民事行为的自然人，在我国指年满10周岁的未成年人、非精神病人和不能完全辨认自己行为的精神病人。

法定代理人，是指直接依照法律规定的代理权进行代理活动的代理人。我国《民法通则》规定，无民事行为能力的人、限制民事行为能力人的监护人，是他的法定代理人。

追认，是指权利人事后同意或者承认。

获纯利益的合同，是指限制行为能力人接受奖励、赠与、报酬等只涉及获得利益而不承担任何义务的合同。

与其年龄、智力、精神健康状况相适应而订立的合同，是指根据限制行为能力人的年龄状况和智力发育情况能够为他们完全理解的合同。

（二）无效合同

有下列情形之一的，合同无效：

(1) 一方以欺诈、胁迫的手段订立合同，损害国家利益；
(2) 恶意串通，损害国家、集体或者第三人利益；
(3) 以合法形式掩盖非法目的；
(4) 损害社会公共利益；
(5) 违反法律、行政法规的强制性规定。

合同中的下列免责条款无效：

(1) 造成对方人身伤害的；
(2) 因故意或者重大过失造成对方财产损失的。

（三）可变更或者撤销合同

下列合同，当事人一方有权请求人民法院或者仲裁机构变更或者撤销：

1. 因重大误解订立的；
2. 在订立合同时显失公平的。

一方以欺诈、胁迫的手段或者乘人之危，使对方在违背真实意思的情况下订立的合同，受损害方有权请求人民法院或者仲裁机构变更或者撤销。当事人请求变更的，人民法院或者仲裁机构不得撤销。

（四）无效合同的处理

无效合同或者被撤销的合同自始没有法律约束力。合同部分无效，不影响其他部分效力的，其他部分仍然有效。合同无效、被撤销或者终止的，不影响合同中独立存在的有关解决争议方法的条款的效力。

合同无效或者被撤销后，因该合同取得的财产，应当予以返还；不能返还或者没有必要返还的，应当折价补偿。有过错的一方应当赔偿对方因此所受到的损失，双方都有过错的，应当各自承担相应的责任。

当事人恶意串通，损害国家、集体或者第三人利益的，因此取得的财产收归国家所有或者返还集体、第三人。

二、合同的履行

（一）合同履行的概念和原则

1. 合同履行的概念

合同履行是指合同当事人在实施合同过程中全面、适当地完成合同义务的行为。

2. 合同履行的原则

(1) 诚实信用的原则。诚实信用原则是指合同当事人在履行合同时，要诚实、讲信用、相互协作、自觉履行合同。

(2) 合法原则。当事人在履行合同的过程中必须符合法律规定。

(3) 全面原则。当事人在履行合同时履行主体、履行的标的、履行期限、履行地点、履行方式等都要符合合同约定和法律、法规规定。

(二) 合同履行中的几个问题

1. 合同主要内容不明确的处理

(1) 合同生效后，当事人就质量、价款或者报酬、履行地点等内容没有约定或者约定不明确的，可以协议补充；不能达成补充协议的，按照合同有关条款或者交易习惯确定。

(2) 当事人就有关合同内容约定不明确，依照上一条的规定仍不能确定的，适用下列规定：

1) 质量要求不明确的，按照国家标准、行业标准履行；没有国家标准、行业标准的，按照通常标准或者符合合同目的的特定标准履行。

2) 价款或者报酬不明确的，按照订立合同时履行地的市场价格履行；依法应当执行政府定价或者政府指导价的，按照规定履行。

3) 履行地点不明确，给付货币的，在接受货币一方所在地履行；交付不动产的，在不动产所在地履行；其他标的，在履行义务一方所在地履行。

4) 履行期限不明确的，债权人可以随时履行，债务人也可以随时要求履行，但应当给对方必要的准备时间。

5) 履行方式不明确的，按照有利于实现合同目的的方式履行。

6) 履行费用的负担不明确的，由履行义务一方负担。

2. 合同履行中的第三人

(1) 向第三人履行

当事人约定由债务人向第三人履行债务的，债务人未向第三人履行债务或者履行债务不符合约定，应当向债权人承担违约责任。

(2) 第三人代为履行

当事人约定由第三向债权人履行债务的，第三人不履行债务或者履行债务不符合约定，债务人应当向债权人承担违约责任。

3. 合同履行中的抗辩权

(1) 同时履行与同时履行抗辩权

同时履行是指当事人互负债务，没有先后履行顺序的，应当同时履行。同时履行抗辩权是指合同双方当事人任何一方在对方当事人未履行合同之前，可以拒绝履行自己所负担的义务的权利。《合同法》第六十六条规定当事人互负债务，没有先后履行顺序的，应当同时履行。一方在对方履行之前有权拒绝其履行要求。一方在对方履行债务不符合约定时，有权拒绝其相应的履行要求。

(2) 先后履行与不安抗辩权

对于双务合同，当事人约定先后履行顺序的，应当按照约定的先后顺序履行，先履行一方在未履行之前或履行不符合要求的情况下,另一方有权拒绝他的履行要求。《合同法》第六十七条规定:当事人互负债务,有先后履行顺序,先履行一方未履行的,后履行一方有权拒绝其履行要求。先履行一方履行债务不符合约定的,后履行一方有权拒绝其相应的履行要求。

《合同法》第六十八条规定了不安抗辩权,第六十八条规定:应当先履行债务的当事人,有确切证据证明对方有下列情形之一的,可以中止履行:

1) 经营状况严重恶化;
2) 转移财产、抽逃资金,以逃避债务;
3) 丧失商业信誉;
4) 有丧失或者可能丧失履行债务能力的其他情形。

当事人没有确切证据中止履行的,应当承担违约责任。

4. 合同履行中的保全措施

(1) 代位权

代位权是指因债务人怠于行使其到期债权,对债权人造成损害的,债权人可以向人民法院请求以自己的名义代位行使债务人的债权。《合同法》第七十三条规定:因债务人怠于行使其到期债权,对债权人造成损害的,债权人可以向人民法院请求以自己的名义代位行使债务人的债权,但该债权专属于债务人自身的除外。代位权的行使范围以债权人的债权为限。债权人行使代位权的必要费用,由债务人负担。

(2) 撤销权

撤销权是指因债务人放弃其到期债权或者无偿转让财产,对债权人造成损害的,债权人可以请求人民法院撤销债务人的行为。《合同法》第七十四条规定:因债务人放弃其到期债权或者无偿转让财产,对债权人造成损害的,债权人可以请求人民法院撤销债务人的行为。债务人以明显不合理的低价转让财产,对债权人造成损害的,并且受让人知道该情形的,债权人也可以请求人民法院撤销债务人的行为。撤销权的行使范围以债权人的债权为限。债权人行使撤销的必要费用,由债务人负担。

(三) 合同的担保

1. 合同担保的概念

合同的担保是指合同的双方当事人为了使合同得到全面按约履行,根据法律、行政法规的规定,经双方协商一致而采取的一种具有法律效力的保证措施。

2. 合同担保的形式

(1) 保证

1) 保证的概念

保证是指保证人和债权人约定,当债务人不履行债务时,保证人按照约定履行债务或承担责任的行为。

2) 保证人

保证人须是具有代为清偿债务能力的人,既可以是法人,也可以是其他组织或公民。下列人不可以作保证人:①国家机关不得作保证人,但经国务院批准为使用外国政府或国际经济组织贷款而进行的转贷除外;②学校、幼儿园、医院等以公益为目的的事业单位、社会团体不得作保证人;③企业法人的分支机构、职能部门不得作保证人,但有法人书面授权的，可在授权范围内提供保证。
3) 保证合同
保证人与债权人应当以书面形式订立保证合同。保证合同应包括以下内容：①被保证的主债权种类、数量；②债务人履行债务的期限；③保证的方式；④保证担保的范围；⑤保证的期间；⑥双方认为需要约定的其他事项。
4) 保证方式
保证的方式有两种，一是一般保证，一是连带保证。保证方式没有约定或约定不明确的，按连带保证承担保证责任。
① 一般保证。是指当事人在保证合同中约定，当债务人不履行债务时，由保证人承担保证责任的保证方式。一般保证的保证人在主合同纠纷未经审判或仲裁，并就债务人财产依法强制执行仍不能履行债务前，对债务人可以拒绝承担保证责任。
② 连带保证。是指当事人在保证合同中约定保证人与债务人对债务承担连带责任的保证方式。连带责任保证的债务人在主合同规定的债务履行期届满没有履行债务的，债权人可以要求债务人履行债务，也可以要求保证人在其保证范围内承担保证责任。
5) 保证范围及保证期间
① 保证范围。包括主债权及利息、违约金、损害赔偿金和实现债权的费用。保证合同另有约定的，按照约定。当事人对保证范围无约定或约定不明确的，保证人应对全部债务承担责任。
② 保证期间。一般保证的担保人与债权人未约定保证期间的，保证期间为主债务履行期间届满之日起六个月。债权人未在合同约定和法律规定的保证期间内主张权利（仲裁或诉讼），保证人免除保证责任；如债权人已主张权利的，保证期间适用于诉讼时效中断的规定。连带责任保证人与债权人未约定保证期间的，债权人有权自主债务履行期满之日起六个月内要求保证人承担保证责任。在合同约定或法律规定的保证期间内，债权人未要求保证人承担保证责任的，保证人免除保证责任。

(2) 抵押
1) 抵押的概念
抵押是指债务人或第三人不转移对抵押财产的占有，将该财产作为债权的担保。当债务人不履行债务时，债权人有权依法以该财产折价或以拍卖、变卖该财产的价款优先受偿。
2) 可以抵押的财产
根据《担保法》第34条的规定，下列财产可以抵押：
① 抵押人所有的房屋和其他地上定着物；
② 抵押人所有的机器、交通运输工具和其他财产；
③ 抵押人依法有权处分的国有土地使用权、房屋和其他地上定着物；
④ 抵押人依法有权处分的机器、交通运输工具和其他财产；
⑤ 抵押人依法承包并经发包方同意抵押的荒山、荒沟、荒丘、荒滩等荒地土地使用权；
⑥ 依法可以抵押的其他财产。
3) 禁止抵押的财产

《担保法》第37条规定，下列财产不得抵押：
① 土地所有权；
② 耕地、宅基地、自留地、自留山等集体所有的土地使用权；但第34条第(五)项以及乡村企业厂房等建筑物可与其占用范围内的土地使用权同时抵押的除外；
③ 学校、幼儿园、医院等以公益为目的的事业单位、社会团体的教育设施、医疗设施和其他社会公益设施；
④ 所有权、使用权不明确或有争议的财产；
⑤ 依法查封、扣押、监管的财产；
⑥ 依法不得抵押的其他财产。

(3) 质押

1) 质押的概念

质押是指债务人或第三人将其动产或权利移交债权人占有，用以担保债权的履行，当债务人不能履行时，债权人依法有权就该动产或权利优先得到清偿的担保。

2) 质押的种类

质押包括动产质押和权利质押两种。

① 动产质押。动产质押是指债务人或第三人将其动产移交债权人占有，将该动产作为债权的担保。债务人不履行债务时，债权人有权依照法律规定以该动产折价或以拍卖、变卖动产的价款优先受偿。

② 权利质押。权利质押是指出质人将其法定的可以质押的权利凭证交付质权人，以担保质权人的债权得以实现的法律行为。

3) 质押合同

出质人和债权人应以书面形式订立质押合同。

① 动产质押合同。质押合同自质物移交于质权人占有时生效。质押合同应当包括以下内容：(a)被担保的主债权种类数额；(b)债务人履行债务的期限；(c)质押的名称、数量、质量、状况；(d)质押担保的范围；(e)质物移交的时间；(f)当事人认为需要约定的其他事项。

② 权利质押合同。(a)以汇票、支票、本票、债券、存款单、仓单、提单出质的，应当在合同的约定期限内将权利凭证交付质权人。质押合同自权利凭证交付之日起生效；(b)以依法可以转让的股票出质的，应向证券登记机构办理出质登记。质押合同自登记之日起生效；(c)以依法可以转让的商标专用权、专利权、著作权中的财产权出质的，应向其管理部门办理出质登记。质押合同自登记之日起生效。

(4) 留置

1) 留置的概念

留置是指债权人按照合同约定占有债务人的动产，债务人不按照合同约定的期限履行债务的，债权人有权依法留置该财产，以该财产折价或以拍卖、变卖该财产的价款优先受偿。

2) 留置担保的范围

包括主债权及利息、违约金、损害赔偿金、留置物保管费用和实现留置权的费用。

3) 留置的期限

债权人和债务人应在合同中约定债权人留置财产后,债务人应在不少于两个月的期限内履行债务。债权人与债务人在合同中未约定的,债权人留置债务人财产后,应确定两个月以上的期限,并通知债务人在该期限内履行债务。债务人逾期仍不履行的,债权人可与债务人协议以留置物折价,也可以依法拍卖、变卖留置物。留置物折价或拍卖、变卖后,其价款超过债权人数额的部分归债务人所有,不足部分由债务人清偿。

(5) 定金

1) 定金的概念

定金是指当事人一方为了证明合同成立及担保合同的履行在合同中约定应给付对方一定数额的货币。合同履行后,定金或收回或抵作价款。给付定金的一方不履行合同。无权要求返还定金;收受定金的一方不履行合同的,应双倍返还定金。

2) 定金合同

定金应以书面形式约定。当事人在定金合同中应该约定交付定金的期限及数额。定金合同从实际交付定金之日起生效;定金数额最高不得超过主合同标的额的 20%。

第四节 合同的变更、转让及终止

一、合同的变更和转让的概念

(一) 合同的变更

合同的变更又称变更合同,它是合同内容的变更,是指在合同成立以后至未履行之前,当事人经过协议对合同的内容进行修改和补充。

(二) 合同的转让

合同的转让是合同主体的变更,是指合同的当事人将合同的全部或者部分权利义务转让给第三人,而合同的内容并不发生变化。合同的转让包括合同权利的转让、合同义务的承担、合同权利与义务的概括转让三种类型。

二、合同的变更

(一) 当事人协商一致,可以变更合同。法律、行政法规规定变更合同应当办理批准、登记等手续的,依照其规定。

(二) 当事人对合同变更的内容约定不明确的,推定为未变更。

三、合同的转让

(一) 债权人可以将合同的权利全部或者部分转让给第三人,但有下列情形之一的除外:

(1) 根据合同性质不得转让;

(2) 按照当事人约定不得转让;

(3) 依照法律规定不得转让。

(二) 债权人转让权利的,应当通知债务人。未经通知,该转让对债务人不发生效力。

(三) 债权人转让权利的,受让人取得与债权有关的从权利,但该从权利专属于债权人自身的除外。

四、合同的权利义务终止

(一) 合同的权利义务终止的概念

合同的权利义务终止，又称合同的终止或合同的消灭，是指因某种原因而引起的债权债务客观上不复存在。

（二）合同的权利义务终止的情形
(1) 债务已经按照约定履行；
(2) 合同解除；
(3) 债务相互抵销；
(4) 债务人依法将标的物提存；
(5) 债权人免除债务；
(6) 债权债务同归于一人；
(7) 法律规定或者当事人约定终止的其他情形。

（三）当事人可以解除合同的情形
(1) 当事人协商一致，可以解除合同；
(2) 当事人约定一方解除合同的条件，解除合同的条件成就时，解除权人可以解除合同；
(3) 因不可抗力致使不能实现合同目的；
(4) 在履行期限届满之前，当事人一方明确表示或者以自己的行为表明不履行主要债务，可以解除合同；
(5) 当事人一方迟延履行主要债务，经催告后在合理期限内仍未履行，可以解除合同；
(6) 当事人一方迟延履行债务或者有其他违约行为致使不能实现合同目的，可以解除合同；
(7) 法律规定的其他情形。

第五节 违约责任

一、违约责任的概念

违约责任，就是合同当事人违反合同的责任，是指合同当事人因违反合同的约定所应承担的责任。

二、违约行为的表现

（一）不履行合同义务

不履行合同义务，是指合同到了履行期限而仍根本没有履行的行为。

（二）履行合同义务不符合合同要求

履行合同义务不符合合同要求，是指当事人已经实施了履行合同义务的行为，但是其履行不符合合同约定。

三、承担违约责任的前提和条件

（一）承担违约责任的前提

承担违约责任的前提是有效的合同的存在。对于全部无效的合同或部分无效合同中的无效部分，由于它从订立的时起就没有法律约束力，因此，合同的当事人即使违反了也谈不上承担违约责任的问题。

（二）承担违约责任的条件

1. 要有违约事实的客观存在

即指合同的当事人一方或双方有不履行或不完全履行合同的客观事实。

2. 违约当事人主观上有过错

即在发生违约行为的情况下，谁有过错就由谁承担违约责任；没有过错则不承担违约责任。这里所说的过错是指合同的违约方当事人对自己的违约行为及其后果的心理状态，包括故意和过失两种。

四、承担违约责任的原则

（一）过错责任原则

所谓过错责任原则是指合同违约责任的承担必须以违约方当事人主观上有过错为要件，没有过错，当事人一方即使有不履行或不完全履行合同的行为也不承担违约责任。

（二）赔偿实际损失的原则

《合同法》第一百一十三条：当事人一方不履行合同义务或者履行合同义务不符合约定，给对方造成损失的，损失赔偿额应当相当于因违约所造成的损失，包括合同履行后可以获得的利益，但不得超过违反合同一方订立合同时预见到或者应当预见到的因违反合同可能造成的损失。因此，合同中发生违约行为时，过错违约方应对一切由于违约已给对方造成的损失进行赔偿，即对受害方当事人因自己单方违约行为所造成的一切实际损失进行赔偿。

（三）违约责任与经济利益相联系的原则

坚持违约责任与经济利益相联系的原则，客观上要求违约方当事人用作承担违约责任的那部分费用（主要是违约金和赔偿金的支出）必须从其自身依法可以自由支配的留用资金中支出，并且应当首先从违约方当事人用于本单位的集体福利和奖励的留用资金中支出。只有这样，才能把违约方当事人违约责任与其自身的经济利益相挂钩，从而使其接受教训，避免违约行为的再次发生。

五、承担违约责任的方式

《合同法》第一百零七条规定：当事人一方不履行合同义务或者履行合同义务不符合约定的，应当承担继续履行、采取补救措施或者赔偿损失等违约责任。

（一）继续履行

继续履行，是指违约当事人不论是否已经承担赔偿损失或者违约金的责任，都必须根据对方的要求，并在自己能够履行的条件下，对原合同未履行部分继续按照要求履行。

（二）采取补救措施

采取补救措施，主要是指《民法通则》和《合同法》中所确定的，在当事人违反合同的事实发生后，为防止损失发生或者扩大，而由违反合同行为人依法律规定或者约定采取的修理、更换、重做、退货、减少价款或报酬、补充数量、物资处理等措施，以给权利人弥补或者挽回损失的责任形式。

采取补救措施的责任形式，主要发生在质量不符合约定的情况。

（三）赔偿损失

赔偿损失是指一方当事人违反合同给另一方造成损失时，应对造成的损失承担补偿责任。通常不具有惩罚性，只弥补或者补偿违约行为所造成的损失。

（四）支付违约金

违约金是指一方当事人违反合同约定或者法律规定向对方支付一定数额的金钱的责任，它是违约责任中常用的责任形式。它有法定违约金和约定违约金之分，并且根据违约造成的损失情况不同，又呈现出惩罚性和补偿性的双重性质。

（五）定金罚则

定金是指合同当事人根据合同的约定预先付给另一方当事人一定数额的金钱，以保证合同的订立、成立，担保合同的履行、保留合同的解除权等等。根据我国合同法的规定，定金是作为债权的担保而存在的。

《合同法》第一百一十五条：当事人可以依照《中华人民共和国担保法》约定一方向对方给付定金作为债权的担保。债务人履行债务后，定金应当抵作价款或者收回。给付定金的一方不履行约定债务的，无权要求返还定金；收受定金的一方不履行约定的债务的，应当双倍返还定金。

六、违约责任的免除

因不可抗力不能履行合同的，根据不可抗力的影响，部分或者全部免除责任，但法律另有规定的除外。当事人迟延履行后发生不可抗力的，不能免除责任。不可抗力，是指不能预见、不能避免并不能克服的客观情况。如地震、台风、洪水、战争、罢工等等。

案例分析一

保管物丢失赔偿

重庆某设备公司花 424600.20 元购买本田雅阁新车一辆停放在重庆市某物业管理公司停车场内，设备公司根据该车的档次（停车场按车辆的档次制定了不同的收费标准）向重庆市某物业管理公司交纳了 2003 年 7~9 月的停车费 750 元，2003 年 8 月 6 日晚设备公司停放在物业管理公司停车场内的本田雅阁新车一辆丢失，要求重庆市某物业管理公司赔偿经济损失 424600.20 元。重庆市某物业管理公司辩称：停车场 2000 年 8 月办理了重庆市公共停车场许可证，有效时间至 2002 年 12 月 31 日，2003 年该停车场未经年检注册，停车场没有资格保管轿车，收取的只是场地占用费和清洁卫生服务费。设备公司的车是否被盗，是怎样被盗，是谁盗的情况不清楚，无法区分各方责任，故不同意赔偿。双方通过协商无法解决，设备公司向法院起诉，法院经一审、二审作出终审判决。法院经审理认为：重庆某设备公司购车后将车停放在重庆市某物业管理公司所属停车场，物业管理公司根据该车的档次收取了停车费，双方建立了车辆保管关系，物业管理公司应承担保证车辆安全的义务。物业管理公司因对停车场管理不善，导致被保管的车辆丢失，判决重庆市某物业管理公司赔偿重庆市某设备公司购车款折旧费及其他经济损失共计 414857.20 元，限本判决生效后十日内付清。本案案件受理费 7000 元，诉讼活动费 3000 元，均由重庆市某物业管理公司负担。

【评析】

本案是一起物业管理公司因保管物丢失引发的赔偿案。

保管合同是保管人保管寄存人交付的保管物，并返还该物的合同。我国合同法第三百七十四条"保管期间，因保管人保管不善造成保管物毁损、灭失的，保管人应当承担损害赔偿责任"。因此该车应由物业公司予以赔偿。停车场未年检注册，是否缺乏保管车辆的主体"资格"？是否因此与物业管理公司之间就不存在合法的保管关系？对物业管理公司所诉保管物丢失不应承担赔偿责任？回答是否定的，因为，停车场的年检和注册，是按行政法规的规定所必须履行的行政义务，物业管理公司应该履行而不履行这一法定义务，是行政违法行为，属行政法律规范调整的范畴，这同本案属民事法律规范调整的内容属不同的性质。

保管合同是实践合同，在市场经济条件下多为有偿合同。在通常情况下，一方交付保管物并支付报酬，另一方接受保管物及其报酬，保管合同即告成立。本案中当事人双方的行为完全符合有偿保管合同的特征，因此，保管方对由于自己保管不善而致使被保管方汽车丢失的后果理应承担赔偿责任。当然，保管方在承担赔偿责任后，即获得向第三方（盗窃者）追偿的权利。

案例分析二

未撤回要约合同即告成立

南京台商何先生生产学生书包的丙厂向甲纺织厂发去传真，要求该厂能够在一月内为我厂发一批布料。该传真载明了所要布料的品种、型号、价格、数量，以及交货时间、地点和交货方式等内容。传真发出后十天，乙纺织厂为丙厂送来样品，该厂同类产品的价格比甲厂要低25％。于是丙厂与乙厂签订了合同书，购买乙厂的布料。正在这时，丙厂收到甲厂同意供货的传真。为避免重复购货，丙厂赶紧给甲厂发去传真，声明丙厂已经购货，不再向甲厂购货。但五天后，甲厂将货送至丙厂。试问：丙厂是否可以未与甲厂签定合同为由拒收货物？

根据《合同法》的规定，丙厂与甲厂之间的合同关系是成立的。其理由如下：第一，合同关系是否成立应当看要约人发出的要约是否具有法律效力。《合同法》第十三条规定："当事人订立合同，采用要约、承诺方式。"如果要约人没有发出要约，合同不可能成立。丙厂向甲厂发出的传真符合要约的特征。

首先，丙厂发给甲厂的传真是要采购生产书包的布料，目的明确，意思表示真实。其次，丙厂发给甲厂的传真载明了合同的具体条款，一经甲厂承诺即可执行，符合《合同法》第十四条关于要约的规定。再次，丙厂发出的传真已经正式到达甲厂，要约已经生效。按照《合同法》的确定，要约生效后，要约人应当受自己要约的约束。

第二，丙厂发出要约后，没有使要约不发生法律效力或者使要约失效的事由。首先，按照《合同法》的规定，当事人发出要约后，要使要约不发生法律效力应当及时撤回要约，而要约要撤回，必须要在要约到达受要约人之前或者与要约同时到达受要约人时才有可能。而丙厂在向甲厂发出传真后，没有作出撤回要约的行为，因此要约在到达受要约人后正式发生法律效力。其次，在要约正式生效后，丙厂又没有在受要约人正式承诺之前向受要约人要求撤销要约。

第三，在丙厂发出的要约还具有法律效力期间，甲厂即受要约人向丙厂作出正式承诺，并且将承诺通知用传真的形式送达丙厂。

因此，按照《合同法》第二十五条"承诺生效时合同成立"的规定，丙厂与甲厂的合同关系应当受到法律的保护。

正因为上述原因，尽管丙厂没有与甲厂正式签订合同书，但丙厂与甲厂之间的传真往来已经导致双方合同关系的建立。合同关系建立后,双方当事人应当受合同条款的约束,不得违背合同约定的义务,否则应当承担违约责任。如果丙厂确实已经购货重复,需要解除一份合同,那就应当与甲厂协商;如果甲厂同意解除合同,你们双方可以解除合同;如果甲厂不同意,则丙厂应当履行合同义务,不能拒收货物。

复习思考题

1. 合同的概念是什么?
2. 合同的种类有哪些?法律特征是什么?
3. 合同订立的原则是什么?
4. 合同订立的程序是什么?要约和承诺的概念是什么?
5. 合同的形式有哪些?
6. 合同效力的概念是什么?无效合同的情形有哪些?
7. 合同履行的概念和原则是什么?
8. 合同的变更和转让的概念是什么?
9. 违约责任的概念和承担违约责任的原则以及承担违约责任方式是什么?

第五章 城市房地产法

第一节 城市房地产法规概述

一、房地产法的概念及调整对象

(一)房地产法的概念

房地产法是指调整在房地产开发、经营、管理和各种服务活动中所形成的一定的社会关系的法律规范的总称。

房地产法有狭义和广义之分。狭义的房地产法,目前在我国仅指1994年7月5日由第八届全国人民代表大会常务委员会第八次会议通过的,于1995年1月1日起施行的《中华人民共和国城市房地产管理法》,(以下简称《城市房地产管理法》)它是调整我国房地产关系的基本法律。广义的房地产法,除《城市房地产管理法》之外,还包括所有调整房地产关系的法律规范的总和。以房地产关系为调整对象的法律规范,散见于我国的宪法、法律、行政法规、部门规章、地方性法规、地方规章之中。由这些不同法律层次的调整房地产关系所组成的法律规范的有机结合体,即是广义的房地产法。

(二)房地产法的调整对象

房地产法的调整对象,就是人们在房地产开发、经营、管理和服务活动中所形成的一定的社会关系。房地产法作为一个综合法律部门,按其所调整的社会关系的性质来划分,房地产法的调整对象可分为一定的房地产行政管理关系、房地产经济关系、房地产民事关系。

二、房地产立法的目的与现状

(一)房地产立法的目的

《城市房地产管理法》第1条规定:"为了加强对城市房地产的管理,维护房地产市场秩序,保障房地产权利人的合法权益,促进房地产业的健康发展,制定本法。"此条即规定了我国城市房地产立法的目的。

1. 加强对房地产的管理

国家要加强对房地产的管理,是由房地产业在国民经济中的地位和作用所决定的。首先房地产是与社会生产和生活密切相关的基础性产业,它为整个国民经济的发展提供了基本的物质保证,为劳动者提供了必要的生活条件。其次,房地产业作为第三产业中具有高附加值的一个综合产业方面,为繁荣城市经济,增加财政收入,促进建筑业及相关产业的发展发挥着重要作用。第三,房地产业作为经济发展的先导性产业,可以促进社会消费结构的合理化,对社会投资起着导向作用。同时,房地产业的改革和发展,可以加快我国社会主义市场经济体制的建立。正因为房地产业是我国经济发展的基础性、先导性产业,国家必须加强对房地产的管理。

2. 维护房地产市场秩序

房地产市场秩序是指人们在从事房地产市场活动中应当遵循的准则。近几年来，随着房地产业的迅猛发展，同时也出现了一些亟待解决的问题。如建设用地供应总量失控；国家土地资源流失；房地产开发投资结构不合理；房地产市场行为不规范等等。要解决这些问题，国家可以通过行政手段、经济手段、法律手段来加强管理，维护房地产市场秩序。而法律手段较之于行政手段、经济手段，更具有严肃性、稳定性和权威性。而且国家采用行政手段和经济手段维护房地产秩序，都必须依法行政、依法管理。所以，只有加强房地产立法，才能更为有效地维护房地产市场秩序。

3. 保障房地产权利人的合法利益

房地产权利人是指在房地产法律关系中，依法享受权利、承担相应义务的自然人、法人、其他社会组织和国家。国家只有在特定情况下，才能成为房地产权利人，如国家以国有土地所有者的身份，将国有土地使用权出让给土地使用者时，才能成为房地产权利人。一般情况下，国家作为一个政治实体，不能成为房地产权利人。保障房地产权利人的合法权益，就是国家确认房地产权利人的一切合法房地产权益，不允许任何组织和个人加以侵犯，否则，房地产权利人可要求得到国家法律的保护，而国家也将追究侵权行为人的法律责任，对他们实行法律制裁。当然，凡不合法的房地产权益，也就不可能受到国家法律的保护。

4. 促进房地产业的健康发展

促进房地产业的健康发展，是房地产立法的根本目的，也是国家加强对房地产的管理，维护房地产市场秩序，保障房地产权利人的合法权益的必然结果。促进房地产业的健康发展，就是要在国家宏观调控管理之下，使得我国房地产业持续、快速、稳定、有序的向前发展，使其真正成为我国经济发展的基础性、先导性产业。

（二）房地产法的立法现状

改革开放以来，我国的房地产业得到了迅速发展，与之相适应的房地产立法工作，也取得了很大成就。一方面，在改革实践中，不断总结经验，通过改革试点、推广、总结、调查、研究，不断在条件成熟的地区首先制定地方性法规、规章，再逐步上升为部门规章和行政法规，大力推行。另一方面，结合我国的改革发展实际，广泛借鉴了国外和港澳地区的成功经验，提出了房地产法规体系规划方案。目前，以《城市房地产管理法》为基本法，再辅之以一系列房地产单行法规和相关法规，结合宪法、民法、行政法共同调整房地产关系的房地产法律规范体系已基本形成。

1. 宪法中所含房地产法律规范

1988年通过宪法修证案第10条，将原宪法中国有土地禁止转让的规定，修改为"土地的使用权可以依照法律的规定转让。"这为我国国有土地使用权实行有偿、有期限使用制度提供了宪法依据。

2. 我国普通法律中所含的房地产法律规范

如我国《民法通则》中包括房地产在内的财产权的规定，在"债权"部分关于包括房地产在内的财产抵押、留置的规定等；又如《土地管理法》中土地管理原则、土地所有权和使用权、土地的利用和保护、国家建设用地、乡（镇）村建设用地等法律制度。

3. 调整房地产关系的专门法律

1994年7月5日，八届全国人大常委会第八次会议通过了《中华人民共和国城市房地产管理法》，并于1995年1月1日施行。该法的颁布实施，标志着我国房地产法律规范体系的基本形成。

4. 调整房地产关系的专门行政法规

主要包括：《城市房地产开发经营管理条例》、《城市房屋拆迁管理条例》、《城镇个人建造住宅管理办法》、《城市私有房屋管理条例》、《城市房地产转让管理规定》、《城市房屋租赁管理条例》等。

5. 调整房地产关系的专门部门规章

如建设部颁布实施的：《城市房地产转让管理规定》、《城市房屋租赁管理办法》、《城市房地产开发管理办法》、《城市异产毗连房屋管理规定》、《城市房屋权属登记管理办法》、《城市危险房屋管理规定》等。

6. 调整房地产关系专门地方性法规和规章

在房地产法律规范体系的建立过程中，房地产地方性立法是不可缺少的部门。在《城市房地产管理法》颁布之前，有立法权的各地方人民代表大会及其常委会和人民政府，已经颁布了一些地方性的法规和规章。《城市房地产管理法》出台后，为了保障其具体实施，有立法权的地方人民代表大会及常务委员会和地方人民政府又相应地制定或准备制定与其配套的地方性法规和规章。

三、城市房地产管理法的基本原则

（一）城市房地产管理法的基本原则

《城市房地产管理法》的基本原则，是《城市房地产管理法》的主要宗旨和基本准则，它是制定和实施《城市房地产管理法》的出发点。《城市房地产管理法》的基本原则贯穿于整部法律条文之中。节约用地，保护耕地，作为一项国家的基本国策，理应成为《城市房地产管理法》的基本原则。同时，按照《城市房地产管理法》总则中的规定，本法的基本原则还有：国家实行国有土地有偿有限期使用的原则、国家扶持发展居民住宅建设的原则、国家保护房地产权利人合法权益和房地产权利人必须守法的原则。

1. 节约用地，保护耕地的原则

土地，是人类最珍贵的自然资源，是人们赖以生产、生活繁衍生息、发展开拓的根基，是国家最宝贵的物质财富，是一切财富的源泉之一。我国虽以幅员辽阔著称于世，但其中山地多，平原少，据初步统计，山地、高原、丘陵面积约占我国总面积的69％，平地、盆地约占31％。鉴于土地的极端重要性和我国土地的实际情况，必须节约用地。而耕地又是关系到13亿人民生计的根本问题，且我国人口平均占有耕地面积不到世界人均数的三分之一，加之耕地日益减少的趋势至今未得到有效制止，因此，对于耕地，在节约用地的前提下，必须优先珍惜和保护。节约用地，保护耕地，既是一项基本国策，又是一项房地产法的重要原则。

2. 国家实行国有土地有偿、有限期使用的原则

《城市房地产管理法》第三条中规定："国家依法实行国有土地有偿、有限期使用制度。"长期以来，我国的土地实行社会主义公有制，即土地分别是属于全民所有和集体所有，并且不允许土地的买卖和出租。党的十一届三中全会以后，我国实行改革开放政策，土地的使用制度也经历了一个从单一的无偿使用到无偿使用和有偿使用并存的过程。1988

年七届全国人大一次会议通过的《宪法修正案》中规定："土地的使用权可以依照法律的规定转让"，同年由七届全国人大常委会通过的(关于修改《中华人民共和国土地管理法》)的决定中规定："国有土地和集体所有的土地的使用权可以依法转让"、"国家依法实行国有土地有偿使用制度"，从此确立了我国国有土地的有偿使用制度。实践证明，实行土地的有偿使用制度，对于保护耕地、合理利用土地、节约用地、增加财政收入等，都具有十分重要的意义。因此，《城市房地产管理法》明确规定了国家实行国有土地有偿、有限期使用的原则。

考虑到我国的基本国情和国际上的一些通行做法，《城市房地产管理法》在明确国家实行国有土地有偿、有限期使用制度这一原则的同时，也规定了国家机关用地和军事用地；城市基础设施用地和公益事业用地；国家重点扶持的能源、交通、水利等项目用地以及法律、行政法规规定的其他用地，可以由县级以上人民政府依法批准划拨。

3. 国家扶持发展居民住宅建设的原则

《城市房地产管理法》第四条规定："国家根据社会、经济发展水平，扶持发展居民住宅建设，逐步改善居民的居住条件。"

过去，国家为了城镇建房投入了大量的资金，但由于不能从经济机制上制约不合理的需求，城镇住房问题并没有在国家大量投资的情况下得到缓和，反而因为人口的增加等原因积累了许多问题。因此，从20世纪80年代后期，我国开始进行城镇住房制度的改革，此后，许多城镇采取多种方式调整租金、出售公有住宅、集资建房等措施，进一步发挥了中央、地方、企业和个人的积极性，从而加快了住房问题解决，取得了一定的成效。住房制度改革的根本目的就是从根本上解决居民的住房困难，不断改善住房条件，正确引导消费，逐步实行住房商品化，发展房地产业。具体来讲，就是要按照房屋商品化的原则，多方筹集建设资金，使住房的建设、分配、交换、消费进入良性循环；在房地产开发中，应当将解决城镇居民住房特别是困难户的住房问题作为一项重要的任务，要做好经济适用房、廉租房和商品房的建设，加快危旧房的改造。《城市房地产管理法》第二十八条规定："国家采取税收等方面的优惠措施鼓励和扶持房地产开发企业开发建设居民住宅。"

4. 国家保护房地产权利人合法权益和房地产权利人必须守法的原则

《城市房地产管理法》第五条规定："房地产权利人应当遵守法律和行政法规，依法纳税。房地产权利人的合法权益受法律保护，任何单位和个人不得侵犯。"

国家保护房地产权利人的合法权益和房地产权利人必须守法，是维护房地产市场秩序，建立和培育完善房地产市场体系的一个重要条件。在房地产市场中，房地产权利人的合法权益能否得到保护，直接影响到房地产开发、房地产交易等活动能否正常、有序、健康地进行；同样，房地产权利人能否遵守法律和行政法规，不但直接影响到国家对房地产的管理问题，而且直接影响到能否建立规范的房地产市场。

(二) 城市房地产管理法的适用范围

《城市房地产管理法》的适用范围是指适用该法的效力范围，即指城市房地产管理法对什么人，在什么地域内和时间内有效的问题。

1. 对主体的效力范围

所谓对主体效力范围，就是该法所调整的主体的范围。《城市房地产管理法》第二条、第一款规定，本法适用于从事以下活动的社会组织和个人。

(1) 取得房地产开发用地的土地使用权;
(2) 从事房地产开发;
(3) 从事房地产交易;
(4) 实施房地产管理。

2. 地域效力范围

所谓地域效力范围,是指该法在哪些空间范围内有效。《城市房地产管理法》第二条第一款明确了本法的地域效力范围为"中华人民共和国城市规划区国有土地范围内。"

(1) 本法适用于城市规划区。《中华人民共和国城市规划法》第三条规定:"本法所称城市规划区,是指城市市区、近郊区以及城市行政区域内因城市建设和发展需要实行规划控制的区域。城市规划区的具体范围,由城市人民政府在编制的城市总体规划中依法划定。"

(2) 本法适用于在中华人民共和国城市规划区国有土地范围内取得房地产开发用地的土地使用权,从事房地产开发、房地产交易,实施房地产管理。按照我国的土地所有权性质,我国土地分为国家所有的土地和农村集体所有的土地。《城市房地产管理法》只适用于国有土地,而不能适用于集体土地。本法还特别规定,城市规划区内的集体所有的土地,经依法征用转为国有土地后,该幅国有土地的使用权方可有偿出让。

(3) 在城市规划区外的国有土地范围内取得房地产开发用地的土地使用权,从事房地产开发、交易活动以及实施房地产管理,参照本法执行。

3. 时间效力范围

《城市房地产管理法》第七十二条规定:"本法自1995年1月1日起施行"。

四、房地产管理体制

(一) 国务院主管部门

《城市房地产管理法》第六条第一款规定:"国务院建设行政主管部门、土地管理部门依照国务院规定的职权划分,各司其职,密切配合,管理全国房地产工作。"房地产业的行业管理由建设部负责。

(二) 地方人民政府主管部门

《城市房地产管理法》第六条第二款对地方各级人民政府的房产管理、土地管理体制作了如下规定:"县级以上地方人民政府房产管理、土地管理部门的机构设置及其职权由省、自治区、直辖市人民政府确定。"从我国目前情况来看,大多数地方人民政府实行房、地分管体制,设立建设委员会、建设厅(或房地产管理局、处)和土地管理局,但改革先行一步的广州、北京、上海、汕头等城市已经建立由一个部门统一管理的房地合一的管理体制。

《城市房地产管理法》第六十二条规定:"经省、自治区、直辖市人民政府确定,县级以上地方人民政府由一个部门统一负责房产管理和土地管理工作的,可以制作、颁发统一的房地产权证书。"这个规定,即充分肯定了改革先行一步城市的经验,又为改革指明了方向。

第二节 房地产开发用地

房地产开发用地,是指以进行房地产开发为目的而取得使用权的土地。长期以来,在计划经济体制下,我国实行的是单一的通过划拨方式供应土地的制度。1988年通过的《宪法修正案》和全国人大常委会关于修改《土地管理法》的决定,作出了土地使用权可以依法转让的规定,为土地使用制度改革提供了法律依据。依据《土地管理法》、《城市房地产管理法》、《土地法实施条例》的规定,城市取得土地使用权的方式有两种:即划拨方式和有偿出让方式。

一、土地使用权出让

(一)土地使用权出让的概念

《城市房地产管理法》第七条规定:"土地使用权出让,是指国家将国有土地使用权(以下简称土地使用权)在一定年限内出让给土地使用者,由土地使用者向国家支付土地使用权出让金的行为。"从这一条规定中,我们可以看出,土地使用权出让具有以下几个特征:

1. 土地使用权出让是国家将国有土地使用权出让的行为

土地使用权出让,是一种国家垄断行为。因为国家是国有土地的所有者,只有国家能以土地所有者的身份出让土地(土地使用权出让后,国家作为土地所有的身份不变,受让方只拥有土地使用权)城市规划区内集体所有的土地,经依法征用转为国有土地后,方可出让该幅土地的使用权,这是为维护国家对土地管理的权威性,有效地控制出让土地的范围和数量。

2. 土地使用权出让是有期限的

我国是实行土地公有制的社会主义国家,这就决定了土地使用权只能在一定年限内出让给土地使用者。土地使用权出让的最高年限,是由国家法律按照土地的不同用途规定的,它是指一次出让签约的最高年限。土地使用权出让年限届满时,土地使用者可以申请续期。

3. 土地使用权出让是有偿的

土地使用者取得一定年限内的国有土地使用权,须向国家支付土地使用权出让金。土地使用权出让金是土地使用权有偿出让的货币表现形式,其本质是国家凭借土地所有权取得的土地经济效益。土地使用权出让金主要包括一定年限内的地租,此外还包括土地使用权出让前国家对土地的开发成本以及有关的征地拆迁补偿安置等费用。当土地使用者支付全部土地使用权出让金后,由市、县人民政府发给土地使用权证书,土地使用者取得受让的土地使用权。

4. 土地使用者享有权利的范围不含地下之物

土地使用者对地下的资源、埋藏物和市政公用设施等,不因其享有土地的使用权而对其享有权利。

(二)土地使用权出让的法律限制

我国对土地使用权出让采取国家垄断经营的方式,即由国家垄断土地的一级市场,其目的在于加强政府对土地使用权出让的管理,保证土地使用权出让有计划、有步骤地进行。

根据《城市房地产管理法》,土地使用权出让的法律限制主要有以下方面:

1. 关于土地使用权出让的范围

土地使用权出让的范围包括三方面:一是土地使用权出让的地域范围。《城市房地产管理法》第二条规定，土地使用权出让的特定空间地域范围是城市规划区，也就是说，土地使用权出让只能在城市规划区的范围内进行。二是土地使用权出让的土地范围。《城市房地产管理法》第二条和第八条规定，土地使用权出让是在城市规划区范围内的国有土地上进行的；城市规划区范围内的集体所有的土地，在未经依法征用为国有土地之前，不得出让；如果在城市规划区内从事房地产开发经营活动需要占用集体所有的土地时，该幅土地必须先依法征用转为国有土地后方可出让。三是土地使用权出让的建设项目范围。根据《城市房地产管理法》第二十三条规定，除国家机关用地和军事用地，城市基础设施用地和公益事业用地，国家重点扶持的能源、交通、水利等项目用地以及法律规定的其他建设用地，可以由政府划拨外，其他建设项目如商业、旅游、娱乐、居住、工业等用地，都应采取有偿出让方式供地。

2. 关于土地使用权出让的批准权限

《土地管理法》规定，土地使用权出让的批准权限为：凡征用基本农田的或基本农田以外的耕地35公顷以上的，或其他土地70公顷以上再行出让的，由国务院批准。其他的由省、自治区、直辖市人民政府批准。需要指出的是，政府对出让土地使用权的批准，不仅仅是对土地使用权出让面积的批准，而实际上是对整个出让方案的批准。因为，在审批过程中，政府必须对出让方案所涉及的出让地块的用途、年限和其他条件等一并进行审查。所以，出让方案应当由市、县人民政府土地管理部门会同城市规划、建设、房产管理部门共同拟定。

3. 关于土地使用权出让的宏观调控

《城市房地产管理法》第十条规定："县级以上地方人民政府出让土地使用权用于房地产开发的，须根据省级以上人民政府下达的控制指标拟定年度出让土地使用权总面积方案，按照国务院规定，报国务院或者省级人民政府批准。"这是国家对土地使用权出让实行总量控制和宏观调控的重要的法律规定。根据这一规定，各级政府必须将出让土地使用权的总面积严格控制在下达的指标之内。

（三）土地使用权出让的方式

土地使用权出让的方式，是指国家将国有土地使用权出让给土地使用者时，所采取的形式和方法。根据《城市房地产管理法》的规定，我国的国有土地使用权出让，有拍卖、招标和协议出让（协议出让现已禁止）三种方式，现在还有挂牌出让。

1. 拍卖出让

拍卖出让，是指土地管理部门在指定的时间、地点，利用公开场合，就所出让土地使用权的地块公开叫价竞投，按"价高者得"的原则，确定土地使用权受让者的一种方式。

拍卖出让方式，充分引进了竞争机制，排除了任何主观因素，比招标出让有更为激烈的竞争性。这种方式有两个显著特点：一是公开进行。拍卖出让时，由拍卖主持人首先叫出底价，诸多的竞投者公开竞争、轮番报价。二是贯彻"价高者得"的原则。在相互竞技中最后出价最高者在竞争中获胜，签约后成为土地使用权受让者。拍卖出让有利于公平竞争，以最高出价者作为受让人，可以使国家最大限度地获得土地收益，增加财政收入。

这种方式主要适用于投资环境好、盈利大、竞争性很强的房地产业、金融业、旅游业、商业和娱乐用地。

拍卖出让方式对拍卖者和竞投者都有一定的要求。它要求拍卖方必须事先公布竞投土地的位置、面积、用途、出让年限以及付款方式、付款时间,而且要制订规划设计方案并公布其要点,以便竞投者进行分析决策。对竞投者来说,在参加竞投前,应对拍卖地块的地理位置、基础设施、环境状况及其对投资的影响进行实地考察和分析,并制订出种种应对方案,以便心中有数,在竞投时能作出科学的临场决断。

2. 招标出让

招标出让,是指在规定的期限以内,由符合规定条件的单位和个人,以书面投标形式,竞投某一块土地的使用权,由招标方择优确定土地使用者的出让方式。

招标出让,分为公开招标和邀请招标两种形式。公开招标,是通过广播、电视、报刊等新闻媒介发布招标广告,土地使用权有意受让方均可申请投标,这种招标方式也称为无限制竞争性招标。邀请招标,则由招标方选择符合条件的单位和个人,并向其发出招标通知书和招标文件,邀请其参加投标,这种招标方式也称为限制竞争性招标。

招标出让的程序一般有以下四个环节:

(1) 招标。由土地出让方向社会发布招标公告或向有意受让方发出招标通知书。公告或通知书应包括地块位置、用途、面积、出让年限、投标者应具备的资格、投标地点、截止日期以及其他要求等。同时,招标方对投标单位进行资格审查。

(2) 竞投。投标者向招标方领取招标文件(包括投标须知、土地使用规则、土地使用权投标书、土地使用权出让合同等),在规定的期限内交纳投标保证金,并在招标截止日前将密封的投标书投入指定的标箱内。

(3) 评标、中标。由招标方聘请城建、财政、税务、银行、计划等部门专家组成评标委员会,主持开标、评标、中标工作。这一过程有的由公证机关公证,并出具公证书。评标委员会提出中标候选人名单后,由招标方确定中标人并向中标者发出中标通知书。

(4) 签约、登记。中标者在规定的期限内与招标方签订土地使用权出让合同,按合同约定交纳土地使用权出让金,并向土地管理部门办理登记手续,领取土地使用证书。

招标出让方式引入市场竞争机制,比较充分地体现了商品交换的原则。但是,中标者不一定是投标标价的最高者。因为在评标时,不仅要考虑投标价,而且要对投标规划设计方案和投标者的资信情况等进行综合评价。也就是说,中标者是经过全面、客观的综合评估而择优确定的。例如,深圳第一次以投标形式出让土地使用权时,最高标价为每平方米403元,而中标价每平方米只有368元。实践证明,招标出让方式的效果比较好。它不仅有利于土地规划利用的优化,确保国家获得土地收益,而且有利于公平竞争,给出让方留有一定的选择余地。招标出让方式,适用于开发性用地或有较高技术性要求的建设用地。

3. 协议出让

协议出让,是指土地所有者即出让方与土地使用者即有意受让方在没有第三者参与竞争的情况下,通过谈判、协商,达成出让土地使用权一致意见的一种方式。一般来说,首先由土地使用者根据生产经营需要或生活及办公需要,向土地管理部门提出用地申请,即用地意向书。然后,由土地管理部门根据有关的规定与受让方代表就地价、出让年限、付款方式、付款期限以及用地条件等进行协商。双方达成协议后,签订《土地使用权出让合同》,按照合同规定交纳土地使用权出让金,办理土地登记手续,领取土地使用证,即实现了土地使用权的有偿出让。以协议方式出让土地使用权是双方协商的结果,没有引入竞争机制,这种形式人为因素较多,主观随意性较大,容易产生土地出让中的不正之风,导致国有土地收益流失。但是，目前特别是在我国社会主义市场经济发展的初期，协意出让方式还是一种重要的出让方式，它主要用于工业仓储、市政公益事业项目、非盈利项目及政府为调整经济结构，实施产业政策而需要给予优惠、扶持的建设项目等。

为防止国有土地资产流失，确保土地使用权出让的正常秩序，《城市房地产管理法》第十二条第二、三款规定："商业、旅游、娱乐和豪华住宅用地，有条件的，必须采取拍卖、招标方式；没有条件，不能采取拍卖、招标方式的，可以采取双方协议的方式。但采取双方协议方式出让土地使用权的出让金不得低于按国家规定所确定的最低价。"

2004年8月31日起，所有土地出让必须采取招标、拍卖或挂牌出让等方式，禁止协议出让、转让土地。

4. 挂牌出让

挂牌出让国有土地使用权，是指出让人发布挂牌公告，按公告规定的期限将拟出让宗地的交易条件在指定的土地交易场所挂牌公布，接受竞买人的报价申请并更新挂牌价格，根据挂牌期限截止时的出价结果确定土地使用者的行为。

挂牌出让综合体现了招标、拍卖和协议方式的优点，并同样是具有公开、公平、公正特点的国有土地使用权出让的重要方式，尤其适用于当前我国土地市场现状，具有招标、拍卖不具备的优势：

一是挂牌时间长，且允许多次报价，有利于投资者理性决策和竞争；

二是操作简便，便于开展；

三是有利于土地有形市场的形成和运作。

因此，挂牌出让是招标拍卖方式出让国有土地使用权的重要补充。

（四）土地使用权出让的最高年限

所谓土地使用权出让的最高年限，是指法律规定的土地使用者可以使用国有土地的最高年限。《城市房地产管理法》第三条规定："国家依法实行国有土地有偿、有限期使用制度。"既然是有期限使用土地，就有必要对国有土地使用权出让的最高年限作出相应的法律规定。根据国务院颁布的《中华人民共和国土地法》规定，土地使用权出让最高年限按用途分别为：①居住用地70年；②工业用地50年；③教育科技、文化、卫生、体育50年；④商业、旅游娱乐用地40年；⑤综合或其他用地50年。

显而易见，确定土地使用权出让的最高年限，是以土地的不同用途作为依据的。之所以如此，主要是因为土地用途不同，土地的收益自然就有差距，国家根据土地用途和土地收益的差别，确定不同的土地使用权出让的最高年限，体现了国家的土地政策。如商业、旅游、娱乐用地、土地收益较高，因而其土地使用权出让的最高年限是40年。工业用地一般土地收益较低，而且工业直接关系到国计民生和整个社会的发展，其土地使用权出让的最高年限，自然要比商业、旅游和娱乐用地长。教育、科技、文化、卫生、体育用地具有较高的社会效益，而土地收益则是有限的，所以其土地使用权出让的最高年限与工业相同。居住用地的土地收益远比前几项用地要低，而且国家对发展住宅实行鼓励补贴政策，因而其土地使用权出让的最高年限比前几项都要长。此外，综合用地（指两种以上不同用途结合在一起的同一宗用地）和其他用地，一般定为50年。总之，将土地使用权出让最高年限按不同用途分别定为50年、70年，主要是考虑土地收益，其次是考虑地上房屋的折旧期一般都在50年左右，即土地使用期届满时，房屋残值已所剩无几。

规定土地使用权出让最高年限,具有非常重要的意义。

第一,它说明了土地使用权出让不是土地买卖。土地买卖是土地所有权的卖断,而出让的是一定年限的土地使用权。在我国,土地使用权具有相对独立性,土地使用权的取得,虽然来源于土地所有权,但它一经设定,即具有相对独立性。在土地使用权存续期间,土地使用者在规定的权利范围内,对土地有使用权、转让权、出租权等,其他任何人都不能非法干预。土地使用权实际上是一种物权。如果不在法律、法规中明确规定土地使用权出让的最高年限,土地使用权出让就会演变成为土地买卖。

第二,它明示了我国实行的是土地有偿、有限期的使用制度。过去几十年来,我国一直长期实行土地无偿、无限期的使用制度,国有土地一旦划拨,就变成了实际上的单位所有,使国有土地的所有权无从体现。法律、法规规定土地使用权出让的最高年限,是我国土地使用制度改革的重要成果。

第三,它说明了国家作为土地所有者对土地使用权有最终处置权。土地使用权出让年限届满,土地使用者或申请续期使用土地、或者由国家收回。这对合理配置和利用土地资源,提高土地资产效益,建立完善的房地产市场,都有不可估量的作用。

(五)土地使用权出让合同

1. 土地使用权出让合同的概念、特征和分类

《城市房地产管理法》第十四条规定:"土地使用权出让,应当签订书面出让合同。""土地使用权出让合同由市、县人民政府土地管理部门与土地使用者签订。"因为只有签订合同,出让行为才能成立,出让双方的权利义务才能明确,才能受法律保护。土地使用权出让合同,是指市、县人民政府土地管理部门与土地使用者之间就出让城市国有土地使用权所达成的明确相互之间权利义务关系的协议。

土地使用权出让合同具有以下几方面特征:第一,它只是出让和受让双方当事人之间设立、变更关于土地使用权权利义务法律关系的协议。第二,土地使用权出让合同中的出让方是特定的,必须是市、县人民政府土地管理部门。第三,土地使用权出让合同中的受让方,一般为境内外公司、其他组织和个人等,成片出让合同中的受让方必须是在中国注册的外商投资开发企业。第四,土地使用权出让合同是订立转让合同的前提条件,并对转让合同有重要的制约作用。

土地使用权出让合同可分为三种类型:

(1)宗地出让合同,是指市、县人民政府土地管理部门根据有关规定,出让某一宗地的国有土地使用权,与土地使用者签订的合同。

(2)成片开发土地出让合同,是指市、县人民政府土地管理部门根据有关规定,将国有土地使用权出让给投资商,与投资商签订的投资从事开发经营成片土地的合同。

(3)划拨土地使用权补办出让合同,是指将已经由国家通过行政划拨方式分配给土地使用者使用的土地,纳入有偿、有限期、可流动轨道,市、县人民政府土地管理部门根据有关规定,与土地使用者补签的土地使用权出让合同。

2. 土地使用权出让合同的主要内容

土地使用权出让合同的内容,是指合同当事人用以确定关于土地使用权出让中双方权利和义务的各项条款。一般包括下列内容:

(1)标的。指出让土地的位置、四邻界至、用途、面积。

(2) 使用年限。土地使用权出让年限,是关系到土地所有者与使用者利益分配的重要条款,应包括出让年限期以什么时候开始计算,一共多少年,什么时候到期。

(3) 开发期限。是指土地使用人在取得土地使用权后开发利用土地的时限。明确这项内容,是保证有效开发利用土地的依据,防止不按期开发、闲置土地等现象。

(4) 出让金数额及支付方式。公平、合理地确定土地使用权出让金数额,是订立出让合同的关键,是合同不可缺少的内容。除此之外,合同还应明确土地使用权出让金的支付期限和支付方式。

(5) 开发进度与分期投资额度。出让土地的开发工程量往往很大,一般是分期、分批进行的。因此,合同必须确定开发进度以及根据进度分期投入的资金额。

(6) 土地使用规则。土地使用权出让方应在符合城市总体规划的前提下,编制出所出让土地使用的总平面布置图、建筑密度和高度控制指标、工程管线规划、工程深度限制、环境保护、园林绿化、消防等要求,这是土地使用权出让合同的重要内容。

(7) 违约责任。是指合同当事人双方违反合同规定应当承担的民事法律责任。《城镇国有土地使用权出让和转让条例》第十四条规定,土地使用者应当在签订土地使用权出让合同后6日内,支付全部土地使用权出让金,逾期未全部支付的,出让方有权解除合同,并可请求违约赔偿。该《条例》第十五条规定,出让方应当按照合同规定,提供出让的土地使用权,未按合同规定提供土地使用权的,土地使用者有权解除合同,并可请求违约赔偿。

(8) 双方认为应约定的其他条款。

土地使用权出让合同应按照国家的示范合同文本签订。

3. 土地使用权出让合同的变更和解除

一般地说,土地使用权出让合同一经订立,就具有法律约束力,任何部门、单位和个人不得擅自变更和解除。由于土地出让合同的期限很长,一般都为几十年,在合同履行过程中,因为种种原因,或者需要修正部分条款的内容,或者原订的出让合同继续履行已不必要或不可能。所以,法律允许当事人在特定情况下可以依法变更和解除出让合同。

出让合同的变更,是指合同尚未履行或尚未完全履行之前,由出让方和土地使用者依法对合同的内容进行修改、补充的法律行为。在土地使用权出让合同变更中,比较多见的是土地使用者提出改变土地用途。为此,《城市房地产管理法》规定了变更土地用途的批准程序和处理方法。

出让合同的解除,是指合同订立后因主客观条件的变化,使合同的履行成为不必要或不可能,由出让方和土地使用者按法律程序提前终止合同关系,从而使合同当事人双方权利和义务归于消灭的一种法律行为。在土地使用权出让合同解除中,比较多见的是当事人双方违约,或土地使用者不按法律规定开发、利用、经营土地而导致土地管理部门将土地使用权收回。

(六) 土地使用权终止和续期

1. 土地使用权的终止

所谓土地使用权终止,根据《城市房地产管理法》和《土地法》规定,是指因土地的灭失而导致使用者不再享有土地使用权;土地使用权出让年限届满即土地使用权出让合同期满而由国家收回土地使用权;或者土地使用权出让期满前国家因社会公共利益的需要而提前收回土地使用权。

由此可见，土地使用权终止的原因有三：

第一，因土地灭失导致土地使用权的终止。土地的灭失不同于一般物品的灭失，它并不失去原土地在地球表面上所占的位置（空间）。土地的灭失，主要是指由于不可抗拒的自然力量等原因造成原土地性质或原土地面貌的彻底改变。如因地震而使原土地变成湖泊或者河流等。土地的灭失已经完全改变了原土地的社会意义，使其丧失了原使用的性质，因而国家应据此收回土地使用权。

除上述原因外，还有由于土地使用者违反土地使用权出让合同的规定或违法行使使用权而被国家强制收回土地使用权的。这种终止，是对土地使用者的惩罚措施，是土地使用者因违约行为或违法行为而承担的法律责任。其目的在于，约束土地使用者的使用权，防止其损害国家利益。随着土地使用权的终止，土地使用者与土地所有者之间的权利义务关系也随之解除。

第二，因土地使用权出让年限届满，土地使用权终止。土地使用权出让是有一定年限的，并不改变土地所有权。既然法律规定了土地使用权出让的年限，就必然会发生土地使用权出让年限届满，土地使用权终止的法律后果。当使用权期满时，土地使用者应当将土地使用权返还给土地所有者。这是土地国家所有的最终体现，是土地有偿、有限期使用制度的具体反映。如果没有因年限界满土地使用权终止这一规定，则土地使用者等于实际上拥有了所有权，土地或被无限期地使用下去，或被非法支配等，国家的土地所有权势必形同虚设。

第三，在出让合同的约定的使用年限届满前，国家因社会公共利益需要，提前收回土地使用权。国家对土地使用者依法取得的土地使用权在出让合同约定的使用年限届满前，一般不能提前收回。但是，《城市房地产管理法》第十九条规定，在特殊情况下，根据国家利益和社会公共利益的需要，如因城市规划变动，需要兴建其他建设项目或因国防建设的需要等，可以依照法律程序提前收回。

需要说明的是，提前终止土地使用权，地上建筑物和其他附着物一并收归国有，除土地使用权出让合同规定必须拆除的技术设备等外，土地使用权受让人不得损坏一切地上建筑物及其他附着物。但是，国家必须根据土地使用者使用土地的实际年限和开发土地的实际情况以及地上建筑物和其他附着物的现存价值等情况，给土地使用者以相应补偿，从而保护土地使用者的合法权益。

2. 土地使用权的续期

土地使用权出让合同约定的使用年限届满，土地使用权即行终止。但是如果土地使用者需要继续使用该土地，就必须申请续期，通过履行一定的法律手续，重新获取土地使用权。也就是说，土地使用者应提出申请，经批准后，重新签订土地使用权出让合同，支付土地使用权出让金，并办理登记，方能继续享有土地使用权。《土地法》对此已有明确的规定，至于申请续期的时间，《城市房地产管理法》规定：应当提前一年申请续期。土地使用权出让合同约定的使用年限满后，土地使用者未申请续期的或者虽申请续期但未获批准的，土地使用权由国家无偿收回。

《城市房地产管理法》第二十一条规定，土地使用者申请续期并重新办理出让手续，补交出让金的，地上建筑物、其他附着物的产权仍归土地使用者所有；土地使用权出让合同约定的使用年限届满,土地使用者未申请续期或者虽申请续期但按国家有关规定未获批准的,土地使用权由国家无偿收回。

二、土地使用权划拨

(一)土地使用权划拨的概念

《城市房地产管理法》第二十二条规定:"土地使用权划拨,是指县级以上人民政府依法批准,在土地使用者缴纳补偿、安置等费用后将该土地交付其使用,或者将国有土地使用权无偿交付给土地使用者使用的行为。""依照本法规定以划拨方式取得土地使用权的,除法律、行政法规另有规定外,没有使用期限的限制。"这一规定,阐明了土地使用权划拨的法律概念。

第一,土地使用权划拨,须经县级以上人民政府依据法律规定审查批准。划拨行为的主体是作为土地所有者的国家,划拨行为的客体是国有土地使用权。

第二,土地使用权划拨有两种形式。第一种形式的划拨,是经县级以上人民政府依法批准,在土地使用者缴纳补偿、安置等费用后,将该土地交付其使用。这种形式在实践中一般有两种情况:

(1)国家征用城市规划区内的集体所有的土地,在土地使用者缴纳补偿、安置补助等费用后,国家再将其征用的土地划拨给土地使用者使用。根据《土地管理法》规定,国家建设征用土地,由用地单位支付土地补偿费和安置补助费;一般为该耕地征用前3年平均年产值的3~6倍;征用其他土地的补偿费标准,由省、自治区、直辖市参照征用耕地的补偿费标准规定。征用耕地的安置补助费,按照需要安置的农业人口数计算;征用其他土地的安置补助费标准,由省、自治区、直辖市参照征用耕地的安置补助费标准规定。

(2)对国家建设使用其他单位使用的国有土地,按照国家建设征用集体所有土地的程序和审批权限批准,在土地使用者缴纳给原土地使用单位的补偿、安置或搬迁等费用后,国家将其国有土地划拨给土地使用者使用。

第二种形式的划拨,是经县级以上人民政府依法批准,将国有土地使用权无偿交付给土地使用者使用。也就是说,土地使用者完全无偿地取得国有土地使用权,征地、拆迁中所需要的补偿和安置等费用全部由国家承担。这种形式在实践中主要有以下三种情况:

(1)县级以上人民政府依据《土地管理法》第三十四条规定,对国家建设使用国有荒山、荒地按照国家建设征用土地的程序和审批权限批准后,将其国有荒山、荒地无偿划拨给土地使用者使用。

(2)县级以上人民政府依据《国家建设征用土地办法》第十条第二款规定:"市区内没有收益的空地,可以无偿征用。"国家征用后将无偿划拨给土地使用者使用。

(3)县级以上人民政府依据《国家建设征用土地条例》第三十一条规定,对国家建设使用国有荒山、荒地、滩涂及其他单位使用的国有土地,按规定的程度和审批权限批准后,国家将其国有土地无偿划拨给土地使用者使用。

(二)土地使用权划拨的范围

依照《城市房地产管理法》第二十三条的规定,下列建设用地的土地使用权,确属必要的,可以由县级以上人民政府依法批准划拨:

1. 国家机关用地和军事用地

国家机关用地,是指行使国家职能的各种机关用地的总称,它包括国家权力机关、国家行政机关、国家审判机关、国家检察机关、国家军事机关的用地。

军事用地，是指军事设施用地。根据《中华人民共和国军事设施保护法》第二条规定，包括下列建筑、场地和设施用地：①指挥机关、地面和地下的指挥工程，作战工程；②军用机场、港口、码头；③营区、训练场、试验场；④军事油库、仓库；⑤军用通信、侦察、导航、观测台站和测量、导航标志；⑥军用公路、铁路专用线、军用通信输电线路、军用输油、输水管道；⑦国务院和中央军事委员会规定的其他军事设施。

2. 城市基础设施用地和公益事业用地

城市基础设施用地，是指城市给水、排水、污水处理、供电、通信、煤气、热力、道路桥梁、市内公共交通、园林绿化、环境卫生以及消防、路标、路灯等设施用地。

城市公益事业用地，是指城市内的学校、医院、体育场馆、图书馆、文化馆、博物馆、纪念馆、福利院、敬老院、防疫站等不以经营为目的的文体、卫生、教育、福利事业用地。

3. 国家重点扶持的能源、交通、水利等项目用地

这类用地是指由中央投资、或中央与地方共同投资或者共同引进外资以及其他投资者投资，国家采取各种优惠政策重点扶持的煤炭、石油天然气、电力等能源项目用地；铁路、港口、码头等交通项目用地；水库、防洪、防渍、治碱、农田灌溉、水力发电、江河治理、城市供水和排水等水利工程项目用地。

4. 法律、行政法规规定的其他用地

需要说明的是，在上述的四类情况的用地中，国家机关和军事部门都是国家财政全额拨款的单位，其建设经费没有其他渠道筹集，只能来源于财政供给。因此，对其使用土地经县级以上人民政府依法批准后即可划拨，没有必要采取出让方式取得土地使用权的城市基础设施和公益事业是基于社会公共利益，为整个城市和社会服务的，原则上也是靠财政拨款来建设。它们或者没有特定的权益主体，或者需要政府和社会大力支持，当然也只能通过划拨方式取得土地使用权；至于国家重点扶持的能源、交通、水利等基础建设项目，是关系国计民生的重点建设项目，也是国家鼓励投资发展的项目，对于这些项目用地，国家无偿提供土地使用权是十分必要的。

第三节 房地产开发

我国房地产开发是在20世纪80年代随着经济体制改革的不断深化，以建筑体制改革为契机而逐步兴起的。十多年来，房地产开发从无到有，取得了长足的发展，目前已成为我国城市建设的主导形式。房地产开发，对于落实城市规划，改善投资环境和居住条件，提高城市的综合功能和总体效益，促进房地产业以及城市社会、经济的协调发展，发挥了重要作用。

《城市房地产管理法》正是在总结我国房地产开发高速发展的经验教训的基础上，确立了符合社会主义市场经济规则的房地产开发行为规范，从而为房地产开发走上健康、有序发展的轨道，提供了可靠的法律保证。

一、房地产开发的概念

《城市房地产管理法》第二条规定："本法所称房地产开发，是指在依据本法取得国有

土地使用权的土地上进行基础设施、房屋建设的行为。"这是从法律角度对房地产开发所作的界定。根据这条规定，房地产开发的概念应包括以下内涵：

第一，房地产开发是在依法取得使用权的国有土地上进行的。我国土地所有制存在两种形式，一是国家所有，二是集体所有。《土地管理法》规定，城市市区的土地属于全民所有即国家所有。农村和城市郊区的土地，除法律规定属于国家所有的以外，属于集体所有。

显而易见，根据《城市房地产管理法》第二条的规定，依法取得国有土地使用权是房地产开发的前提，房地产开发用地只能是城市规划区范围内的国有土地；集体所有的土地只有在被国家征用转为国有土地后，才能成为房地产开发用地。

第二，房地产开发包括土地开发和房屋开发。土地开发，主要是指房屋建设的前期准备，即实现"三通一平"，把自然状态的土地变为可供建造房屋和各类设施的建筑用地。土地开发有两种情形：一是新区土地开发，即把农业用地或者其他非城市用地改造为适合工商业、居民住宅、商品房以及其他城市用途的城市用地；二是旧城区改造，也叫土地再开发或二次开发，即通过投入新的资金、劳动等，对城市原有土地进行改造，拆除原来的建筑物，调整城市规划，改变土地用途，完善城市基础设施，提高土地的利用效益。

就房屋开发来讲，在城市土地开发或再开发之后，接着就是建筑物及构筑物开发。房屋开发包括四个层次：第一层次为住宅开发；第二层次为生产与经营性建筑物开发，如工厂厂房、各类商场、购物中心、各种仓库、办公用房等；第三层次为生产、生活服务性建筑物及构筑物的开发，如交通运输设施、公用事业和服务事业设施、娱乐设施；第四层次为城市其他基础设施的开发。

第三，房地产开发是以经营为目的的开发。房地产开发是一种经营性的行为，由专业化的房地产开发企业进行。它从事的是房地产的投资和经营，即从有偿取得土地使用权，到勘察设计和建筑施工，直到最终将开发产品（房屋、基础设施及其相应的土地使用权）作为商品在房地产市场转让，寻求利润回报。我们通常所说的房地产开发，就是指这种以营利为目的的开发。由于房地产开发的本质特征是投资性经营，故国务院将房地产业列入第三产业。随着市场经济的不断发展，今后企事业单位、乃至个人对房地产的需求，都将逐步纳入市场轨道，房地产开发将越来越显示出强大的生命力。

二、房地产开发项目管理

房地产开发项目的管理，是政府职能部门对房地产开发的有关经济活动进行的统一宏观管理，主要是按照一定的原则和程序确定规划，设计开发项目，以及对开发项目的实施过程进行管理，包括组织招投标工作，对施工过程中的工程进度、质量、造价、施工验收等进行监督管理。

（一）房地产开发的项目立项管理

根据《城市房地产管理法》第二十四条规定，房地产开发的项目立项，应当遵循以下原则：

第一，必须严格执行城市规划。城市规划，是指为确定城市的规模和发展方向，实现城市的发展目标而制定的一定时期内城市社会、经济发展的计划。它是城市建设的纲领，也是房地产开发所必须遵循的依据。《城市规划法》明确规定："城市规划区内的土地利用和各项建设必须符合城市规划，服从规划管理。""城市规划区内的建设工程的选址和布局必须符合城市规划。"房地产开发是城市建设和管理的重要内容之一，理所当然地必须服从城市规划。因此，《城市房地产管理法》规定："房地产开发必须严格执行城市规划。"这一规定，既考虑到与《城市规划法》的衔接，进一步明确房地产开发与城市规划的关系，同时，也是为了解决当前房地产开发中存在的违反城市规划盲目建设、乱占滥建等问题，强化房地产开发管理部门的规划意识，充分运用规划管理和法律手段，规范房地产开发行为，使之服从城市发展的整体利益。

第二，必须坚持经济、文化和环境效益相统一的原则。在市场经济条件下，房地产开发企业本身就是以营利为目的的经济实体，追求经济效益，是房地产开发企业赖以生存和发展的必要条件，也是投资者投资房地产开发的直接目的。但是，追求经济效益，不应该是房地产开发的惟一目的。房地产开发的宗旨，总体说来是改造、完善城市基础设施和公共服务设施，改善城市居民的居住条件，提高城市综合服务功能，完善城市形象，造福人民、造福后代。所有这些，既是社会效益也是环境效益。只有取得这些效益，房地产开发才能得到社会各方面的支持，才有蓬勃发展的可能。当然，社会效益和环境效益的实现，在很大程度上取决于房地产开发的经济效益。这说明，房地产开发的经济效益、社会效益和环境效益是一个辩证统一的整体，三者相互依存，相互促进，缺一不可。正因如此，《城市房地产管理法》明确规定，房地产开发必须坚持"经济效益、社会效益、环境效益相统一的原则。"然而，在房地产市场运行中，很容易出现单纯追求经济效益，而忽视或者损害社会效益和环境效益的倾向。这就要求政府管理部门立足于社会整体利益和长远利益，加强对房地产开发的管理领导，特别是要通过一系列法规、政策去规范房地产开发行为。

第三，必须实行全面规划、合理布局、综合开发、配套建设。这是20世纪80年代以来我国城市建设工作所遵循的指导方针。1987年国务院《关于加强城市建设工作的通知》中就明确指出："城市建设要实行统一规划、合理布局、综合开发、配套建设。"1989年通过的《城市规划法》首次从法律上肯定了"城市新区开发和旧区改建必须坚持统一规划、合理布局、因地制宜、综合开发、配套建设的原则"，从而为城市综合开发事业的发展提供了法律保证。1994年通过的《城市房地产管理法》又进一步肯定了这一原则，强调房地产开发必须严格实行"全面规划、合理布局、综合开发、配套建设。"在这里，把过去的"统一规划"改为现在的"全面规划"，这是因为目前的城市建设体制已由过去的"统建"方式过渡到市场经济下的综合开发形式，"全面规划"既突出了城市总体规划的全面性，也指出了房地产开发项目规划设计的综合性，较"统一规划"的内涵更丰富、更符合当前实际。合理布局、综合开发、配套建设，是全面规划的具体内容和要求。

（二）对以出让方式取得的土地使用权的土地开发管理

根据《城市房地产管理法》第二十五条规定："以出让方式取得土地使用权进行房地产开发的，必须按照土地使用权出让合同约定的土地用途，动工开发期限开发土地。超过出让合同约定的动工开发日期满一年未动工开发的，可以征收相当于土地使用权出让金百分之二十以下的土地闲置费；满二年未动工开发的，可以无偿收回土地使用权。但是，因不可抗力或者政府、政府有关部门的行为或者动工开发必需的前期工作造成动工开发迟延的除外。"

1. 闲置土地满一年未开发的，征收土地闲置费

土地闲置费指对闲置已获准使用的各类建设用地的用地单位或个人的罚金。有的城市规定，凡按规定应用于兴办第三产业的铺面房和临街地段，如果房屋所有者或租用者不用来兴办第三产业，可向其征收商业用地闲置费。土地闲置费由造成土地闲置、荒废的用地单位或个人向当地财政缴纳。各类土地闲置费的收费标准是不同的。

2. 满两年未开发的，无偿收回土地使用权

这种收回土地使用权是对土地使用者不按期限开发利用土地的惩罚措施，因而与期满收回土地使用权和因国家利益及社会公共利益需要等而引起的提前收回土地使用权不同，它引起的法律后果是国家无偿取得土地使用权，其地上建筑物和其他附着物也由国家无偿取得，因而不具有对等性及补偿性。

上述处罚措施，目的在于督促土地使用者有效地使用土地。在第一次违约时，给其一个警告性的处罚，使其改过；在给予上述处罚后仍然未按规定期限开发时，给予终止性的处罚，这是对该土地使用者的加重惩罚。

但是，造成房地产开发逾期的原因，并不完全是土地使用者自身行为，往往还有客观因素和政府行为等，这些原因造成开发迟延，当然不能由土地使用者承担责任。因此，本条规定了因不可抗力或者政府、政府有关部门的行为或者动工开发必需的前期工作造成动工开发迟延的除外。这样规定体现了法律的严密性，避免出现漏洞，不可抗力包括自然灾害等因素，如洪水淹没了开发的土地，造成无法开工。政府、政府有关部门的行为或者动工开发必需的前期工作造成动工开发迟延，往往指政府、政府有关部门的行为不规范或者某些行政措施、决定导致开发迟延以及动工开发的"三通一平"等基础条件不具备，规划设计方案未及时予以批准等。

（三）房地产开发项目的设计与施工

《城市房地产管理法》第二十六条规定："房地产开发项目的设计、施工，必须符合国家的有关标准和规范。"这是一切开发项目建设必须遵循的原则，是保证工程质量的根本措施。之所以作这样的规定，是因为房地产项目同其他建设项目一样，具有投资量大、使用期限长等特点，如果不按标准和规范进行设计、施工所出现的质量问题不仅直接影响项目的寿命，造成巨大的经济损失，甚至会发生房毁人亡的悲剧，实践中这方面的教训已屡见不鲜。

（四）房地产开发项目的竣工验收管理

竣工验收是全面考核开发成果、检验设计和工程质量的重要环节，也是开发成果转入流通和使用阶段的标志。为了防止不符合质量要求的房屋、基础设施投入使用，保护使用者、消费者的合法权益，《城市房地产管理法》第二十六条规定："房地产开发项目竣工，经国家验收合格后，方可交付使用。"1993年11月12日，建设部颁布的《城市住宅小区竣工综合验收管理办法》和2000年6月30日颁布的《房屋建筑工程和市政基础设施工程竣工验收暂行规定》，对住宅小区建设工程竣工验收进行了规范。

1. 工程竣工验收工作的组织实施

《房屋建筑工程和市政基础设施工程竣工验收暂行规定》第四条规定，工程竣工验收工作，由建设单位负责组织实施，县级以上地方人民政府建设行政主管部门应当委托工程质量监督机构对工程竣工验收实施监督。

2. 竣工验收的工程应具备的条件

《房屋建筑工程和市政基础设施工程竣工验收暂行规定》第五条规定，工程符合下列

要求方可进行竣工验收:
(1) 完成工程设计和合同约定的各项内容。
(2) 施工单位在工程完工后对工程质量进行了检查,确认工程质量符合有关法律、法规和工程建设强制性标准,符合设计文件及合同要求,并提出工程竣工报告。工程竣工报告应经项目经理和施工单位有关负责人审核签字。
(3) 对于委托监理的工程项目,监理单位对工程进行了质量评价,具有完整的监理资料,并提出工程质量评价意见报告。工程质量评价意见报告应经总监理工程师和监理单位有关负责人审核签字。
(4) 勘察、设计单位对勘察、设计文件及施工过程中由设计单位签署的设计变更通知书进行了检查,并提出质量检查报告。质量检查报告应经该项目勘察、设计负责人和勘察、设计单位有关负责人审核签字。
(5) 有完整的技术档案和施工管理资料。
(6) 有工程使用的主要建筑材料、建筑构配件和设备的进场试验报告。
(7) 建设单位已按合同约定支付工程款。
(8) 有施工单位签署的工程质量保修书。
(9) 城乡规划行政主管部门对工程是否符合规划设计要求进行检查,并出具认可文件。
(10) 有公安消防、环保等部门出具的认可文件或者准许使用文件。
(11) 建设行政主管部门及其委托的工程质量监督机构等有关部门责令整改的问题全部整改完毕。

3. 工程竣工验收的程序

《房屋建筑工程和市政基础设施工程竣工验收暂行规定》第六条规定,工程竣工验收应当按以下程序进行:
(1) 工程完工后,施工单位向建设单位提交工程竣工报告,申请工程竣工验收。实行监理的工程,工程竣工报告须经总监理工程师签署意见。
(2) 建设单位收到工程竣工报告后,对符合竣工验收要求的工程,组织勘察、设计、施工、监理等单位和其他有关方面的专家组成验收组,制定验收方案。
(3) 建设单位应当在工程竣工验收 7 个工作日前将验收的时间、地点及验收组名单书面通知负责监督该工程的工程质量监督机构。
(4) 建设单位组织工程竣工验收。
1) 建设、勘察、设计、施工、监理单位分别汇报工程合同履约情况和在工程建设各个环节执行法律、法规和工程建设强制性标准的情况;
2) 审阅建设、勘察、设计、施工、监理单位的工程档案资料;
3) 实地查验工程质量;
4) 对工程勘察、设计、施工、设备安装质量和各管理环节等方面作出全面评价,形成经验收组人员签署的工程竣工验收意见。
参与工程竣工验收的建设、勘察、设计、施工、监理等各方不能形成一致意见时,应当协商提出解决的方法,待意见一致后,重新组织工程竣工验收。

4. 工程竣工验收报告及内容

《房屋建筑工程和市政基础设施工程竣工验收暂行规定》第七条规定，工程竣工验收合格后，建设单位应当及时提出工程竣工验收报告。工程竣工验收报告主要包括工程概况，建设单位执行基本建设程序情况，对工程勘察、设计、施工、监理等方面的评价，工程竣工验收时间、程序、内容和组织形式，工程竣工验收意见等内容。

工程竣工验收报告还应附有下列文件：

(1) 施工许可证。

(2) 施工图设计文件审查意见。

(3) 本规定第五条(二)、(三)、(四)、(九)、(十)项规定的文件。

(4) 验收组人员签署的工程竣工验收意见。

(5) 市政基础设施工程应附有质量检测和功能性试验资料。

(6) 施工单位签署的工程质量保修书。

(7) 法规、规章规定的其他有关文件。

建设单位应当自工程竣工验收合格之日起15日内，依照《房屋建筑工程和市政基础设施工程竣工验收备案管理暂行办法》的规定，向工程所在地的县级以上地方人民政府建设行政主管部门备案。只有取得备案证的房屋，才能交付业主。

5. 城市新建住宅小区的竣工综合验收

城市新建住宅小区的竣工综合验收，按建设部颁发的《城市住宅小区竣工验收管理办法》进行。根据该办法，新建住宅小区建设项目全部竣工后，小区开发建设单位应向城市建设行政主管部门提出竣工综合验收报告，城市建设行政主管部门接到报告后一个月内，组织城市规划、市政工程、公用事业、园林绿化、环境卫生、房地产、质量监督等有关部门及小区经营管理单位组成综合验收小组，通过审阅资料、听取汇报、现场检查等，进行验收和全面鉴定。综合验收的条件是：①所有建设项目按批准的小区规划和设计要求全部建成，并能满足使用；②住宅及公共配套设施、市政公用基础设施等单项工程全部验收合格，验收资料齐全；③各类建筑物的平面位置、立面造型、装修色调等符合批准的规划设计要求；④施工机具、临时设施、建筑残土、剩余构件全部拆除、清运完毕，达到场清地平；⑤拆迁居民已合理安置。所有工程全部验收后，验收小组应向城市建设行政主管部门提交住宅小区竣工综合验收报告，报告经审查批准后，开发建设单位方可将房屋和有关设施办理交付使用手续。

三、房地产开发企业

(一) 概述

房地产开发企业是以营利为目的、从事房地产开发和经营的企业。房地产开发企业分为专营企业、兼营企业和项目公司。专营企业是指以房地产开发经营为主业的企业。兼营企业是指以其他经营项目为主，兼营房地产开发经营业务的企业；项目公司是指以开发项目为对象从事单项房地产开发经营的公司。

近几年来，随着改革开放步伐的加快和向市场经济的转轨，我国房地产业呈现出蓬勃发展的良好势头，房地产市场日益兴旺。但是，由于受高额利润的驱动，房地产开发公司发展过猛。出现了一些不具备房地产开发经营条件、未经主管部门资质认可甚至没有营业执照的冒牌开发公司。这些企业非法牟取暴利，严重干扰了房地产市场秩序，损害了国家和消费者的利益。针对上述情况，中央政府从1993年下半年起加强了对房地产市场的宏观调控。一方面控制房地产开发公司的盲目增长，清理、整顿现有公司，使一部分没有实际开发能力的公司自行解体退出，同时撤销了一部分不具备开发经营条件且未经资质认可的开发公司或无营业执照的公司；另一方面，完善对房地产开发企业的法律规范，运用法制手段加强对房地产开发企业设立及其开发经营活动的管理。为此，国务院、建设部先后颁布了一系列关于加强房地产开发企业管理的法规和政策性文件。《城市房地产管理法》对设立房地产开发企业的条件和程序也作了具体的规定。

（二）房地产开发企业的设立条件

根据《城市房地产管理法》和《城市房地产开发管理条例》规定，设立房地产开发企业必须具备下列条件：

1. 有自己的名称和组织机构

作为独立的法人，房地产开发企业只准使用一个名称。此外，房地产有限责任公司、房地产股份有限公司的名称中必须分别含有"有限责任"和"股份有限"的字样。企业名称须在企业设立登记时由工商行政主管部门核准。

所谓"组织机构"，就是要有完整的、系统的经营决策层，有职能明确、分工合理的生产经营组织以及相应的分支机构和下属机构。是有限责任公司和股份有限公司的，一般须设股东大会、董事会、监事会和经理等组织机构，然后分别按各自的权限行使职权。

2. 有固定的经营场所

房地产开发企业不能流动性地从事开发经营活动，必须有固定的经营场所，有企业法人的固定地址。所谓有固定的经营场所，是指开发企业的主要办事机构应有固定的住所。企业登记的住所只能有一个。在设立房地产开发企业时，应提供固定的经营场所使用权或所有权的合法证明文件。

3. 有符合国务院规定的注册资本

注册资本反映的是企业法人的财产权，也是判断企业经济实力的依据之一。房地产开发企业是资本密集型企业，其开发经营具有投资量大、资金占用期长的特点，因而对注册资金的要求比一般企业要高。为了保证企业投资开发经营房地产的能力，企业的注册资本必须适应房地产开发的规律，不得低于最低限额。目前，国务院1998年7月20日《城市房地产开发经营管理条例》中的规定："有100万元以上的注册资本。"

4. 有足够的专业技术人员

房地产开发企业除具有资本密集的特点外，还具有技术密集的特点，因此必须有足够的专业技术人员。目前，国务院尚未对房地产开发企业的专业技术人员作出规定。国务院1998年7月20日《城市房地产开发经营管理条例》中的规定："有4名以上持有资格证书的房地产专业、建筑工程专业的专职技术人员，2名以上持有资格证书的专职会计人员。"

5. 法律、行政法规定的其他条件

例如，按照《公司法》的规定，设立房地产有限责任公司或股份有限公司的，股东或发起人必须符合法定人数。又如根据《外资企业法》的规定，设立外商投资的房地产开发企业，须经外贸部门批准并执行有关法律的规定。

（三）房地产开发企业的设立程序

《城市房地产管理法》第二十九条，不仅规定了设立房地产开发企业的条件，而且规定了设立房地产开发企业的法定程序。具体程序如下：

1. 房地产开发企业的设立登记

《城市房地产管理法》第二十九条第二款规定:"设立房地产开发企业,应当向工商行政管理部门申请设立登记,工商行政管理部门对符合本法规定条件的,应当予以登记,发给营业执照。"这一规定,改变了过去设立开发企业先由建设行政管理部门进行资质审查,经批准后才到工商行政管理部门办理设立登记的制度。这是我国房地产开发企业设立登记制度的重要改革。其目的在于,适应发展社会主义市场经济的要求,并与《公司法》衔接,与国际惯例接轨。设立开发企业实行直接登记制度,对于减少政府管理部门的行政干预,真正实现企业的自主经营,建立现代企业制度,具有重要的意义。

2. 设立房地产开发企业的备案

房地产开发企业向工商行政管理部门登记并领取营业执照之后,还须接受政府行业管理部门的监督管理。《城市房地产管理法》第二十九条第四款规定,房地产开发企业在办理工商登记的一个月内应当到县级以上人民政府规定的部门备案。这一程序性规定,目的是将设立登记后的房地产开发企业纳入房地产业的行业管理,以促进房地产开发企业的健康发展,实现企业市场行为的规范化。

3. 设立房地产开发有限责任公司和房地产开发股份有限公司的程序

(1) 公司名称预先核准。所有公司在设立登记以前,都必须首先申请名称预先核准。设立房地开发有限责任公司,由全体股东指定的代表或者共同委托的代理人向公司登记机关(当地工商行政管理机关)申请名称预先核准;设立房地产开发股份有限公司,由全体发起人指定的代表或共同委托的代理人向公司登记机关申请名称预先核准。公司登记机关决定核准后,发给《企业名称预先核准通知书》,预先核准的公司名称保留期为 6 个月。

(2) 公司设立登记。设立房地产开发有限责任公司,由全体股东指定的代表或者共同委托的代理人向公司登记机关申请设立登记,设立房地产开发股份有限公司,董事会应于创立大会结束后 3 日内向公司登记机关申请设立登记。申请设立登记时,应提交下列文件:

公司董事长签署的设立登记申请书;全体股东指定代表或者共同委托代理人的证明;公司章程;具有法定资格的验资机构出具的验资证明;股东(或发起人)的法人资格证明;载明公司董事、监事、经理的姓名、住所的文件以及有关的委派、选举或者聘用的证明;公司法定代表人任职文件和身份证明;企业名称预先核准通知书;公司住所证明。申请设立中外合资经营、中外合作经营和外资房地产开发有限责任公司的,还须提交国务院对外经贸主管部门或者地方人民政府审批机关的批准文件。公司登记机关收到上述规定的全部文件后 3 日内,作出核准登记或者不予登记的决定。核准登记的,发给《企业法人营业执照》,公司即告成立。

(3) 公司向有关的主管部门备案。房地产开发有限责任公司和房地产开发股份有限公司在领取营业执照后的一个月内,到登记机关所在地的县级以上地方人民政府规定的管理部门备案。

第四节 房地产交易

一、房地产交易的一般规定

(一) 房地产交易概述

房地产交易是一种既很重要又很特殊的经济活动。为了规范房地产交易活动，保障正常的房地产交易秩序，《城市房地产管理法》对此作了专门的规定。

1. 房地产交易的含义

房地产交易含义有广义和狭义之分。狭义的含义仅仅是指当事人之间进行的房地产转让、房地产抵押和房屋租赁的活动。广义的房地产交易是指当事人之间在进行房地产转让、抵押、租赁等行为时，所发生的各种关系的总和。它除了包括房地产转让、抵押、租赁等交易行为之外，还包括与房地产交易行为有着密切关系的房地产价格及体系、房地产交易的中介服务。

2. 房地产交易的一般原则

(1) 房地产转让、抵押时，房屋的所有权和该房屋占用范围内的土地使用权同时转让、抵押

房地产属于一种不可移动的特殊商品，房屋一经建造完毕，就立于该房屋占用范围内的土地之上。所以要使用房屋，就必然要使用该房屋占用范围内的土地，而要使用房屋占用范围内的土地，也必然要使用该房屋。为此，房屋所有权与该房屋占用范围内的土地使用权的享有者应当为同一主体，只有这样才能发挥房地产的应有效用。

根据房屋所有权与其所占土地使用权主体同一的原则，房地产在转让时，受让人在获得房屋所有权的同时，必须获得该房屋占用范围内的土地使用权；反之受让人在获得土地使用权时，也必须获得该幅土地上的房屋所有权。《城市房地产管理法》规定，房地产转让时，房屋的所有权和该房屋占用范围内的土地使用权同时转让。

虽然房地产抵押时，并不改变房地产当事人的权利，但当债务人不履行债务时，抵押权人有权依法将抵押的房地产拍卖，以拍卖所得价款优先受偿。也就是说，房地产一旦被抵押，就有改变房地产产权的可能。而房地产特性要求房屋的所有权与该房屋的占用范围内的土地使用权主体必须是同一的。所以，《城市房地产管理法》规定，房地产抵押时，房屋的所有权和该房屋占用范围内的土地使用权同时抵押。

(2) 房地产转让、抵押应当依法办理权属登记

对于当事人如何办理权属登记，我们将在本章第五节中详细论述。

(二) 房地产价格管理制度

关于对房地产价格的管理，《城市房地产管理法》规定了两种管理制度，即实行房地产价格评估制度和房地产成交价格申报制度。

1. 房地产价格评估制度

(1) 房地产价格评估概念。房地产价格的评估是指房地产专业估价人员根据估价目的，遵循估价原则，按照估价程序，采用科学的估价方法，并结合估价经验与影响房地产价格因素的分析对房地产最可能实现的合理价格作出的推测与判断。无论是房地产转让、抵押还是房屋租赁，都需要对房地产进行估价，这是房地产交易过程中的一项必不可少的基础性工作。

(2) 房地产价格评估原则。房地产价格评估应当遵循公正、公平、公开的原则，这是社会主义市场经济条件下应当遵循的基本原则。所谓公正原则，是指房地产价格评估机构在进行房地产价格评估的过程中，应当公正地对待各个要求对房地产价格评估的人，不得有所偏向。所谓公平原则，是指房地产价格评估中的各方享有的权利和承担义务必须公

平。所谓公开的原则,是指房地产价格评估的程序、标准等应当向社会公开,以便于社会公众监督,从而保证房地产价格评估的公正。由于社会主义市场经济条件下的价值规律和竞争规律,客观要求进行商品生产和商品交换的各个主体地位必须平等,并要进行公平竞争。

(3) 房地产价格评估的程序。房地产价格评估应当按照下列程序进行:当事人向法定的评估机构提出申请;评估受理;现场勘估;综合作业;通知当事人。

(4) 房地产价格评估的方法。《城市房地产管理法》第三十三条规定,在进行房地产价格评估时,应当按照国家规定的技术标准,以基准地价、标定地价和各类房屋的重置价格为基础,参照当地的市场价格进行评估。

所谓基准地价,是指按不同的土地级别、区域分别评估和测算的商业、工业、住宅等各类用地的平均价格。所谓标定地价,是指在基准地价基础上,按土地使用年限、地块大小、形状、容积率、微观区位、市场行情条件,修订评估出的具体地块在某一时期的价格。所谓房屋的重置价格,是指按照当前的建筑技术和工艺水平、建筑材料价格、人工和运输费用条件下,重新建造同类结构、式样、质量标准的房屋标准价。法律规定基准地价、标定地价和房屋的重置价格只能由国务院定期确定并公布。

2. 房地产成交价格申报制度

《城市房地产管理法》第三十四条规定,国家实行房地产成交价格申报制度。

所谓房地产成交价格申报制度,是指房地产权利人转让房地产,应当将转让房地产的实际成交价格向县级以上地方人民政府规定的部门申报,不得对成交价格隐瞒不报,或者作不实的、虚假的申报。

实行房地产成交价格申报制度,能够加强税收征收管理,保障国家税收收入;能够对房地产转让的行情进行准确的统计,保证国家进行科学的宏观调控。因此,任何一个房地产权利人,在依法将其房地产转移给他人以后,都应当向县级以上的地方人民政府规定的部门如实申报成交价。

(三) 房地产估价师注册制度、

《城市房地产管理法》第五十八条规定,国家实行房地产价格评估人员资格认证制度。房地产价格评估人员是指经房地产估价师资格考试合格,由注册管理部门审定注册,取得资格证书后专门从事房地产经济价值评估并将其结果用价格来表示的专业技术人员。

我们实行房地产估价师注册制度,是借鉴世界先进国家的方法,并表明我国房地产市场将逐步完善。对此建设部将专门对《房地产估价师考试与注册管理办法》作出规定。房地产估价师负责承担各种综合性房地产的估价业务,对所在单位的估价业务进行指导、检查并签署房地产估价报告书。

二、房地产的转让

(一) 房地产转让概述

所谓房地产转让,是指房地产权利人通过买卖、赠与或其他合法方式将其房地产转移给他人的法律行为。根据房地产转让的概念,我们可知房地产转让具有如下法律特征:

(1) 房地产转让主体有两个,一个是房地产权利转让人,也称卖方;另一个是接受房地产权利人转让房地产的人,也称受让人或叫买方。如果缺少任何一方,都不能形成房地产转让。

(2) 房地产转让是通过买卖、赠与或其他合法方式如交换、继承等方式进行的。就是说，房地产转让可采用多种方式进行，但不论哪种方式都必须合法。

(3) 房地产转让是房产和地产的转让，这就是说房地产转让属于不动产的转让，因而在转让过程中，就必须签订书面合同并进行转让登记，才具有法律效力。

(4) 房地产转让是土地使用权与房屋所有权一致转让，即土地使用权转让，其地上建筑物必须转让；地上建筑物转让，土地使用权也同时转让。

(二) 房地产转让的条件

1. 限制房地产转让的条件

限制房地产转让的条件是指房地产权利人在什么情况下，不能转让城市房地产。对于限制城市房地产转让的条件，在《城市房地产管理法》第三十七条、第三十八条中作了相应规定：

(1) 以出让方式取得的土地使用权，不符合法定条件的，不能转让。按照《城市房地产管理法》第三十八条的规定，以出让方式取得土地使用权的，必须符合下述条件：一是按照出让合同约定已经支付全部土地使用权出让金，并取得土地使用权证书；二是按照出让合同约定进行投资开发，属于房屋建设工程的，完成开发投资总额的25%以上，属于成片开发土地的，形成工业用地或者其他建设用地条件；三是转让房地产时房屋已经建成的，还应当持有房屋所有权证书。以出让方式取得土地使用权的，转让时，必须符合上述条件，不符合上述条件的，不能转让。

(2) 司法机关和行政机关依法裁定、决定查封或者以其他形式限制房地产权利的，不能转让。这里的司法机关是指行使国家审判权、检察权和侦察权的人民法院、检察院、公安机关。这些机关按照有关法律规定有权查封或者以其他方式限制房地产权利人的权利。这里的行政机关是指法律规定的国家的执法机关，比如房产管理部门、土地管理部门、税务机关等。这些机关也有权对房地产权利人的权利以法律规定的形式进行限制。被限制房地产或者是有争议的，或者是需要司法机关处理的，或者是其他原因的，对此权利人不得进行转让。

(3) 依法收回土地使用权的，不得转让。土地使用权的行使是以土地使用权的存在而存在的。土地使用权不存在了，土地使用权人也就无权转让土地使用权。所以，《城市房地产管理法》规定，依法收回土地使用权的，不得转让。

(4) 共有的房地产，未经过其他共有人书面同意的，不得转让。共有的房地产是属于共有人共同享有的权利，转让共有的房地产，是共有人的一项权利，共有人中的任何人，在行使这项权利时，均必须经过另一方的同意，未经过同意，不得转让。为减少纠纷，共有人同意转让共有的房地产时，必须以书面的形式进行。否则，不得转让。

(5) 权属有争议的，不得转让。也就是说，房地产的使用权或者所有权存在争议时，将其进行转让，则会引起新的纠纷，不利于争议的解决。所以，《城市房地产管理法》规定，权属有争议的不得转让。

(6) 未登记领证的，不得转让。按照《土地管理法》、《城市房地产管理法》等法律、行政法规的规定，取得的土地使用权和房屋的所有权，必须办理登记手续，领取使用权证书或者所有权证书。未领取者，法律不予承认其所享有的权利。如果没有领取有关的证书，其产权或者使用权就难以确定，会引起纠纷。为此，没有领取证书的，不得进行房地产的转让。

（7）法律、行政法规规定的其他禁止转让的情形。这项规定是一个比较灵活的规定，以防止难以预料情形发生，只要法律、行政法规规定了上述六项以外的禁止转让的情形，就不能进行转让。

2. 转让房地产的法定条件

转让房地产的法定条件，分两种情形：一种情形是以出让方式取得土地使用权的，转让房地产的法定条件；另一种情形是以划拨方式取得土地使用权的，转让房地产的法定条件。

（1）出让方式取得土地使用权的，转让房地产的法定条件。《城市房地产管理法》第三十八条的规定，以出让方式取得土地使用权的，转让房地产时，必须符合下述条件：第一，必须交付了土地使用权出让金，并取得土地使用权证书。第二，按照出让合同约定进行投资开发，属于房屋建设工程的，完成开发投资总额的25％以上，属于成片开发土地的，形成工业用地或者其他建设用地条件。

上述两个条件应当同时具备，否则，不得转让。

（2）以划拨方式取得土地使用权的，转让房地产的法定条件。《城市房地产管理法》第三十九条规定，以划拨方式取得土地使用权的，转让房地产时，必须符合下列要求：第一，应当按照国务院的有关规定，报经有批准权的人民政府审查批准。第二，有批准权的人民政府批准后由受让方办理土地使用权出让手续，即办理使用权证书。第三，由受让方缴纳土地使用权出让金。第四，以划拨方式取得土地使用权的，转让房地产报批时，有批准权的人民政府按照国务院规定可以不办理土地使用权出让手续的，转让方应当按照国务院规定将转让房地产所获收益中的土地收益上缴国家或者作其他处理。

（三）房地产转让的程序

（1）房地产转让双方必须同时到登记部门办理产权转移手续；

（2）向房地产登记部门提交办理产权转移所需的合法证件；

（3）房地产转让双方签订书面合同；

（4）房地产转让过户登记；

（5）有关机关交纳税费。

（四）房地产转让合同

1. 房地产转让合同概念

房地产转让合同是指房地产转让当事人就转让房地产的有关问题所达成一致的书面协议。房地产转让属于不动产转让，不同于一般的商品转让，所以，对房地产转让合同应从以下几个方面理解和把握：房地产转让合同当事人是指房地产转让方和房地产受让方。所以在签订合同时应当载明合同双方当事人的名称和地址。房地产转让合同是一种书面合同。这是《城市房地产管理法》对房地产转让合同的特别规定。以避免房地产转让这一较重大行为产生纠纷，保护当事人的合法权益。房地产转让合同是一种特别方式行为合同。一般的合同只要双方当事人达成一致协议，其合同即产生法律效力。房地产转让合同则不然，除了双方当事人要达成一致的书面协议外，还必须向有关机关交纳相应的税费、办理产权过户登记手续、合同才能生效，具有法律效力。房地产转让合同，应当载明土地使用权取得的方式。这是法律对房地产转让合同的特殊要求。因为房地产转让必然涉及土地使用权的转让,由于土地使用权既可通过出让也可以通过划拨取得,而这两种取得的方式不同,必然影响到房地产转让的程序、条件及效果,因而法律要求当事人在签订该合同时,必须载明土地使用权取得的方式。房地产转让合同成立,土地使用权出让合同载明的权利、义务也随之转移。房地产转让就是房屋所有权与土地使用权同时转让。原来的房地产权利人即转让方为房屋所有权和土地使用权人,其土地使用权如果是转让方以出让的方式取得的,转让方在转让房地产时,根据法律规定,原来的土地出让合同中的权利、义务相应地转移给受让方。此时,国家与原土地使用权人即转让方的权利义务关系就变成了国家与受让方的权利义务关系。原土地出让合同的效力对国家和新的土地使用权人即受让方仍然有效。①房地产转让合同成立,以出让方式取得土地使用权的使用年限,为原出让合同约定使用年限减去原土地使用者已使用年限后的剩余年限。这是法律对房地产转让后,土地使用权使用期限的规定。它表明,原土地使用权出让合同中载明的使用年限对新受让人仍具有约束力,一般地,被转让的土地使用权都由原权利人即转让方开发利用了一段时间,故此对新权利人即受让方取得土地使用权的年限,仅为剩余时间。因此我们在签订房地产转让合同时,首先应当注意土地使用权的使用期限,才能在房地产转让过程中占有主动地位。②房地产转让合同成立,受让人改变土地使用权出让合同约定土地用途的,必须履行法定手续。即改变土地用途必须经过原出让方同意并签订土地使用权出让合同变更协议或重新签订土地使用权出让合同,相应调整土地使用权出让金。改变土地用途还须经市、县人民政府规划行政主管部门同意。

2. 房地产转让合同的主要条款

(1) 标的。即合同所指的建筑物及建筑物范围内的土地。

(2) 数量。即对建筑物大小的描述。

(3) 价款。它是建筑物价值的货币表现。

(4) 期限。通常是指合同签订日期和生效日期以及交付房地产日期和交付价款的日期。

(5) 交付方法。主要指房地产建筑物的交付方法和价款交付方法。

(6) 违约责任。这是指当事人违反合同规定不履行自己的义务时应承担法律后果。除此之外,在合同中还可规定合同发生纠纷的处理办法,合同公证事宜以及当事人认为必要的其他内容。

(五) 商品房预售条件

1. 商品房预售的概念

商品房预售是指房地产开发经营企业将正在建设中的房屋预先出售给承购人,由承购人支付定金或房价款的行为。

2. 商品房预售条件

为防止炒地皮,保证正常的房地产开发活动,《城市房地产管理法》第四十四条、《城市商品房预售管理办法》第五条对预售商品房的条件作了明确规定:①已交付全部土地使用权出让金,取得土地使用权证书。商品房的出售,就是商品房的转让,必然涉及房屋所有权及土地使用权同时转让的问题。所以预售商品房时,预售人应当是已经取得土地使用权的人,即已经足额支付土地使用权出让金,并领取土地使用权证书的人。②持有建设工程规划许可证和施工许可证。预售的商品房必须是合法建筑,即只有经过城市规划行政管理部门和建设行政管理部门批准,发给建设工程规划许可证和施工许可证的建筑才可出售。③按提供预售的商品房计算,投入开发建设的资金达到工程建设总投资的25%以上,并已确定施工进度和竣工交付日期。这是以出让方式取得土地使用权的房地产转让的必备条件,目的是为了保证商品房确实存在,防止买空卖空,炒地皮现象。④向县级以上人民政府房产管理部门办理预售登记,取得商品房预售许可证明。这是预售商品房的必经手续,是不动产交易的特有条件。

3. 商品房预售合同的备案

商品房预售时除必须同时符合上述四个条件,商品房预售人应当同认购人签订预售房屋的合同,合同订立后应当按照国家有关规定将预售合同报县级以上人民政府房产管理部门和土地管理部门备案,以便于对商品房预售活动的监督与管理。

4. 商品房预售款的使用

按照《城市房地产管理法》第四十四条规定,商品房所得款项,必须用于有关的工程建设,即主要指其运用于正在开发建设的工程,不得挪作他用。

5. 法律关于商品房预售后再行转让的规定

关于这一问题,在立法过程中两种意见分歧很大,并且又是一个很复杂的问题,《城市房地产管理法》第四十五条只作了一个原则性的规定,即"商品房预售的,商品房预购人将购买的未竣工的预售商品房再行转化的问题,由国务院规定。"

三、房地产抵押

(一)房地产抵押概述

1. 房地产抵押的含义

房地产抵押,是指抵押人以其合法的房地产以不转移占有的方式向抵押权人提供履行担保的行为。债务人不履行债务时,抵押权人有权依法以抵押的房地产拍卖所得的价款优先受偿。

2. 房地产抵押具有如下法律特征

(1) 房地产抵押具有从属性,其抵押权从属于债权,只有在债务人不履行已到期的债务时,债权人才可行使抵押权来处分该房地产。抵押权随着债权的成立而成立,随着债权的转移而转移。

(2) 房地产抵押是以不动产即房地产标的作抵押的。抵押权人不以对抵押的房地产的实际占有为条件。由于抵押的房地产只是提供债务履行的担保,而不是提供给抵押权人实际支配,所以抵押人在用其合法的房地产进行抵押时,抵押人对该房地产的实际占有权并不转移。

(3) 房地产抵押权人享有从抵押房地产的价款中优先受偿的权利。房地产抵押后,如果债务人到期不履行债务或债务人在抵押期间解散、被宣告破产,那么,就可以依法将抵押的房地产拍卖,对拍卖抵押房地产所得价款,抵押权人有比其他债权人优先得到清偿债务的权利。

(4) 房地产抵押具有物上追及力。在抵押人将房地产抵押后,如果抵押人将抵押的房地产擅自转让他人,那么,抵押权人可以追及抵押的房地产行使权利。对于因抵押权人追及抵押的房地产行使权利而使受让人遭受损失的,非法转让抵押的房地产的抵押人应当承担相应的责任。抵押权的物上追及力还表现在抵押人将抵押的房屋租赁给他人时，抵押权不受影响；抵押人非经债权人同意，将已抵押房地产就同一担保价值作重复抵押的，重复抵押无效；抵押人在已抵押房地产上再设定其他抵押时，只能在先设抵押担保价值之外的余额的范围内设定抵押。抵押权是担保最理想、最广泛运用的形式。为此，《城市房地产管理法》在房地产交易中以及《城市房地产抵押管理办法》对房地产抵押作了规定。

（二）房地产抵押的设定

1. 房地产抵押设定含义

所谓房地产抵押的设定，是指抵押人和抵押权人根据我国有关法律法规的规定，就抵押的房地产及其担保的债务等有关事项协商一致达成协议，签订抵押合同，并到县级以上地方人民政府规定部门办理抵押登记的过程。

2. 房地产抵押设定的要求

依法取得的房屋所有权连同该房屋占用范围内的土地使用权，可设定抵押权；以出让方式取得的土地使用权，可以设定抵押权。

房地产抵押应当凭土地使用权证书、房屋所有权证书办理。

设定房地产抵押权的土地使用权是以划拨方式取得的，依法拍卖该房地产后，应当从拍卖所得的价款中缴纳相当于应缴纳的土地使用权出让金的款额后，抵押权人方可优先受偿。

房地产抵押签订书面合同后，土地上新增的房屋不属于抵押财产。需要拍卖该抵押的房地产时，可依法将土地上新增的房屋与抵押财产一同拍卖，但对拍卖新增房屋所得，抵押权人无权优先受偿。

依法生效的商品房预售合同，经双方约定，其商品房可作抵押物，只是在房屋设定抵押时，应连同该房屋所占用的土地使用权同时作抵押，若以同一房屋的部分设定抵押时，须将其相应所占土地份额的土地使用权同时抵押。

抵押人以共同共有的房屋设定抵押的，应事先征得其他共有人的书面同意，所有共有人均为抵押人；以按份共有的房屋设定抵押时，抵押人应当书面通知其他共有人，并以其本人所占有的份额为限。

以已出租的房屋设定抵押，原租赁合同继续有效，抵押人应将抵押情况，书面告知承租人。抵押人以已作抵押的房屋再作抵押时，必须征得在先的抵押权人的书面同意，否则，后设立的抵押无效。以房屋中未设置抵押的部分设定抵押时，抵押人应事先将已作抵押的状况告知拟接受抵押的当事人。

外商投资企业、股份制企业以其房屋设定抵押时，须经企业董事会或联合管理机构书面批准，所设定的抵押期不应超过企业的营业期限和土地使用期限。外商投资企业未经中国注册会计师验资证实各方投资份额已缴足的，不得以企业的房屋设定抵押权。

国有企业以其房地产设定抵押时，必须经国有资产管理部门批准和对拟抵押房地产估价清单的书面确认。

在设定房地产抵押时，下列房地产不得抵押：第一、产权有争议的房地产；第二、用于教育、医疗等公共福利性质的房地产；第三、文物、古建筑所属的房地产；第四、被依法查封、扣押或采取其他保全措施的房地产；第五、其他法律规定不得设定抵押的房地产。

四、房屋租赁

（一）房屋租赁概述

1. 房屋租赁的含义

房屋租赁，是指房屋所有权人作为出租人将其房屋出租给承租人使用，由承租人向出租人支付租金的行为。

2. 房屋租赁的特征

（1）出租房屋的人必须是房屋的所有权人。房屋的所有权人是指依法对房屋享有占有、使用、收益和处分权利的人。在我国，房屋的所有权人既包括国家、集体，也包括个人。

（2）房屋租赁不转移出租房屋的所有权。出租人将房屋出租给承租人后，出租人只是将房屋的使用权有期限地移转给承租人，而不发生所有权的变化。在房屋租赁合同的有效期间内，出租人失去的是出租的房屋的使用权，承租人取得的是承租房屋的使用权，出租人对该房屋依然享有所有权。

（3）承租人向出租人支付租金。房屋作为不动产，具有价值大、固定性等特点。所以，房屋的所有人可以在保持其所有权不变的前提下，根据房屋的使用年限将房屋出租以实现其收益。因此，出租人将房屋出租给承租人以后，承租人要向出租人支付规定数量或者双方约定数量的租金。

（4）房屋租赁有效期限届满，承租人必须把该房屋返还给出租人。出租人将房屋出租给承租人以后，承租人只能在房屋租赁合同的有效期间内，使用该房屋。房屋租赁有效期限届满，承租人必须把出租的房屋返还给出租人，不得再行使用，也不得返还其他的房屋而留下该房屋。

（二）房屋租赁合同

由于房屋租赁关系复杂，所以，为了明确双方当事人各自的权利和义务，也为了房地产管理部门便于管理，《城市房地产管理法》要求房屋租赁当事人之间应当签订书面租赁合同，并向房屋所在地房产管理部门登记备案。房屋租赁合同应当载明下列主要条款：

（1）当事人姓名或者名称及住所；

（2）房屋的坐落、面积、装修及设施状况；

（3）租赁期限；

（4）租赁用途；

（5）租金及交付方式；

（6）房屋修缮责任；

（7）转租的约定；

（8）出租人与承租人的其他权利和义务；

（9）变更和解除合同的条件；

（10）违约责任；

（11）当事人约定的其他条款等。

五、中介服务机构

（一）中介服务机构概述

1. 中介服务机构含义

所谓房地产中介服务，是指在房地产市场上从事咨询、经纪和评估等业务的活动。房地产中介服务机构，就是指在房地产市场上为从事房地产投资、开发和交易等活动的主体提供咨询、经纪和评估等业务服务的机构。由于这些机构一般是专门从事房地产业的活动，了解市场信息，熟悉房地产开发、利用和交易，故人们在从事房地产活动时往往要求助于这些中介服务机构。

2. 中介服务机构设立条件

《城市房地产管理法》第五十七条规定，中介服务机构成立须同时具备如下条件：

(1) 有自己的名称和组织机构。房地产中介服务机构是依法成立具有一定财产，享有权利并承担义务的法人实体。其所以要有自己的名称，这是与其他法人区别的显著标志。而自己的组织机构，则是管理法人实体的必备机关。

(2) 有固定的服务场所。它是指要有注册登记的主要办事机构所在地。这对于国家的监督与管理、法律文书的送达、债务的履行具有重要意义。

(3) 有必要的财产和经费。中介服务机构必须要有自己从事活动所有或经营管理的财产。这是法人从事民事活动、开展业务、承担民事责任的保证。

(4) 有足够数量的专业人员。房地产中介服务是一种高质量的服务，这就需要有一批业务素质高、责任心强的专业人才，才能开展中介服务活动。

(5) 法律、行政法规规定的其他条件。这一内容的规定，主要是为了便于同其他法律、行政法规的规定相衔接。

(二) 房地产中介服务机构

房地产中介服务机构主要有以下几种：

1. 房地产咨询机构

它是从事有关房地产业的投资、开发、经营决策和交易活动等咨询服务的机构。一般地，这种机构较了解房地产市场动态，故能够提出较有权威性的见解，以帮助从事房地产的人较好地经营决策。

2. 房地产价格评估机构

它是从事有关房地产的估价活动的机构，这种机构主要根据社会、经济、政治、地理和个人因素等，利用科学的评估方法，权衡土地价格、房屋价格，并参照市场价格，从而对房地产价格作出科学的评定。该机构对房地产交易及其他法律活动都有十分重要的影响。

3. 房地产经纪机构

它是从事房地产代理活动的机构。即根据其他人委托，代理其他人从事房地产交易、开发等法律行为的机构。

建立科学合理的房地产中介服务体系，并加强管理，将有利于房地产市场的发展。

第五节 房地产权属登记管理

一、实行房地产权属登记的意义

《城市房地产管理法》第五十九条规定：国家实行土地使用权和房屋所有权登记发证制度。

房地产产权登记，是指房地产行政主管部门代表政府对房地产产权以及其合法变动情况，予以审查、确认、记载，并颁发相应证书的管理活动。实行这一制度具有重要的现实意义。

首先,这一制度有利于消除长期以来房地产权属不清的现象。新中国成立后,党和政府十分重视房地产权属登记工作,在接受旧政权房地产产权产籍资料的同时,对原有的产权产籍资料进行了清理和补充,建立了比较完善的房地产产权产籍档案。这些档案的建立,为城市建设、管理、征收房地产税以及20世纪50年代中期对私人出租房屋进行社会主义改造等提供了重要依据。20世纪50年代后期,以及"文化大革命"期间,房地产权属登记工作一度受到影响,出现了许多产权不清、产籍不明的房地产。不断完善房地产权属登记制度可以解决上述历史遗留的问题。

其次,这一制度有利于保护房地产权利人的合法权益,这也是建立房地产权属登记制度的直接目的。世界各国普遍实行这一制度。首先是要保障土地所有权人国家和农村集体的合法权益不受侵犯,保障土地的合理利用,保障城市公有房屋所有权人的合法权益,同时对土地使用权人和私房所有权人的合法权益也进行了保护。

再次,这一制度有利于减少、解决房地产权属纠纷,维护社会安定团结。房地产权属涉及千家万户,房地产权属纠纷也非常普遍。只有实行完善的房地产权属登记制度,才能为防止、减少和解决房地产权属纠纷提供坚实的基础。

二、房地产权属登记机关

房地产权属登记一般分为土地权属登记和房屋权属登记,分别由土地管理机关和房产管理机关主管。

近年来,广州、上海、北京、汕头等城市进行了房地合一的体制改革,改由一个行政主管部门统一负责房产管理和土地管理工作,成为房地合一的房地产权属登记机关。这无疑是一种便民的改革,是一种有益的探索。

三、房地产权证书

房地产权证书是房地产权属登记机关颁发的,证明房地产权利的法律凭证。我国目前的房地产权证书分为土地证书、房屋产权证书以及房地产权证书。

1. 土地证书

土地证书是土地使用权或者土地所有权的法律凭证,由市、县人民政府颁发。分为《国有土地使用权证》、《集体土地所有证》和《集体土地建设用地使用证》三种。《国有土地使用权证》发给依法使用国有土地的单位和个人。对尚未确定土地使用权的国有土地,由县级土地管理部门进行登记注册,不发土地使用证书。

《集体土地所有证》发给依法拥有集体土地所有权的单位,目前一般发到村,如集体土地分属于村内几个集体经济组织所有的,可在备注栏内写明有关集体经济组织的单位名称及各自的面积。如现有地籍调查结果可以满足发给村农业集体经济组织的,也可以分别发给《集体土地建设用地使用证》发给依法取得集体土地建设用地使用权的单位和个人。

2. 房屋产权证书

《房屋所有权证》和《房屋共有权保持证》是国家依法保护房屋产权的合法凭证。房屋所有者凭证管理和使用自己的房屋。《房屋他项权证》是房屋所有权以外的其他房屋权利的合法凭证。

《房屋所有权证》、《房屋共有权保持证》和《房屋他项权证》由县级以上地方人民政府房产管理部门核实并颁发。全民所有的房屋,《房屋所有权证》发给国家授权的房产管理单位。共有的房屋,除发给《房屋所有权证》一份由共有人推举的执证人收执外,对其余每个共有人各发给《房屋共有权保持证》一份。

3. 统一的房地产权证书

为了适应房地产权属登记制度的改革需要,《城市房地产管理法》规定可以颁发统一的房地产权证书,取代国有土地使用权证书和房屋产权证书。按照规定,经省、自治区、直辖市人民政府确定,县级以上地方人民政府由一个部门统一负责房产管理和土地管理工作的,可以制作、颁发统一的房地产权证书,依照《城市房地产管理法》第六十条的规定,将房屋的所有权和该房屋占用范围内的土地使用权的确认和变更,分别载入房地产证书。

四、房地产权属登记程序

(一) 土地使用权登记

《城市房地产管理法》第六十条第一款规定:"以出让或者划拨方式取得土地使用权,应当向县级以上地方人民政府土地管理部门申请登记,经县级以上地方人民政府土地管理部门核实,由同级人民政府颁发土地使用权证书。"

土地使用权登记分为初始土地登记和变更土地登记两种。

1. 初始土地使用权登记

初始土地登记,是在一定时间内,对辖区全部土地,或者全部农村土地,或者全部城镇土地进行的普遍登记。初始土地登记涉及土地使用权、土地所有权及他项权利。

初始土地登记的程序如下:

(1) 申报

在县级人民政府发布土地登记公告,开始初始土地登记后,土地使用权人在规定期限内向当地土地管理部门提出申请。

按照《土地登记规则》第十条的规定,国有土地使用权由使用国有土地的单位及法人代表或者使用国有土地的个人申请登记。他项权利需要单独申请的,由有关权利者申请登记。委托他人代理申请土地登记的,委托代理人必须向土地管理部门提交委托书和委托人、委托代理人双方的身份证明。

土地登记申请者申请土地使用权和他项权利登记,必须向土地管理部门提交下列文件资料:

1) 土地登记申请书;
2) 土地登记申请者的法人代表证明、个人身份证明或户籍证明;
3) 土地权属来源证明;
4) 地上附着物权属证明。

(2) 地籍调查

各级土地管理部门辖区内的地籍调查。所谓地籍调查,是采用科学方法,依照法定程序,通过权属调查和地籍测量,查清每一宗土地的位置、权属、界线、数量和用途等情况。地籍调查是土地登记的前期基础性工作。

(3) 权属审核

土地管理部门应根据地籍调查结果,对土地权属、面积、用途等逐宗进行全面审核,填写审批表。

土地使用权登记申请的审核结果由土地管理部门予以公告，公告的主要内容为：

1) 土地使用者及他项权利拥有者的名称、地址；

2) 登记的土地权属性质、面积、坐落；

3) 土地使用者、他项权利拥有者及其他有关土地权益者，提出异议的期限、方式和受理机关；

4) 其他事项。

土地使用权登记申请者及其他土地权益有关者在公告规定的期限内，可以向土地管理部门申请复查，并按规定交复查费。经复查无误复查费不予退还。经复查确有差错的，复查费由造成差错者负担。

（4）注册登记

公告期满，土地使用者、他项权利拥有者及其他土地权益有关者，对土地申请登记审核结果未提出异议的，报经人民政府批准后，进行注册登记。

土地登记簿（土地登记卡组装）是土地使用权等注册登记的簿册，是最基本的土地权属文件和法律凭据。根据土地登记卡填写土地证书、土地归户卡。

（5）颁发土地证书。市、县人民政府将《国有土地使用权证》颁发给合法的国有土地使用者。

2. 变更土地使用权登记

变更土地登记是经常性的登记工作。在初始土地登记完成之后，国有土地使用权等权利及土地的主要用途发生变更的，土地使用者等权利拥有者必须及时申请变更登记。不经变更登记的土地使用权转移，属于非法转让，不具有法律效力。

变更土地登记的程序如下：

（1）申请

变更土地使用权当事人应按照规定的期限和程序，向土地管理部门提出变更土地登记申请：

1) 非农业建设用地，在工程竣工一个月内，由土地使用者按规定的程序申请复查后，再正式申请变更土地登记。

2) 依法通过土地使用权出让、转让取得国有土地使用权的，应持出让、转让合同，申请土地登记。

3) 因赠与、继承、买卖、交换、分割为两宗以上宗地时，有关各方应持合并或分割协议及其他合法证明文件，申请变更土地登记。

4) 宗地合并或一宗地分割为两宗以上宗地时，有关各方应持合并或分割协议及其他合法证明文件，申请变更土地登记。

5) 因机构调整、企业兼并等原因引起土地权属变更的，变更的各方应持有关的合法证明文件，申请变更土地登记。

6) 凡因土地权属变更引起他项权利转移的，应由土地使用者、土地所有者、他项权利拥有者，共同申请他项权利转移登记。

7) 因各种原因导致土地使用权终止的，土地使用者应持有关证明文件，申请注销土地登记。

8) 因更改土地使用者名称、地址，或因变更土地的主要用途和因错、漏登记的，土地使用者应持有关证明文件，申请变更土地登记。

(2) 调查

土地管理机关在收到变更土地登记申请后，认为符合变更申请要求的，应向申请者发出变更调查通知书，然后进行实地调查、勘丈，绘制新的宗地草图，填写变更地籍调查表，并对地籍图进行修测、补测，编制宗地号等。

(3) 审核

变更土地登记审核是正式变更土地登记之前不可缺少的环节。除了对变更的部分进行重点审查外，还应对变更地籍调查表中的内容和相关的图件进行逐项审核，坚持"权属来源合法、界址清楚、面积准确"三条标准。实地绘制的宗地草图应与调查表内容相呼应。审核完毕，填写土地登记审批表，报主管机关批准。

(4) 变更登记注册

变更土地调查结果审查无误，报经主管机关批准后，更改或更换土地登记卡、土地证书和地籍图以及相关的表册和图件。

(5) 换发证书

完成上述程序后，给土地使用者换发新的《国有土地使用证》，原《国有土地使用证》收回。

(二) 房屋所有权登记

《城市房地产管理法》第六十条第二款规定："在依法取得的房地产开发用地上建成房屋的，应当凭土地使用权证书向县级以上地方人民政府房产管理部门申请登记，由县级以上地方人民政府房产管理部门核实并颁发房屋所有权证书。"《城市房屋权属登记管理办法》对房屋所有权登记作了详细的规定。

城市房屋产权的取得、转移、变更和他项权利的设定，均应依照《城镇房屋所有权登记暂行办法》的规定，向房屋所在地的市、县人民政府房地产行政主管部门申请登记，经审查确认产权后，发给房屋产权证。

房屋所有权登记的程序如下：

1. 申请收件

房屋所有权登记当事人应当按照规定的期限和程序，向房产管理部门提出房屋所有权登记申请。全民所有的房屋，由国家授权的房产管理单位申请登记，共有房屋由共有人共同申请登记。房屋所有人因故不能亲自办理房屋所有权登记，可以委托代理人代办。登记机关认为必要时，委托书须经公证机关公证。

(1) 房屋所有权因买卖、赠与、继承以及改建、扩建、拆除等原因转移变更时，应自转移变更之日起3个月内办理转移变更手续；

(2) 新建房屋，应于竣工后3个月内申请办理所有权登记；

(3) 依照规定改变姓名、名称时，应于3个月内申请变更登记。

除上述情形外，还有更正登记、遗失登记、限制登记、地址变更登记等。不论何种登记，均得按规定申请。

申请房屋所有权登记，除需依照房屋所有权登记机关规定格式填写申请书外，并须按规定出示个人身份证件、法人资格证明、交验取得房屋所有权的证件，逐一点交、装袋，填写"收件收据"。交申请人收执,作为领取产权证书的凭证。

2. 勘丈绘图

勘丈绘图是对已申请房屋产权登记和尚未申请登记的房屋,以房屋产权人为单位,逐户、逐处进行实地勘察,查清房屋现状,丈量计算面积,核实墙体归属,绘制分户平面图,补测或修改房屋的平面图(地籍图),为产权审查和制图发证提供基础。

3. 产权审查

产权审查,是以产权产籍档案和实地调查勘察为基础,依据法律政策,对照产权申请人提出的申请书和产权证明,逐户、逐幢进行产权来源、产权变动的合法性审查。产权审查以确认房屋产权为目的,要求做到层层把关、三审定案(即初审、复审和审批)。产权审查中,还应通过公告征询异议。

4. 绘制权证

产权审查结束,即应及时绘制权证。绘制权证应遵循缮证(填写房屋产权证、房屋共有权保持证和房屋他项权证)、配图(将房屋平面图或分户单元平面图、示意图粘贴在房屋产权证上)、校对(无错、无漏和申请书、房屋产权证书存根、房屋产权证书项目及房屋平面图之间一致)、盖印(加盖骑缝专用章和房管机关公章)的流程。

5. 收费发证

申请房屋所有权登记,应交纳登记费,按照契税暂行条例的规定补交契税,逾期登记应视逾期长短采取累进办法加收登记费。登记费收取办法,在全国没有统一规定前,由地方人民政府测算制定。

产权申请人完成税费交纳后,即可按规定领取房地产权证书。

(三)房地产权属变更登记

土地使用权登记和房屋所有权登记的程序已分述于前。在实际生活中,普遍存在以房地产转让或变更时需要办理两种变更登记的情况。《城市房地产管理法》第六十条第三款对此作了规定:"房地产转让或者变更时,应当向县级以上地方人民政府房产管理部门申请房产变更登记,并凭变更后的房屋所有权证书向同级人民政府土地管理部门申请土地使用权变更登记,经同级人民政府土地管理部门核实,由同级人民政府更换或者更改土地使用权证书。"

(四)房地产抵押登记

1. 抵押房地产时应当办理的登记

土地使用者对于通过土地出让、转让方式取得的土地使用权设定抵押权时,抵押人与抵押权人应当持土地使用权证书和抵押合同,到县级以上地方人民政府规定的部门办理抵押登记。

2. 处分抵押房地产时应当办理的登记

在对土地使用权设定抵押权以后,因处分抵押房地产而取得土地使用权和房屋所有权的,应当依照房地产变更登记的程序,办理土地使用权和房屋所有权的过户登记。

第六节 法律责任

一、房地产违法与法律责任

(一) 房地产违法

1. 房地产违法的含义

房地产违法，是指违反房地产法律规定，依法应承担法律责任的行为。这种行为，包括同房地产法律规范的要求相对立的行为和超越房地产法律规范允许范围的行为。

2. 房地产违法的种类

房地产违法按其性质来划分，可分为房地产行政违法、房地产民事违法、房地产刑事违法三大类。

房地产行政违法，是指违反房地产行政法律规范，依法应当承担行政法律责任的行为。

它可分为两种情况。一种是国家机关及其工作人员在履行自己职责时违反房地产法律规范的行为。另一种是公民、法人或其他社会组织违反房地产行政法律规范的行为。

房地产民事违法，是指违反房地产民事法律规范，依法应当承担民事法律责任的行为。

这些行为主要包括侵犯国有土地使用权、侵犯房屋所有权、违反房地产买卖、赠与、继承、抵押、典当和房屋租赁等合同的行为。

房地产刑事违法，是指违反房地产刑事法律规范，依法应当承担刑事法律责任的行为。如《城市房地产管理法》第七十条所规定的房产管理部门、土地管理部门工作人员玩忽职守、滥用职权或利用职务上的便利，索取他人财物，或非法接受他人财物为他人谋取利益，构成犯罪的，依法追究其刑事法律责任。

(二) 房地产法律责任

1. 房地产法律责任的含义

房地产法律责任，是指由房地产违法行为引起的依法所应承担的带有强制性的责任。这种责任与道义责任、纪律责任不同，它是国家以其强制力作后盾，对房地产违法行为人造成的危害后果的追究。

2. 房地产法律责任的特点

房地产法律责任，具有社会主义法律责任的共同特点。这些特点包括：

(1) 追究房地产违法行为人法律责任的目的，是为了加强对房地产的管理，维护房地产市场秩序，保障房地产权利人的合法权益，促进房地产业的健康发展。

(2) 追究房地产违法行为人法律责任的原则，是社会主义法制原则。即要以事实为根据，以法律为准绳，在法律面前人人平等，不论是什么人，只要违反了房地产法律规范，在查清事实的基础上，依法追究其法律责任。

(3) 追究房地产违法行为人法律责任的作用，在于惩罚违法者，教育其他人。追究房地产违法行为人法律责任，首先是要对违法者进行相应的惩罚，使之改过自新，不再违反房地产法律规范。但并非以惩罚为目的，而是要寓教于罚，罚教结合，以达到预防和减少房地产违法行为的目的。其次，通过惩罚违法者，警戒社会上的不稳定分子，防止他们走上违反房地产法之路。同时,还可以提高人民群众的警惕性和维护房地产法的自觉性,鼓舞他们同各种房地产违法行为作斗争,形成预防房地产违法的广泛的社会力量。

二、房地产行政法律责任

(一) 房地产行政法律责任的含义和特征

1. 房地产行政法律责任的含义

房地产行政法律责任,是指由房地产法律规范规定,以国家强制力作后盾,通过行政法程序,追究房地产违法行为人的责任。

2. 房地产行政法律责任的特征

房地产行政法律责任具有以下特征:

(1) 房地产行政法律责任是适用于房地产行政违法行为的法律责任。构成房地产违法行为,必须具备两个条件:一是行为的违法性。即行为违反了房地产法律规范。我国《城市房地产管理法》中大部分规范是房地产行政法律规范。二是行为人主观上有过错。实施房地产行政违法行为的人,在主观上具有故意或过失。

(2) 房地产行政法律责任的目的主要在于惩戒违法人,教育其他人。这与民事法律责任主要在于弥补受害人的损失,恢复被破坏的权利不同。

(3) 房地产行政法律责任由房地产行政法律关系的权利主体,即房地产行政管理机关、房地产行政违法人的所属单位和上级机关决定。这是因为以命令服从为特征的房地产法律责任关系主体的地位是不平等的,一方为管理者、领导者,另一方为被管理者、被领导者。

(二) 房地产行政法律责任的承担方式

根据我国《城市房地产管理法》的规定,房地产行政法律责任的承担方式分为行政处分和行政处罚两类。

1. 行政处分

下列情形给予违法者相应的行政处分:

(1) 擅自批准出让或者擅自出让土地使用权用于房地产开发的,由上级机关或者所在单位给予有关责任人员行政处分;

(2) 没有法律、法规的依据,向房地产开发企业收费,情节严重的,由上级机关或者所在单位给予直接责任人员行政处分;

(3) 房产管理部门、土地管理部门工作人员玩忽职守,滥用职权,不构成犯罪的,给予行政处分;

(4) 房产管理部门、土地管理部门工作人员利用职务上的便利,索取他人财物,或者非法收受他人财物为他人谋取利益,不构成犯罪的,给予行政处分。

行政处分的形式有警告、记过、记大过、降级、撤职、开除六种。

2. 行政处罚

下列情形给予违法者相应的行政处罚:

(1) 未取得营业执照擅自从事房地产开发业务的,由县级以上人民政府工商行政管理部门责令停止房地产开发业务活动,没收违法所得,可以并处罚款;

(2) 未按照出让合同约定支付全部土地使用权出让金,并取得土地使用权证书,转让土地使用权的,由县级以上人民政府土地管理部门没收违法所得,可以并处罚款;

（3）以划拨方式取得土地使用权，转让房地产时，没按国务院规定报批，或未依照国家有关规定缴纳土地使用权出让金的，由县级以上人民政府土地管理部门责令缴纳土地使用权出让金，没收违法所得，可以并处罚款；

（4）没有交付全部土地使用权出让金，并取得土地使用权证书，预售商品房的，由县级以上人民政府房产管理部门责令停止预售活动，没收违法所得，可以并处罚款；

（5）未取得营业执照擅自从事房地产中介服务业务的，由县级以上人民政府工商行政管理部门责令停止房地产中介服务业务活动，没收违法所得，可以并处罚款。

三、房地产民事法律责任

（一）房地产民事法律责任的含义和特征

1. 房地产民事法律责任的含义

房地产民事法律责任，是指由房地产民事法律规范规定，以国家强制力作后盾，通过民事法律程序追究房地产违法人的责任。

2. 房地产民事法律责任的特征

房地产民事法律责任具有以下特征：

（1）房地产民事法律责任是适用于房地产民事违法行为人的法律责任。房地产民事违法行为，是违反了房地产民事法律规范，应追究民事法律责任的违法行为。其实质，就在于行为人违反了房地产民事法律规范所规定的义务，侵犯了民事主体的合法权利。

（2）房地产民事法律责任的目的，主要是为了弥补受害人的损失，恢复被破坏了的权利，具有鲜明的财产性、补偿性。

（3）房地产民事法律责任，原则上应由民事权利被侵害人主张。人民法院无主动追究民事责任的职能。

（4）房地产民事法律责任，通过民事法律程序予以追究。

（二）房地产民事法律责任的承担方式

根据我国《民法通则》的有关规定，房地产民事法律责任的承担方式有以下几种：

1. 确认房地产产权

当房屋所有权、土地使用权归属不明，双方当事人为其发生争议时，当事人可以向人民法院或仲裁机构提起诉讼或仲裁申请，确认房地产权归属。

2. 停止侵害

在房地产权属明确的前提下，如果权利人所有或使用的房地产受到他人不法侵害时，权利人可诉请人民法院责令侵权人停止侵害。

3. 排除妨碍

房地产权利人在行使房地产权利时，如果受到他人妨碍，可诉请人民法院排除妨碍。

4. 消除危险

当他人的行为可能对房地产权利人的房地产权利造成危险时，房地产权利人可诉请人民法院责令行为人消除危险。

5. 返还房地产产权

当房地产权利人的房地产被他人非法占有时，房地产权利人可诉请人民法院责令违法房地产人返还该房地产产权。

6. 恢复原状

当房地产权利人的房地产被他人损坏、拆除或变更物质形态时，房地产权利人可诉请人民法院责令恢复原状。

7. 赔偿损失

当房地产因受他人不法侵害而造成损失，而又无法恢复原状时，房地产权利人可诉请人民法院责令其赔偿损失。

8. 返还不当得利

对他人因侵害房地产权利人的房地产权而得到不具有法律依据的收益时，可诉请人民法院返还不当得利。

上述房地产民事责任的承担方式，可单独适用，也可合并适用。

四、房地产刑事法律责任

（一）房地产刑事法律责任的含义及特征

1. 房地产刑事法律责任的含义

房地产刑事法律责任，是指由房地产刑事法律规范规定，以国家强制力作后盾，通过刑事法律程序，追究房地产违法人的责任。

2. 房地产刑事法律责任的特征

（1）房地产刑事法律责任是违反房地产法最严重的一种法律责任。

（2）追究房地产刑事违法人的刑事责任的目的在于打击房地产犯罪，预防、减少房地产犯罪，维护房地产市场秩序。

（3）追究房地产刑事违法人的刑事责任，是由人民检察机关代表国家主动向人民法院提出公诉，人民法院按刑事诉讼程序进行审判。

（二）房地产违法行为的刑事责任

根据《城市房地产管理法》第七十条的规定，房产管理部门、土地管理部门工作人员玩忽职守，滥用职权，构成犯罪的，依法追究刑事责任。房产管理部门，土地管理部门工作人员利用职务上的便利，索取他人财物，或者非法收受他人财物为他人谋取利益，构成犯罪的，依照惩治贪污罪贿赂罪的补充规定追究刑事责任。

案例分析一

向购房者双倍赔偿案

2003年2月，深圳市福田区法院对一宗发展商出售抵押房案件作出一审判决：发展商须向购房者双倍返还购房款。

据原告黄女士诉称：去年11月，她和深圳某公司签订了《房产临时认购协议书》，并交付了定金，约定购买该公司在福田区建设的一处房屋。当时公司向她声称"拥有该房屋的完全产权"。后来她向产权机关查询得知：在签协议之前，这家公司早就将该房屋抵押给了银行。得知这一情况后，她多次找这家公司交涉，但对方不愿退还已收取的定金。黄女士遂将其告上法庭，要求法院判令深圳某公司撤销购房协议，返还已交的1.1万元定金并加倍赔偿1.1万元，承担其档案查询费、误工费等共计1250元。

在法庭上，被告辩称：该房产确实已抵押给银行，但公司在与黄女士签订协议之前，已告知黄女士房产被抵押的事实，银行也同意这家公司销售被抵押的房产，何况目前黄女士没有遭受任何损失。黄女士没有按时交纳房款，违约在先，请求法院驳回其起诉。

但由于被告未按时提交能证明"在订约时已告知黄女士房产被抵押"的有效证据，法院审理后认为，被告在订立商品房买卖合同时，没有如实向购房者说明房产已被抵押，遂根据《最高人民法院关于审理商品房买卖合同纠纷案件适用法律若干问题的解释》作出一审判决：撤销双方签订的《房产临时认购协议书》，深圳某公司返还黄女士已付购房定金1.1万元，并支付赔偿金1.1万元。

案例分析二

房 屋 买 卖 纠 纷

2000年3月10日，某区房管所将座落在某区××街×号的房子以5.43万元与邮电2局签订房屋买卖协议，邮电局按协议付清房款，房管所收款并出具收据。并于3月20日正式办理房屋买卖更名过户手续。但此时，工商行某办事处声称，房管所已将此房卖给他们。经查，2000年1月9日，房管所与工商行某办事处签订买卖协议，附加条件是："签订协议即日起拨款，拨款之日起协议生效。"但当日下午房管所即找到工商行某办事处解除买卖协议，之后工商行某办事处还找房管所要买此房，均答复不卖房了，2000年3月1日，工商行某办事处采用自己掌握的特殊转款手段拨去房款（房管所的账户就在工商行某办事处）。房管所得知后，即派员去工商行某办事处退款，工商行某办事处拒绝退款，房管所封用此款，同时拒开收款收据，拨款未成。

【问题】
  1. 房管所和邮电局的房屋买卖关系是否成立？为什么？
  2. 房管所和工商行某办事处的房屋买卖关系是否成立？为什么？

【分析】

根据《中华人民共和国城市房地产管理法》第35条规定："房地产转让、抵押，当事人应当依照本法第五章的规定办理权属登记。"第60条规定："房地产转让或者变更时，应当向县级以上地方人民政府房产管理部门申请房产变更登记，并凭变更后的房屋所有权证书向同级人民政府土地管理部门申请土地使用权变更登记，经同级人民政府土地管理部门核实，由同级人民政府更换或者更改土地使用权证书。"《民法通则》第56条规定："法律规定用特殊形式的，应当依照法律规定。"第57条规定："民事法律行为从成立时起具有法律约束力。行为人非依法律规定或者取得对方同意，不得擅自变更或解除。"第72条第2款规定："按照合同或者其他合法方式取得财产的，财产所有权从财产交付时起转移，法律另有规定或者当事人另有约定的除外。"根据上述规定，工商行某办事处和房管所房屋买卖只是经过协议阶段，属买卖行为还未实施完结，买卖关系都还未成立，不具有约束力，产权人有权行使处分权，在1月9日房管所已通知工商行某办事处房屋不能卖给他们。工商行得知房子不卖后，找房管所一再表示还要买房，但产权人房管所态度明确，拒收房款。

因此，工商行某办事处与房管所的房屋买卖不成立。

房管所将房卖给邮电局，双方签订了协议，交付了全部价款并办理房产过户手续，实施了法律规定的房屋买卖，全部买卖行为合法成立。综上所述，房管所与邮电局之间房屋买卖关系依法成立。

复习思考题

1. 土地使用权出让具有哪些特征?
2. 概述土地使用权出让的方式?
3. 土地使用权终止的原因是什么?
4. 《城市房地产管理法》如何规定土地使用权划拨的范围?
5. 房地产开发项目立项应遵循的原则是什么?
6. 房地产开发项目竣工验收的主要依据是什么?
7. 简述房地产开发企业设立的条件及程序。
8. 什么是房地产法?它的调整对象是什么?
9. 简述房地产立法的目的。
10. 简述《城市房地产管理法》的基本原则与适用范围。
11. 简述房地产权属登记的意义和程序。
12. 简述房地产行政法律责任的承租方式。

第六章 物业管理法规

第一节 物业管理

一、物业管理的起源

现代意义的物业管理作为一种不动产管理模式起源于19世纪60年代的英国。当时英国开始工业革命,伴随工业发展,大量农村人口涌入工业城市,城市原有房屋设施满足不了人口激增的要求,住房空前紧张。恩格斯对此作了经典的描述:"一方面,大批农村工人突然被吸引到发展为工业中心的大城市里来;另一方面,这些城市的布局已经不适合新的大工业的挑战和与此相适应的交通。街道在加宽,新的街道在开辟,铁路铺到市里,正当工人成群涌入城市的时候,突然出现了工人以及工人为主顾的小商人和手工业者的住宅缺乏现象。"

由于房荒,一些开发商相继修建一批简易住宅以低廉租金租给工人家庭居住。但因住宅设施简陋,居住环境恶劣,不仅租金拖欠严重,而且破坏时有发生,影响业主的经济效益。1880~1886年间,英国有位叫OctaviaHill的女士为其名下的物业制定了规范租户行为的管理办法,要求租户严格遵守,从而改善了居住环境,并使业主和使用人的关系变得友善。这一行之有效的办法首开物业管理的先河,造就了新型的不动产管理模式,并逐渐为人仿效,推广至世界各地。

到了19世纪90年代,物业管理有实质性的发展。此时,美国等一些西方国家经济迅速发展,建筑技术不断进步,安装电梯的高层建筑出现了。这类建筑附属设备较多,结构复杂,多为多个业主共有,其日常维修和管理工作量大、技术性强,于是开始出现了专业的物业管理机构。而物业管理的行业组织的出现,则要归功于芝加哥摩天大楼的所有者和管理者乔治·A·霍尔特,他认识到物业管理人员应当经常性地聚在一起相互学习,相互交流信息。于是,便产生了"芝加哥建筑物管理人员组织"这样一个物业管理的早期组织。该组织于1908年举行了第一次全国性会议,与会者达75人,宣告了世界上第一个专门的物业管理行业组织的诞生。在以后的几年内,这个组织先后在华盛顿等若干城市举行年会,并推动了一个全国性的组织"建筑物业主组织"的成立,并在这两个组织的基础上组建了"建筑物业主与管理人员协会",这是一个地方性和区域性组织的全国联盟。后来,类似的组织也在加拿大、英国、南非、日本、澳大利亚等国纷纷成立。于是,该组织也就更名为"国际建筑物业主与管理人员协会。"这个协会自1922年起发行出版物,并从1924年起出版《经验交流报告》年刊。

物业管理兴起流行于国际,称为现代化城市的朝阳产业,具有两方面的因素:

其一,城市化的发展,多层建筑与居住小区的出现使物业管理成为必要。城市人口激增,土地资源稀缺,适逢现代建筑技术日新月异,于是建筑物不断向立体化高空化方向发展,多层建筑成为各国解决住房紧张的对策。多层建筑的产权归属于多个区分所有权人,各区分所有权人习惯有异、要求不一,纠纷势必层出不穷,所以业主组成管理团体进行自治管理和委托物业管理机构从事专业管理,对多层建筑的维修养护、区分所有权人共同生活秩序的和谐极为重要。现代城市的另一特征是住宅小区的出现。现代城市划分为若干个功能区,并由各个功能区合理有机地组合而成。住宅小区是城市居民生活居住区域,是现代城市的"缩影",是集居住、服务、经济功能为一体的"小社会"。住宅小区由于业主、使用人众多,产权归属错综交错,结构功能繁杂,其管理更为困难。因此,物业管理担当创造舒适安全的小区环境,保障人民群众安居乐业的重要职责。

其二,社会分工,所有权与管理权的分离加速物业管理的发展。物业业主,作为物业所有权人,其拥有多项权能,即占有、使用、收益及处分等。各项权利可以组合行使,也可以分离单独行使。例如,业主自己占有使用物业,也可以租赁他人使用,甚至抵押、出售物业。同样,业主拥有自己物业的管理权,但业主知识技能有限,时间精力有限,不能事必躬亲。所以,业主可以通过委托合同将其授予物业管理企业。物业所有权与管理权"两权分离"为物业管理提供了法律的制度保障。

二、我国物业管理的发展

20世纪20年代初到抗战前夕,是中国房地产萌芽和初步发展阶段。在此期间,在我国的上海、天津、武汉、广州、哈尔滨等城市大量出现一些八九层高的建筑物。以上海为例,此间出现了28座10层以上的高层建筑,最高的达24层,还建造了许多风格各异的住宅。例如,外滩的建筑群、南京路及淮海路的商业街、幽静的西区住宅群等,从而形成了有"万国建筑博览"之称的上海市容特色。同时,因房地产市场的需求,产生了代理租赁、清洁卫生、住宅装修、服务管理等经营性的专业公司。这些专业公司的管理形式与我们今天的物业管理公司的服务形式较为相似。

1949年新中国成立以后,20世纪80年代初以前,在计划经济体制下,我国的城市土地收归国有,房产大部分转为公有制;我国广大居民住房产权主要是属于政府房管部门、企事业单位和政府机关所有。住户是房屋的承租者,交付房租,享有房屋的使用权。政府房管部门或者企事业单位负责环境管理,包括绿化、卫生、垃圾和厕所等公共部分管理,列支相关费用。居(家)委会、街道办事处对居住环境管理承担组织责任。在这种情况下,房屋建成分配后,因租金不足,房产管理依赖国家补贴,结果投资建房越多,费用包袱越重,导致房屋管理"一年新,二年旧,三年破了没钱修"的恶性循环。

20世纪80年代中期之后,我国进行城市经济体制改革,打破单位单一投资建房,开始允许多渠道建房。人们对居住条件的要求逐步提高,形成对居住环境配套设施的需求。房屋建成后房屋产权由单位管理,外部环境则由居委会或街道办事处负责管理。这一管理模式,逐步强化了居民关心居委会和街道办事处管理公共部分的环境、卫生、绿化等公共财产的意识。

房地产市场的培育和发展,带动了单位购房,随着这种需求的增大,开始形成服务于房屋所有人的物业管理。特别是人们对良好的居住环境的需求,刺激了商品房的供应,从而进一步促进了新建小区的物业管理,这种需求的经济负担和住房分配方式一样仍是单位负责,个人受用。但新建小区物业管理的发展所起的推动和示范作用,引发出对物业长期管理的需求。

随着市场经济体制的建立,房屋管理体制开始变化。1993年3月,深圳市第一家专业物业管理公司——深圳市物业管理公司成立,首开市场化物业管理先河。1994年,建设部以33号令颁布建国以来我国有关物业管理的第一个部门规章——《城市新建住宅小区管理办法》,从而明确了这种新的管理体制。同年6月,深圳市人大常委会通过了我国有关物业管理的第一个地方性法规《深圳经济特区住宅区物业管理条例》。上述这些法规和规定的实施,进一步确定了物业管理在中国的地位,标志着中国物业管理事业的发展进入了新的时期。到1998年底,北京、上海、广东、江苏、山东、辽宁等省市物业管理的覆盖面已达50%,深圳市则超过90%。

三、物业管理的概念和特征

1. 物业管理的概念

物业管理,是指业主通过选聘物业管理企业,由业主和物业管理企业按照物业服务合同约定,对房屋及配套的设施设备和相关场地进行维修、养护、管理,维护相关区域内的环境卫生和秩序的活动(《物业管理条例》第二条)。物业管理是与房地产综合开发的现代化生产方式相配套的综合管理,是随着住房制度改革的推进而出现的产权多元化格局相衔接的统一管理,是与社会主义体制相适应的社会化、专业化管理。物业管理集管理、经营、服务于一体,作为第三产业之新兴领域,是现代都市的朝阳产业。

2. 物业管理的特征

物业管理具有以下特征:

(1)物业管理职能的社会化。物业管理将物业区域内分散的社会服务统一起来,在不同程度或不同方式上承担着某些社会职能,如环保、卫生、保安、消防等。物业管理的基本运作是业主按约定缴纳服务费,即可享受相应服务;物业管理企业通过竞争,拓展接管物业范围。在上述过程中,各方均获得利益,与此同时,城市管理的社会化程度也得以提高。

(2)物业管理机构的专业化。社会的发展,分工日趋专业。物业管理企业设置专门的管理机构、配备专业人员、运用现代科技、提供高水平的管理。而且物业管理中的相关事项可由物业管理企业再委托专业机构负责。

(3)物业管理过程的市场化。物业管理按照市场经济原则运作。物业管理机构是市场主体,而非行政主体,物业管理是一种经营行为,各物业管理企业间开展竞争;业主与物业管理机构是平等的交易关系,业主有选择、变更物业管理企业的自由;物业管理实行有偿服务,收费标准除个别项目由政府定价或指导价外,一般由市场定价,物业管理实行明码标价。

(4)物业管理形式的规范化。物业管理企业的设立、选聘,必须依照相关政策法规;物业管理的开展也必须符合相关规定,如物业接管验收、委托合同与业主公约的签订、业主大会的召开等均应在法律的框架下进行。

(5)物业管理关系的契约化。物业管理企业与业主签订的物业管理委托合同,以及业主间订立的业主公约等一系列契约,是物业管理开展的前提条件。委托合同是物业管理企业接管、管理物业的依据,而且明确物业管理的服务事项,界定物业管理企业与业主的权利义务。业主公约是全体业主的自治协议,约定业主对物业的使用、维护制度。

四、物业管理的类型

1. 委托型物业管理和自主型物业管理

根据物业管理的主体,即物业业主是否委托专业的物业管理企业,是否实现物业所有权与管理权的分离,可以分为委托型物业管理和自主型物业管理。

委托型物业管理,指物业业主将自己的物业委托专业管理机构进行管理。

委托型物业管理是典型的市场化物业管理方式,代表物业管理的发展方向。物业管理中双方通过合同约定管理服务事项,明确双方权利义务,实现所有权与管理权的分离。实践中,物业开发商作为第一业主,往往先行委托选聘物业管理企业;业主大会召开后,全体业主再决定继续或另行委托物业管理企业。

自主型物业管理,指物业业主不委托专业管理机构而由自己直接实施管理。

自主型物业管理是传统的物业管理方式。自主型物业管理中的物业所有权与管理权未实现分离,两权合一;物业业主就是物业的管理人。例如,业主购置物业后,物业不由房地产开发公司负责管理,也不聘请社会上专门的物业管理公司负责,而是由业主自治管理。

2. 服务型物业管理与租赁经营型物业管理

根据物业管理的运作方式和目标,物业管理可以分为服务型物业管理与租赁经营型物业管理。

服务型物业管理,指专业机构对物业的管理,实际是物业的一种售后服务,目的在于确保物业正常使用,延长物业使用寿命,方便业主生活。服务型物业管理一般采取委托服务方式,例如房地产开发商将开发建成的物业出售给用户,一次性收回投资利润,用户(业主)则委托物业管理企业为其物业的维修管理等事项提供服务。

租赁经营型物业管理,实际是物业的经营,即创造租赁条件,赢得租户并为之服务,通过收取租金,获得利润。租赁经营型物业管理一般是自主经营,例如房地产开发商建成物业后并不出售,而是自己提供管理等各种条件,招揽租户办公、经商,收取租金。

3. 居住物业管理、商业物业管理、特种物业管理

根据物业管理的对象,物业管理可以分为居住物业管理、商业物业管理、特种物业管理。

居住物业管理针对业主(使用者)居住的房屋及与之相配套的设备、设施。

商业物业管理针对写字楼、商场、宾馆以及旅游场地设施。

特种物业管理针对特定工业生产活动的各种厂房、仓库以及医院、图书馆等特殊物业。

五、物业管理的内容

物业管理的内容随着行业的发展不断被丰富创新。首先,物业管理企业根据委托合同取得管理权,进行对物的管理以及对人的管理。对物的管理指物业区域内建筑物、设备、设施的维修、养护、利用、经营;对人的管理指对物业区域内业主和使用人日常行为予以约束并制止不当行为。其次,物业管理企业作为"业主的管家",在行使管理权的同时,根据业主的特别委托或者特别约定,提供特约服务,以物为媒,以人为本,从而方便业主。再次,在"统一管理、综合服务"的前提下,主动开展多种经营业务,为开发商、业主、客户策划并实施物业经营方案,例如租赁代理、物业估价、交易咨询和项目策划等,

从而获得更多服务佣金，实现以业养业。所以，现代物业管理集"管理、服务、经营"三位一体。

1. 常规管理

根据物业管理法规以及物业管理合同约定，物业管理企业的管理事项一般如下：①物业及配套设备设施的维修养护管理，确保物业处于良好的运行状态；②物业区域的安全防范工作，通过值班、看守、巡逻以防盗、防火、防事故；③物业区域环境卫生工作，定时收集清运废弃物，清扫洁净公共部位；④物业区域绿化美化工作，对道路、空地进行绿化并维护；⑤物业区域车辆管理工作，统一车辆停放，确保车辆安全；⑥物业区域相关档案资料保管工作；⑦其他有关物业区域公共秩序的管理工作。

2. 特约服务

根据业主或者使用人的个别委托、单独要求，物业管理企业可以依照约定提供多种有偿服务。例如：室内清洁、家电维修、商品代购、代订报刊、代聘保姆、接送小孩、代缴公共事业费等。

3. 多种经营

物业管理企业还可以利用其管辖的物业区域的便利条件，自行或者联合其他机构在物业区域开展多种经营业务，既方便业主，又能补充物业管理服务收费的不足，实现以业养业。例如：设立超市、饮食点、维修点、代为出租、信息咨询等商业网点；或是建立有偿使用的运动场所、娱乐设施。

六、物业管理的作用

1. 物业管理有利于促进经济增长

住房消费的积极性得到充分调动，促进了居民消费结构转型，也促进了房地产业的持续快速增长，对国民经济增长起到了重要的推动作用。但是，目前我们所认识到的居民住房消费，仅仅是居民购买住房这一个方面的消费。实际上，居住消费本身包含众多的消费环节，可归纳为四类基本消费支出：一是购房消费支出；二是家庭装饰装修、家具家电等消费支出；三是使用过程中的水、电、气、暖等方面的长期消费支出；四是房屋大、中修及设施设备改造以及物业管理消费支出。后三类消费支出要大大超过购房支出。

据测算，在50年的住房使用期内，包括房屋大、中修及设施设备改造和其他服务消费的累计支出贴现后，与购房当年住房价格的比例为1∶1，砖混结构住房为1.5∶1。因此物业管理不但有利于刺激居民购房积极性，其本身也对扩大消费、拉动经济增长有重要作用。2002年，北京物业管理产生的国内生产总值70亿元，上海78.5亿元，深圳50亿元，分别占城市国内生产总值的2.23%、1.45%和2.23%，随着经济社会的发展，物业管理所创造的国内生产总值将会越来越多。

2. 物业管理有利于提高人民群众居住质量

经济发展的根本目的是提高人民生活水平。提高居住质量是全面建设小康社会的重要任务。随着第一步和第二步战略目标的顺利实现，人民生活实现了解决温饱和从温饱到小康的两大历史性跨越。2002年，我国城镇居民恩格尔系数下降到37.7%，农村居民恩格尔系数下降到46.2%。居民消费需求由追求基本生活资料的满足，逐步向注重生活质量提高转变。向更高生活水平迈进，重点是"改善居住、卫生、交通、通信条件，扩大服务性消费，逐步增加公共设施和社会福利设施。"在基本消费序列中，温饱解决之后，"住"

和"行"的问题将日益突出。

国际经验表明,人均GDP跨过800美元之后,住房面积将持续增长、居住质量将快速提高。在人均住房建筑面积达到35m²、人均GDP达到3000美元之前的相当长的一段时期,都是住房面积提高和居住质量改善阶段。目前,我国城镇居民人均住房建筑面积超过22m²,住房严重短缺问题基本解决,居民住房需求进入面积增加与质量提高并重,从单纯的生存型需求向舒适型需求转变的新阶段。提高居住质量,既要靠住宅建设的科技进步,大力推进住宅产业现代化,提高住宅规划、设计和建设水平,也要有良好的物业管理,提供房屋及其设施设备的维修养护、绿化、保洁等专业性服务,创造安全舒适的居住环境。

3. 物业管理有利于增加就业

扩大就业是我国当前和今后长时期重大而艰巨的任务。当前我国正处于城镇化高速发展时期,农村劳动力向非农产业的转移、农村人口向城镇的转移;加之我国正处于经济结构调整时期,与之相适应的就业结构也处于调整之中,大量的下岗、失业问题与农村劳动力转移问题交织在一起,就业需求十分强烈,形势极为严峻和复杂。物业管理就业容量大,对扩大就业具有重要作用。目前,物业管理吸纳的劳动力中大部分来自企事业单位下岗分流人员、农村剩余劳动力及部队复转军人等,对于缓解农村剩余劳动力向非农产业的转移和产业结构调整中的就业矛盾作出了重要贡献。今后相当长一段时期,随着住宅建设的持续快速发展以及旧住宅区物业管理范围的不断扩大,物业管理将保持快速发展,对增加就业仍将起到积极的推动作用。

4. 物业管理有利于维护社区稳定

维护社会安定是全面建设小康社会的重要保障。大力发展社会主义文化,建设社会主义精神文明是全面建设小康社会的重要任务。维护社区稳定、加强社区精神文明建设是整个社会安定和全社会精神文明建设的基础。物业管理是社区服务的重要组成部分。社区居委会是居民自我管理、自我教育、自我服务的基层群众性自治组织;业主、业主大会的活动与社区建设和管理密切相关;物业管理企业对于维护社区环境和秩序具有积极作用。通过规范社区建设与物业管理各主体之间的关系,整合资源,可以推进物业管理与社区建设的协调发展,形成推进社区建设的整体合力,既有利于为居民创造良好的居住环境,也有利于促进社区安定和社区精神文明建设。

从多年的实践看,物业管理在维护社区秩序,协助公安等有关部门防范刑事犯罪,防止可能发生的火灾、燃气泄漏、爆炸等恶性事故中起到了重要作用。物业管理企业在努力提高管理服务水平的同时,配合有关部门和社区各类组织,积极开展社区文化活动,丰富了居民的业余生活,促进了居民的身心健康,推动形成了邻里之间更加和谐的关系和良好的社会风尚,促进了社区精神文明建设。

第二节 我国物业管理立法

一、物业管理立法的必要性

1998年,国务院《关于进一步深化城镇住房制度改革加快住房建设的通知》明确指出,要加快改革现行的住房维修、管理体制,建立业主自治与物业管理企业专业管理相结合的社会化、专业化、市场化的物业管理体制。2001年，九届全国人大四次会议通过的《国民经济和社会发展第十个五年计划纲要》，提出"规范发展物业管理业"。中央领导同志对物业管理十分关心，多次指示要提高服务质量，扩大物业管理覆盖面，要求整顿和规范物业管理市场，落实招投标办法，建立和完善监管机制，集中解决群众不满意的问题，促进物业管理健康发展。

物业管理是住房商品化、社会化的产物，与人民群众生活水平的提高密切相关。随着城镇住房制度改革的逐步推进，房屋所有权结构发生了重大变化，80%以上的公有住房出售给了职工个人，新建住宅基本上是个人购买，居民由公房承租人转变为房屋所有权人，公房管理者与住户之间的管理与被管理关系，已经不能适应房屋所有权转移的新形势。随着个人拥有住房的比重越来越高，住房成为大多数居民家庭的最主要财产以及财富积累的主要形式，居民对住房财产的使用、维护、保值提出了较强的服务需求，同时也产生了协调房屋所有权人公共空间、共用设施设备等共同利益的需要。随着人民生活水平和住房条件不断改善，居民对居住环境、社区秩序的要求越来越高，与居住相关的各种消费需求越来越多，群众要求新形式的消费服务。物业管理适应了改革和人民生活提高的要求，并在改革和人民生活提高的进程中逐步发展起来。经过多年探索，我国物业管理取得了重要进展。

管理领域逐步扩大。1981年深圳市东湖丽苑小区率先实行了物业管理，此后在各地陆续推广。1994年建设部要求在城市新建小区全面推行物业管理；1997年，辽宁、江苏、北京、天津、重庆、广州等一批省市在旧小区推行物业管理方面取得突破。22年来，物业管理服务的领域，从住宅区逐步扩展到工业区、学校、医院、商场、办公楼等各类物业，为城市公房管理体制改革以及机关、企事业单位后勤服务社会化创造了条件。目前，全国城市物业管理的覆盖面已占物业总量的38%，经济发达的城市已达50%以上，深圳市已超过95%。

行业发展初具规模。物业管理服务以房地产业发展、房地产市场发育为依托，涉及社会服务业的多个领域，包括了房屋及相关设施设备维修养护、环境保洁、绿化养护、保安、家政等众多服务内容，成为与广大人民群众生活、工作息息相关的新兴行业。截至2002年底，物业管理企业总数超过2万家，从业人员超过230万人，相当于我国社会服务业从业人员的23%。

竞争机制基本形成。近几年，全国有50多个城市开展了物业管理项目招投标活动，深圳市已有100多个项目采用了招投标方式确定物业管理企业。以招投标方式选择物业管理企业，促进了公开、公平、公正的市场竞争机制的形成，一方面突出了业主的主导地位，保障了业主权益，降低了物业管理费用；另一方面也促进了物业管理服务质量的提高。

法制环境不断改善。国务院有关部门制定了一系列有关物业管理的规章和规范性文件，如《城市新建住宅小区管理办法》，其他省市也颁发了物业管理办法。这些法规、规章和规范性文件，有效地改善了物业管理的法制环境。

但是，在我国物业管理取得重要进展的同时，在物业管理的发展过程中，各种社会矛盾也逐渐显现出来。主要表现在：

1. 相关主体的法律关系不明确

物业管理涉及业主之间的关系，涉及业主、物业管理企业、建设单位相互间的关系，也涉及业主组织与其他组织的关系。在物业管理实践中，单个业主的利益与业主共同利益的平衡，房屋质量的责任，共用部位、共用设施设备的利用与收益的归属，物业管理服务的质量，专项维修资金的使用等等，都是容易出现纠纷的热点问题。根源就在于相关主体的法律关系不明确，责、权、利界定不清晰。

2. 物业管理企业服务意识不强

相当一部分物业管理企业从原房管部门或单位后勤管理部门转制而来，与业主之间的服务与被服务关系没有确立，物业管理的服务特征被淡化。部分物业管理企业过度追求利润，不按照合同约定提供相应服务，收费与服务不相符。一些物业管理企业擅自处分应由业主处分的事项，侵犯业主权益现象时有发生。一些物业管理企业员工素质低，甚至发生损坏业主财产、殴打业主的恶性事件。

3. 业主委员会缺少制约

由于缺乏对业主委员会的有效制约和监督机制，民主协商和少数服从多数的原则没有得到充分体现。有的业主委员会不能真正代表大多数业主的利益，个别成员甚至把个人利益置于业主共同利益之上，任意决定业主共同事务，损害其他业主利益或业主的共同利益。

4. 业主自律机制不完善

房屋公共空间、共用设施设备以及土地的共同使用权，决定了业主财产的关联性和业主共同利益，也构成业主共同决定实施物业管理的财产权基础。协调业主共同利益，需要建立业主自律机制。业主公约是业主共同的行为准则，但一些业主没有严格遵守。由于住房福利制的长期影响，相当多的业主没有完全确立有偿服务的观念，没有完全确立履行合同约定义务的观念。

5. 前期物业管理矛盾突出

有的开发企业侵占配套建筑和设施；有的开发企业为促进物业销售，对物业管理作不切实际的承诺；有的开发企业制定的业主公约侵犯业主的合法权益。由于缺乏严格的物业承接验收手续，物业使用过程中暴露出来的质量问题责任不清，损害了业主权益。有的建设单位自办物业管理，建管不分，虽然在一定时期内推动了物业管理和住宅销售，但不利于保护业主在物业管理活动中的合法权益。

6. 专项维修资金管理不规范

一些地方没有按照规定从房改售房款中提取专项维修资金，或者提取了但被挪用；一些地方商品房专项维修资金由建设单位或者物业管理企业掌握，不能按业主意愿使用，住房共用部位、共用设施设备的大、中修及更新改造不能及时进行，侵害了购房人的合法权益。也有一些地方住房专项维修资金由政府行政部门管理，没有按规定计入购房人的账户，使用时还要申请，手续繁琐。

上述问题充分反映了依法规范物业管理的紧迫性。《物业管理条例》为规范物业管理活动、促进物业管理的健康发展提供了基本的法律依据。

除物业管理急需立法外，我国还没有一部《物权法》来保护公民、法人依法享有的直接支配特定物的财产权利，鼓励和刺激人们努力创造财富，促进社会财富增长，提高财产的使用和利用效益，因此《物权法》的制定也非常紧迫。

二、我国物业管理立法基础

1. 宪法

宪法是国家根本大法。宪法的地位和效力在法律规范形式中居于首位。一切法律、行政法规、地方性法规都必须根据宪法的基本原则制定,不得与宪法的规定相抵触,否则无效。宪法中关于住宅、城市管理、公民权利等方面的规定和原则,例如,第 39 条"中华人民共和国公民的住宅不受侵犯"等条文,既是公民的基本权利,也是物业管理立法的根本依据和指导思想,是物业管理法律规范的最重要组成部分。

2. 法律

法律是我国最高国家权力机关即全国人民代表大会及其常务委员会,经过一定程序制定的规范性文件。我国有多部法律直接或间接涉及物业管理,例如,《民法通则》的相邻关系制度,《合同法》的合同制度均是物业管理立法的基础;公法方面,《土地管理法》、《城市房地产管理法》、《城市规划法》等法律则包括一些物业管理应该遵循的强制性规范。

三、我国物业管理立法

1. 行政法规

我国现行的《物业管理的条例》是 2003 年 5 月 28 日国务院第 9 次常务会议通过,2003 年 9 月 1 日起施行的行政法规,是国务院根据宪法和法律制定和发布的规范性文件。

2. 行政规章

国务院主管部门依照法律规定的权限制定和颁布的规范性文件行政规章,例如 1998《物业管理企业财务管理规定》、2003 年《前期物业管理招标投标管理暂行办法》、2003 年《业主大会规程》、2004 年《物业服务收费管理办法》、2004 年《物业管理企业资质管理办法》等。

3. 地方性法规

省、自治区、直辖市或全国人大常务委员会特别授权的城市的人民代表大会及其常委会制定和发布的地方性法规,实施于本地区的规范性文件。地方性法规在我国物业管理发展初期发挥了重要作用,一些物业管理先行地区均出台了物业管理的地方性法规。上海、广东、海南、江西、深圳、珠海、宁波、青岛、厦门、武汉、吉林等省市都出台了物业管理条例,例如,1994 年《深圳经济特区住宅物业管理条例》,1997 年《上海市居住物业管理条例》,1998 年《广东省物业管理条例》等;北京、天津、重庆、山东、四川、江苏、浙江、宁夏等十多个省市则出台了物业管理办法,例如《北京市居住小区物业管理办法》。

第三节 物业管理法律关系

一、物业管理法律关系概述

(一)物业管理关系的概念

法律关系是法律规范调整一定社会关系过程中所形成的人们之间的权利义务关系。物业管理关系是法律关系的一种,是法律规范调整人们在物业管理过程中形成的权利与义务关系。物业管理关系是随着房地产业及物业管理的发展而出现的新型法律关系。物业管理法律关系同样由主体、客体、内容三要素构成。现代物业管理不仅仅局限于民事关系,而且涉及诸多政府部门在公共安全、公共秩序、社会责任等方面对开发建设单位、物业管理公司、业主、物业使用人有关物业使用、维护行为的监管关系。因此，物业管理领域中，主要存在着民事法律关系和行政法律关系。

所谓物业管理民事法律关系，是指物业管理活动中业主、使用人、开发商、物业管理企业、其他专业服务机构由一系列合同规约而发生的民事法律关系。主要包括：

（1）物业区域全体业主、非业主使用人之间物业共有及相邻关系；
（2）业主与非业主使用人间关于物业使用的租赁及其他关系；
（3）业主与开发商间因销售合同而产生的物业保修等民事关系；
（4）开发商与物业管理企业因前期物业管理而产生的委托关系；
（5）业主与物业管理企业因物业管理合同而产生的委托关系；
（6）物业管理企业与其他专业服务机构就物业区域相关服务订立合同而产生的承包关系。

所谓物业管理行政法律关系，是指物业管理活动中相关政府机构与有关当事人发生的服从与被服从、管理与被管理、监督与被监督的法律关系。主要包括：

（1）行政机关对开发商及物业管理企业的管理关系；
（2）行政机关对物业业主、非业主使用人相关行为的管理关系。

（二）物业管理关系的特征

物业管理行为的特殊性和我国物业管理行业的特殊发展阶段，决定了现阶段物业管理法律关系在保留一般法律关系共有特征（如社会关系、思想意志关系、以国家强制力为基础等）的同时，又具有本身的独有特征，概括地说，主要体现在以下五个方面：

1. 作为法律关系主体的业主的意志的多元化和代表性

产权主体多元化是现代物业管理产生的前提条件，产权多元化直接导致产权主体意志的多元化，如何集中分散多元化的意志成为一种统一普遍的公共意志，是物业管理所要解决的首要问题。与其他民事法律关系相比，物业管理委托关系的一方当事人业主所具有的个体分散和意志多样的特征，使得组成一个统一的代表全体业主利益和意志的机构成为必要，而业主大会及其常设机构业主委员会就是这样一种代表性机构。法律规范如何解决业主的多元化问题，如何确定业主委员会的代表地位，应是立法者关注的重点。而业主委员会这一类似于"代议制"的群众自治组织，也成为物业管理法律关系中一道独特的风景。

2. 政府在物业管理法律关系中具有特殊的地位

从理论上看，作为市场经济的产物，物业管理体现的是平等主体间的民事关系，政府不应予以过多的干预。但是，由于目前我国正处于传统房管体制向市场化的物业管理体制的转轨时期，由于物业管理是城市管理的重要组成部分，充分发挥国家行政机关在建立物业管理市场机制方面的作用不容忽视。政府在物业管理法律关系中的重要地位主要表现在：①对业主委员会的监督和指导；②对物业管理企业的监督和管理；③对普通居住物业管理服务价格的监管；④对物业使用与维护的监督和管理；⑤对违反物业管理法规行为的处罚等等。

3. 物业管理法律关系既涉及公权关系，也涉及私权关系

在传统的法律关系中，有的（如民事法律关系）只调整私权关系，当事人处于平等地位；有的（如行政法律关系）只调整公权关系，当事人的地位不平等。而物业管理法律关系则体现出公私权关系混合的特征。也就是说，有的物业管理法律关系（如物业管理行政监

管关系)的当事人之间地位是不平等的,存在着一方服从另一方的问题,有的物业管理法律关系(如物业管理委托关系)的当事人之间的地位是平等的,双方的权利义务关系对等。物业管理法律关系的这一特点,同物业管理法律规范主要是从传统的行政法、民法中分离出来这一特点有密切关系。正因为如此,我们可以把物业管理法律关系分为物业管理行政法律关系和物业管理民事法律关系两大类。

4. 业主所有权(物权)的限制和监督权的扩大

一方面,在物业管理委托关系中,全体业主虽然拥有公共场所及共用设施设备的所有权,但对于个别(或部分)业主来说,由于共有物权的不可分割性,就不能单独实现其对共有物的物权权能,除使用权以外,个别(或部分)业主对公共场所及共用设施设备的占有、收益和处分权都受到不同程度的限制,打破这种限制就意味着权利的滥用,而这种制约的结果是业主委员会能够代表全体业主行使公共物业的所有权;另一方面,与其他商事法律关系不同,由于物业管理服务的消费和生产存在于同一过程,为维护具有所有者和消费者的双重身份的业主的利益,法律赋予委托者充分的监督权。对物业管理行为的监督权的范围不仅及于业主大会和业主委员会,而且扩大到每位业主和使用人。

5. 物业管理行为是一种提供公共性服务商品的法律行为

物业管理行为与其他商事行为的一个重要区别,就在于它提供的商品主要是公共性服务,而非特约性服务。公共性服务的一个重要特点是存在着享受服务的公众性与交费义务的个体性的矛盾,这一矛盾的直接后果是个别业主拒缴费用的违约行为必然导致其他业主共同利益受损的结果,而如果守约业主与违约业主享受同样的服务,无疑是对守约业主的不公正,由此可能产生拒缴费用的不良示范效应,并最终导致物业管理工作的无以为继。因此,物业管理法律关系客体的这一特征,反映在法律文件上就是物业管理委托关系除了通过《物业服务合同》来约定外,还需要《业主公约》来规范,《业主公约》体现了绝大部分业主共同意志对少数业主个别意志的约束,是物业管理正常运作的保证,也是物业管理立法的补充。

二、物业管理法律关系主体

(一)业主、物业使用人、开发商

1. 业主

业主是物业所有权人,按其拥有的物业所有权状况,又可分为独立所有权人和区分所有权人。①独立所有权是典型的传统不动产所有权类型,严格遵循"地上物属于土地所有人"的原则,土地上的建筑物专属于某一业主;②区分所有权是19世纪以来因城市多层建筑兴起出现的新型权利,指数人区分一幅土地上同一建筑物而各有其专有部分所有权,就共用部分按其应有部分享有所有权,并拥有成员权的复合性权利。现代物业区域各业主的权利形态一般是区分所有权。因此,各业主间共同关系之复杂已超出传统民法相邻关系,于是全体业主通过召开业主大会、选举业主委员会实施自治管理。

2. 物业使用人

物业使用人,是指物业的承租人和其他实际使用物业的人。

物业使用人未与开发商、物业管理企业有直接关系,不是物业销售合同的当事人,也不是物业管理合同的委托方;物业使用人不是物业区域的区分所有权人,不具成员权,一般不参加业主大会与业主委员会。但物业使用人却是现代物业区域的重要成员,无论是居住或非居住型物业，业主常将物业出租以获收益，另外还有其他多种合法占有使用物业但不拥有所有权的情形。为了能约束物业使用人的行为，保障物业使用人的权益，物业管理立法中均明确肯定物业使用人独立存在的地位。所以物业使用人的权利义务不仅源自其与业主间租赁等合同的约定，而且也出自法律法规以及业主公约的规定。

3. 开发商

开发商，又称发展商，即房地产开发企业，依据《城市房地产管理法》第29条规定，房地产开发企业是以营利为目的，从事房地产开发和经营的企业。开发商作为物业的投资建设单位，原始取得物业的所有权；在物业销售前，是物业惟一所有权人，因此被称为第一业主。

根据《商品住宅实行住宅质量保证书和住宅使用说明书制度的规定》，开发商须在法定及约定的期限内对其销售的商品住宅及其他住宅和非住宅的商品房屋承担保修责任。在保修范围内涉及物业管理的责任最终由开发商承担。

开发商作为第一业主，物业开始出售后的一段时期内仍持有较多所有权比例，因此有第一次选择物业管理企业的优先权与便利。开发商常直接以自己作为委托方，签订前期物业管理合同，并作为住宅等物业出售合同的附件。

（二）物业管理企业

物业管理企业根据合同接受业主或者业主管理委员会的委托，依照法律或合同约定，对物业进行专业化管理，是物业管理法律关系的重要主体。

物业管理企业是物业管理合同的一方当事人，与业主是平等的民事主体，双方存在服务与被服务，委托与被委托的关系。物业管理企业在向业主提供服务的同时，也承担了部分政府对城市管理的职能，例如物业区域内的环保、卫生、治安、交通等。

物业管理企业应采用具有独立法人资格的公司制形式，在所有制结构上又可分为全民、集体、联营、三资、私营等多种形式。

物业管理企业须经工商行政管理部门的核准登记以及颁发营业执照，而且物业管理企业还由房地产管理部门进行资质管理。物业管理企业的资质管理是行业归口管理，以便对全行业各个不同规模、不同经营能力、不同性质、不同所有制形式的物业管理企业的监控引导，从而促进物业管理行业有序发展，提高物业管理的整体水平。

根据《物业管理企业资质管理办法》，物业管理公司只有取得专业资质，才能合法地在物业管理市场上接管物业，并按照资质管理的规定从事物业管理服务。物业管理公司的专业资质从高到低一般分为一级、二级、三级等三个级别。物业管理公司具备了一定的条件后，就可以向当地物业管理行政主管部门申请办理。资质管理实行分级审批制度。国务院建设主管部门负责一级物业管理企业资质证书的颁发和管理。省、自治区人民政府建设主管部门负责二级物业管理企业资质证书的颁发和管理，直辖市人民政府房地产主管部门负责二级和三级物业管理企业资质证书的颁发和管理，并接受国务院建设主管部门的指导和监督。设区的市的人民政府房地产主管部门负责三级物业管理企业资质证书的颁发和管理，并接受省、自治区人民政府建设主管部门的指导和监督。

一级资质物业管理企业可以承接各种物业管理项目。二级资质物业管理企业可以承接30万 m^2 以下的住宅项目和8万 m^2 以下的非住宅项目的物业管理业务。三级资质物业管理企业可以承接20万 m^2 以下住宅项目和5万 m^2 以下的非住宅项目的物业管理业务。

物业管理企业资质等级实行动态管理，实行年检制度。各资质等级物业管理企业的年检由相应资质审批部门负责。符合原定资质等级条件的，物业管理企业的资质年检结论为合格。不符合原定资质等级条件的，物业管理企业的资质年检结论为不合格，原资质审批部门应当注销其资质证书，由相应资质审批部门重新核定其资质等级。资质审批部门应当将物业管理企业资质年检结果向社会公布。

（三）行政管理部门

市场经济中的物业管理活动一般通过业主、物业管理企业平等主体间的合同约定开展。但物业管理涉及百姓日常生活、城市正常秩序，政府行政机关如公安、消防、环保机关等基于行政权均介入物业管理活动，对各方的行为进行指导监督。在我国，房地产主管部门还直接负责对公房的物业管理。

《城市新建住宅小区管理办法》第3条对物业管理中相关行政机构规定：房地产行政主管部门负责小区管理的归口管理工作；市级绿化、卫生、交通、治安、供水、供气等行政主管部门和住宅小区所在人民政府按职责分工，负责小区管理中有关工作的监督与指导。

三、物业管理法律关系客体

（一）概述

法律关系客体，指法律关系主体权利义务共同指向的对象，包括物、行为和非物质财富。客体是法律关系不可缺少的要素。法律关系中，主体间的权利义务围绕一定的对象展开。针对一定的事物，主体间才能设立一定权利义务，建立法律关系，否则，没有一定的对象，权利义务无所依附，也无所谓法律关系的存在。

物业管理法律关系客体指物业管理法律关系主体权利义务指向的对象，同样分为物、行为和非物质财富。"物"指物业，即建筑物本体、附属设备、公共设施及相关场地。物业是业主所有权、物业管理企业管理权指向的对象。"行为"指物业管理中各方主体，业主、开发商、物业管理企业以及政府主管部门的活动。物业管理合同规约如业主公约、业主委员会章程、前期及正式物业管理合同均以各方主体的一定行为作为客体。"非物质财富"即智力活动成果，包括精神文化财富，如物业小区的荣誉称号、规划设计等均可成为物业管理各方主体权利义务的客体。

（二）物业的专有部分和共有部分

物业由建筑物、附属设备、配套设施、相关场地四部分构成。但作为业主所有权及物业管理权指向的对象，依据其所有权归属一般划分为专有部分和共有部分。

专有部分指物业中具有构造和使用上独立性的部分，专有部分与其他专有部分或共有部分以墙壁、天花板、地板相间隔。例如，《上海市居住物业管理条例》第62条定义，居住物业的专有部分指"一套住宅内部，由住宅的业主或使用人自用的卧室、客厅、卫生间、阳台、天井、庭院以及室内墙面等部位。"

业主对专有部分所有权的性质是单独所有权，对专有部分可以自由使用、收益、处分。由于物业管理合同中业主委员会对物业管理企业的委托授权一般不涉及专有部分，所以就专有部分的有关物业管理事项，业主须与物业管理企业另行约定。

共有部分指物业中除去专有部分由全体或多数业主共同拥有和使用的部分。共有部分由物业的共用部位、共用设备、公共设施组成。

业主对共用部分依专有部分比例享有所有权。但业主对共用部分的使用，不得妨碍侵犯其他业主的权益；而且共用部分的重大事项须经业主大会或业主委员会决议批准。共用部分的维修管理是物业管理合同的主要内容，是物业管理企业管理权指向的主要对象。

（三）物业管理关系主体的行为

1. 业主及物业使用人的行为

对人的管理是物业管理重要的一方面，业主及物业使用人的行为因此是物业管理法律关系的客体。不仅业主公约、物业管理合同等民事契约中可对物业业主的行为有所约束，而且物业管理行政机关也可依职权对业主的行为进行管理。

对违反规定的业主行为，业主委员会和物业管理企业应按照业主公约和物业管理合同予以制止；业主委员会或相关的业主、物业使用人对不当行为必要时可向人民法院提起民事诉讼；而且相应行政机关可依法进行行政处罚。

2. 物业管理企业的行为

物业管理企业的行为在物业管理中占主导地位，而且涉及业主权益，因此是物业管理合同以及立法着重调整的对象。《物业管理条例》第六十一条规定，物业管理企业聘用未取得物业管理职业资格证书的人员从事物业管理活动的，由县级以上地方人民政府房地产行政主管部门责令停止违法行为，处5万元以上20万元以下的罚款；给业主造成损失的，依法承担赔偿责任。第六十二条规定，物业管理企业将一个物业管理区域内的全部物业管理一并委托给他人的，由县级以上地方人民政府房地产行政主管部门责令限期改正，处委托合同价款30%以上50%以下的罚款；情节严重的，由颁发资质证书的部门吊销资质证书。委托所得收益，用于物业管理区域内物业共用部位、共用设施设备的维修、养护，剩余部分按照业主大会的决定使用；给业主造成损失的，依法承担赔偿责任。第六十三条规定，挪用专项维修资金的，由县级以上地方人民政府房地产行政主管部门追回挪用的专项维修资金，给予警告，没收违法所得，可以并处挪用数额2倍以下的罚款；物业管理企业挪用专项维修资金，情节严重的，并由颁发资质证书的部门吊销资质证书；构成犯罪的，依法追究直接负责的主管人员和其他直接责任人员的刑事责任。第六十四条规定，建设单位在物业管理区域内不按照规定配置必要的物业管理用房的，由县级以上地方人民政府房地产行政主管部门责令限期改正，给予警告，没收违法所得，并处10万元以上50万元以下的罚款。第六十五条规定，未经业主大会同意，物业管理企业擅自改变物业管理用房的用途的，由县级以上地方人民政府房地产行政主管部门责令限期改正，给予警告，并处1万元以上10万元以下的罚款；有收益的，所得收益用于物业管理区域内物业共用部位、共用设施设备的维修、养护，剩余部分按照业主大会的决定使用。

四、物业管理法律关系内容

法律关系的内容即主体享有的权利和承担的义务，法律关系的实质即主体的权利和义务关系。物业管理法律关系的内容主要包括业主及物业管理企业的权利义务。

（一）业主权利义务

1. 业主的权利

业主不论作为单独所有权人或建筑物区分所有权人，拥有物业的所有权。业主的其他权利来源于他对物业的所有权。业主的权利：①按照物业服务合同的约定，接受物业管理企业提供的服务；②提议召开业主大会会议，并就物业管理的有关事项提出建议；③提出制定和修改业主公约、业主大会议事规则的建议；④参加业主大会会议，行使投票权；⑤选举业主委员会委员，并享有被选举权；⑥监督业主委员会的工作；⑦监督物业管理企业履行物业服务合同；⑧对物业共用部位、共用设施设备和相关场地使用情况享有知情权和监督权；⑨监督物业共用部位、共用设施设备专项维修资金（以下简称专项维修资金）的管理和使用；⑩法律、法规规定的其他权利。

2. 业主的义务

业主共同生活于物业区域，应维护全体业主生活的共同利益，业主权利的行使受民法相邻关系制度的限制，而且业主公约、物业管理合同应作进一步的约束。

业主的义务：①遵守业主公约、业主大会议事规则；②遵守物业管理区域内物业共用部位和共用设施设备的使用、公共秩序和环境卫生的维护等方面的规章制度；③执行业主大会的决定和业主大会授权业主委员会作出的决定；④按照国家有关规定交纳专项维修资金；⑤按时交纳物业服务费用；⑥法律、法规规定的其他义务。

（二）物业管理企业的权利义务

1. 物业管理企业的权利

物业管理企业是物业管理合同的受托方，物业管理企业享有的权利主要是由业主在合同中授予以及法律明确规定的物业管理权。物业管理企业的权利主要包括：①依照物业管理办法和物业管理合同对住宅小区实施管理；②依照物业管理合同和有关规定收取管理费；③有权选聘专业机构，承担专业管理业务。

2. 物业管理企业的义务

物业管理企业的管理权经合同授予由业主所有权处分离取得，故其首要义务即是接受委托方的监督。物业管理企业的义务是：①履行物业管理合同，依法经营；②接受业主委员会和住宅小区居民的监督；③接受房地产行政主管部门、有关行政主管部门及住宅小区所在地人民政府的监督指导。

第四节 物业管理条例的主要内容

一、物业管理条例的立法目的

《物业管理条例》是我国第一部全国性的物业管理法规，2003年5月28日国务院第9次常务会议通过，2003年9月1日起施行，共七章七十条，以物业管理的行为为出发点，规范了总则、业主及业主大会、前期物业管理、物业管理服务、物业的使用与维护以及法律责任、附则，并确定了物业管理活动中的基本法律制度。

《物业管理条例》（以下简称《条例》）第一条规定："为了规范物业管理活动，维护业主和物业管理企业的合法权益，改善人民群众的生活和工作环境，制定本条例。"此条是规定了《条例》立法目的。

1. 规范物业管理活动

规范物业管理活动中各方主体的行为。物业管理行为本质上是一种民事法律行为，物业管理法律关系主要是一种民事法律关系。物业管理活动涉及业主、建设单位、物业管理企业、物业使用人、公用事业单位等方面的权利义务。《条例》第二章对业主的权利义务，业主大会的产生、职责、会议形式、议事规则，业主委员会的职责、组成，业主公约的内容效力，业主大会、业主委员会与居委会的关系等作了明确规定，着重规范业主和业主大会的行为。《条例》第三章界定了建设单位在物业管理中的权利义务，着重规范建设单位的行为。《条例》第四章就物业管理企业、物业管理从业人员的资质、资格，物业服务合同等作了详细规定，着重规范物业管理企业、物业管理从业人员、物业使用人、公用单位、事业单位的行为。《条例》第五章着重规范物业使用和维护过程中各方主体的行为。

2. 维护业主和物业管理企业在物业管理活动中的合法权益

物业管理，实质上是业主行使对物业的所有权来满足自身需求的过程，是建立在业主的财产权基础上的。对物业管理立法，应以维护业主的合法权益为核心。例如，《条例》要求建设单位制定的业主临时公约，不得侵害物业买受人的合法权益(第二十二条)；规定业主依法享有的物业共用部位、共用设施设备的所有权或者使用权，建设单位不得擅自转让(第二十七条)；强调物业管理企业违反条例规定给业主造成损失的，应当依法承担赔偿责任(第五十八条、第六十条、第六十一条、第六十二条)等。物业管理企业是物业管理活动中提供物业服务的一方当事人。业主和物业管理企业，是平等的民事主体关系。对于物业管理企业在物业管理活动中的合法权益，《条例》也明确予以保障。例如，《条例》规定业主和使用人约定由使用人缴纳物业服务费用的，从其约定，业主负连带缴纳责任(第四十二条)；强调违反物业服务合同约定，业主预期不交纳物业服务费用的，业主委员会应当督促其限期交纳，逾期仍不交纳的，物业管理企业可以向人民法院起诉(第六十七条)等。

3. 改善人民群众的生活和工作环境

从物业管理的产生和发展过程来看，物业管理的推进与发展，对于改善居住质量、维护住区的安定、促进产业结构调整等方面作出了积极的贡献。制定条例的目的，也是为了充分发挥物业管理制度的积极作用，改善广大居民的生活、工作环境。

二、《条例》的调整对象和适用范围

1. 调整住宅、非住宅物业管理活动

从《条例》出台前各地立法情况来看，主要规范的是居住物业(住宅物业)的物业管理活动；对于写字楼、商场等非住宅物业的物业管理活动，没有专门的法律规定，实践中多是参照居住物业的有关规定执行。在《条例》制定过程中，有一种意见认为居住物业和非居住物业差别甚大，业主对物业服务的要求也不一样，应当分别立法，而《条例》设立的制度均是针对居住物业的物业管理活动而言，因此《条例》应当更名为居住物业条例或者在《条例》中增加专门针对非居住物业的内容。经过调研和充分的讨论，这种意见没有被采纳。因为虽然住宅物业和非住宅物业在物业形态、业主的组成、业主对服务的需求、物业管理提供服务的内容和方式等方面确实存在较大差别，但在法律制度方面，两者并无明显不同，无分别立法的必要。至于两者的差别，可以通过物业服务合同来解决。

2. 适用范围城市、乡村

《条例》确立的一些基本制度，既适用于城市的物业管理活动，也适用于乡村的物业管理活动。在《条例》起草过程中，曾几易名称。就其原因，除了前面提到的住宅物业和非住宅物业之争外，城市和乡村之争是另外一个原因。有意见认为，物业管理在我国尚处于起步阶段，目前阶段的物业管理，基本限于城市之内，因此，应当制定城市物业管理条例。另一种意见则认为，虽然从全国情况来看，物业管理确实主要存在于城市。但不可否认的是，在一些比较发达的乡村，物业管理活动已经存在。尤其是在沿海一些经济比较发达的地区，城乡差别已经非常小。同时，并非只有城市才会出现物业管理的需求，对乡村也存在。而且随着社会经济的发展和人民生活水平的逐步提高，乡村对物业管理服务的需求将逐渐扩大。如果《条例》只规范城市物业管理活动，那乡村已经存在和将要出现的物业管理活动将无法可依。这显然不利于物业管理在我国的发展，也不利于发挥物业管理制度良好的社会和经济效益。《条例》最终采纳了第二种意见。

三、业主及业主大会

（一）业主的概念

房屋的所有权人为业主。

"业主"是一个从我国香港传入内地，逐渐被熟悉和接受的概念，顾名思义就是"物业的主人"。

（二）业主的权利和义务

1. 业主在物业管理活动中，享有下列权利

（1）按照物业服务合同的约定，接受物业管理企业提供的服务

物业服务合同是业主与物业管理企业之间约定双方权利与义务的协议。物业服务合同签订后，物业管理企业负有向业主提供合同所约定服务的义务，业主在支付了合同所约定的物业服务费用后，享有接受物业管理企业提供服务的权利。

（2）提议召开业主大会会议，并就物业管理的有关事项提出建议

业主大会会议是业主大会开展工作的基本形式。业主大会由物业管理区域内的全体业主组成。作为业主大会的成员，业主享有提议召开业主大会会议的权利。本《条例》第十三条规定：经20％以上的业主提议，业主委员会应当组织召开业主大会临时会议。业主有对物业管理有关事项提出建议的权利，促使物业管理能及时、有效地以符合广大业主利益的方式进行。

（3）提出制定和修改业主公约、业主大会议事规则的建议

业主公约、业主大会议事规则是规范业主之间权利与义务关系和业主大会内部运作机制的基础性规约。这些规约在生效以后对物业管理区域内全体业主都有约束力，而且这些规约的规定事关全体业主的共同利益，因此每一位业主都有参与制定和修改这些规约的权利。当业主认为有必要制定业主公约、业主大会议事规则，或者认为现有业主公约、业主大会议事规则有不完善的地方，可以提出自己有关制定和修改业主公约、业主大会议事规则的建议。

（4）参加业主大会会议，行使投票权

业主对物业管理区域内重大事项的决定权，是通过参加业主大会会议，在会议上行使表决权的方式来行使的。只要具有业主身份，就具有参加业主大会会议的权利。在业主大会会议上，业主按照省、自治区、直辖市制定的确定业主在首次业主大会会议上投票权的具体办法，或者业主大会议事规则约定的业主投票权确定办法，对列入会议议程的各项物业管理事项进行投票，作出体现全体业主共同意志的决定。

（5）选举业主委员会委员，并享有被选举权

业主委员会是业主大会的执行机构，具体执行业主大会决定的事项，并就物业管理区域内的一般性日常事务作出决定。它由一定数量的业主代表，即业主委员会委员组成。业

主委员会委员从业主中选举产生,作为业主的代言人履行具体职责,为全体业主服务。每一位业主都有选举符合自己意愿的业主委员会委员的权利,同时业主作为业主大会的成员也都享有被选举为业主委员会委员的权利。

(6) 监督业主委员会的工作

业主委员会是业主大会的执行机构,它的工作直接关系到每一位业主的切身利益。由于业主委员会委员也具有个人利益,可能会怠于行使业主大会赋予它的职责,有些素质不高的业主委员会委员甚至可能会做出损害业主利益的行为。为了防止这种业主委员会委员侵害业主权益情况的发生,督促业主委员会委员更好地履行职责,保护业主的合法权益,应当保证业主对业主委员会委员享有监督权。如业主有权对业主委员会的工作提出批评和建议;有权知晓业主委员会的运作情况;有权了解业主委员会所作出的各项决定的理由;有权查询业主委员会保存的各项档案文件;有权制止并要求业主委员会纠正其不符合法律或者规约的行为等等。业主对业主委员会的工作行使监督权有利于业主委员会规范、健康地运作。

(7) 监督物业管理企业履行物业服务合同

物业管理企业是基于和业主之间的物业服务合同,为业主提供服务的经营主体,与业主处于物业管理法律关系的相对方。业主有权对物业管理企业履行物业服务合同的情况进行监督。如业主有权对物业管理企业履行合同的情况提出批评与建议;有权查询物业管理企业在履行合同中形成的有关物业管理事项的各项档案材料;有权监督物业管理企业的收费情况;有权要求物业管理企业对违反合同的行为进行改正等等。业主对物业管理企业的监督权有利于物业管理企业更好地履行物业管理服务。

(8) 对物业共用部位、共用设施设备和相关场地使用情况享有知情权和监督权

物业共用部位、共用设施设备和相关场地,与业主所拥有的物业不可分割,业主对拥有物业进行占有、使用、收益和处分,不可避免地要牵涉到对物业共用部位、共用设施设备的使用。业主和物业管理企业可以在不损害业主共同利益的情况下,依法对物业共用部位、共用设施设备和相关场地进行使用。但这种使用不能侵害全体业主的合法权益,因此,每一个业主对物业共用部位、共用设施设备和相关场地使用的情况享有知情与监督的权利。

(9) 监督物业共用部位、共用设施设备专项维修资金(以下简称专项维修资金)的管理和使用

物业共用部位、共用设施设备专项维修资金是在物业产权多元化的情况下,为了保证房屋的维修和正常使用,依照国家规定建立的专门性资金。专项维修资金属于业主所有,其是否完好,运行是否正常,不仅关系到相邻物业整幢楼,甚至关系到整个物业管理区域物业的正常维护和使用,关系到全体业主的共同利益。因此,专项维修资金的使用和管理,必须受到业主严格的监督,以防止专项维修资金被挪用使其得到合理的使用。业主在专项维修资金的收取、使用、续筹、代管等各个环节都享有监督权。

(10) 法律、法规规定的其他权利

除以上权利外,业主还享有法律、法规规定的其他方面权利。如在物业受到侵害时,有请求停止侵害、排除妨碍、消除危险、赔偿损失的权利;有对物业维护、使用等方面的规章制度、各项报告、提案进行审议的权利;有为维护业主合法权益进行投诉和控告的权

利等等。

2. 业主在物业管理活动中，履行下列义务

(1) 遵守业主公约、业主大会议事规则

业主公约是业主依法订立的一种自我管理规约，业主公约应当对有关物业的使用、维护、管理，业主的共同利益，业主应当履行的义务，违反公约应当承担的责任等事项依法作出约定。每一位业主都应当依照业主公约的规定行使权利、履行义务。业主大会议事规则是业主大会运行应当遵循的规则，它应当就业主大会的议事方式、表决程序、业主投票权确定办法、业主委员会的组成和委员任期等事项作出约定。业主通过缔结业主公约和业主大会议事规则来进行自我管理和自我约束，有利于形成良好的物业管理秩序。业主公约、业主大会议事规则对全体业主具有约束力，每位业主都要自觉遵守业主公约和业主大会议事规则的规定。

(2) 遵守物业管理区域内物业共用部位和共用设施设备的使用、公共秩序和环境卫生的维护等方面的规章制度

物业共用部位和共用设施设备的使用、公共秩序和环境卫生的维护等事项，事关物业管理区域内全体业主的共同利益。为了维护这种共同利益，业主大会可能制定或者授权物业管理企业制定一系列的规章制度，要求全体业主共同遵守。每一位业主都有遵守这些规章制度的义务。

(3) 执行业主大会的决定和业主大会授权业主委员会作出的决定

业主大会的决定是全体业主共同作出的，代表了全体业主的共同意志，符合业主的共同利益，理应得到全体业主的共同遵守。业主委员会是业主大会的执行机关，具体实施业主大会所作出的决定，同时经业主大会的授权也可以自行作出对一定物业管理事项的决定，它所作出的决定业主同样应该执行。

(4) 按照国家有关规定交纳专项维修资金

专项维修资金是保障物业得以正常维修改造的必要条件，业主应承担缴纳专项维修资金的义务。实际生活中，有的物业管理区域内业主不缴纳或者不及时缴纳专项维修资金导致了物业的加速老化和毁损，使物业贬值，并危及到广大业主的生命财产安全，这种情况必须得到改变。

(5) 按时交纳物业服务费用

物业服务费用是合同约定的重要内容之一。它是确保物业管理正常运行的必要前提，是物业管理企业按合同约定对房屋建筑及其设施设备、绿化、卫生、交通、治安和环境卫生等项目开展日常维护、修缮、整治服务及提供其他与业主生活相关服务所收取的费用。物业管理服务行为是一种市场行为，应当遵循等价有偿的市场原则。业主在享受物业管理企业提供服务的同时，必须按照合同的约定按时支付一定的对价，即缴纳物业服务费，不得无故拖延和拒交，否则物业管理企业有权依法要求其承担违约责任。

(6) 法律、法规规定的其他义务

除以上义务外，业主还应承担法律、法规规定的其他义务。如配合物业管理企业开展服务活动的义务；装饰装修房屋时向物业管理企业告知的义务；按照物业本来的用途和目的使用物业的义务；维护物业的使用安全和美观的义务；遵守物业管理区域内公共秩序，维护物业管理区域内的环境整洁的义务等等。

(三)业主大会及职责

1. 业主大会

一个物业管理区域成立一个业主大会。物业管理区域内全体业主组成业主大会,并在首次会议选举产生业主委员会。

业主大会应当代表和维护物业管理区域内全体业主在物业管理活动中的合法权益。

物业管理区域的划分应当考虑物业的共用设施设备、建筑物规模、社区建设等因素。我国绝大多数物业,特别是新建物业,都有规划、土地等部门的批准文件,其占用土地的四至界限是明确的,附属设施设备的产权是清晰的,一般情况下不需要再划分物业管理区域。但也有少部分在计划经济体制下建造的旧住宅,在房改售房后,其共用设施设备的产权不明晰,实施物业管理时,随之带来维修养护责任不明确。还有过去零星插建的旧住宅或其他房屋建筑,其设施设备与紧邻的其他物业关联性很强,若单独实行物业管理,不是侵占相邻物业业主的利益,就是成本太高,浪费资源,难以运转。以上情况,在推进物业管理工作中,需要政府有关部门依据实际情况,制定划分物业管理区域的办法。

2. 业主大会的职责

业主大会的职责是业主大会对其所管辖的物业管理区域内物业管理事项行使权利和承担义务的范围。除了业主能够单独享有的权利之外,多数业主的权利只能通过业主大会的形式才能实现的。明确业主大会的职责有利于业主大会在其权限范围内规范、健康地从事活动。业主大会主要有以下职责:

(1) 制定、修改业主公约和业主大会议事规则

业主公约和业主大会议事规则是业主自我管理、自我规范最基础的规约,涉及每一个业主在物业管理中的利益,理应由全体业主共同制定和修改。在召开首次业主大会会议以前,规范业主在物业管理中权利与义务的是建设单位制定的临时业主公约,首次业主大会会议召开,业主大会成立之后,业主通过业主大会制定正式的业主公约。业主大会议事规则由业主在首次业主大会上制定通过,议事规则要对业主投票权确定办法等重大事项作出明确约定,以规范业主大会和业主委员会的运作。业主大会在不违反法律、法规的前提下,有权根据本物业管理区域内的实际情况对业主公约、业主大会议事规则进行修改和补充,使得业主公约、业主大会议事规则的内容真正能够体现广大业主的利益。

(2) 选举、更换业主委员会委员,监督业主委员会的工作

业主委员会作为业主大会的执行机构,由业主大会产生,对业主大会负责。业主委员会委员思想道德素质和管理水平的高低,直接关系到业主委员会能否顺利或者优质地完成业主大会交办的各项任务,应当在业主委员会委员的任职资格上做一定的要求,因此本条规定业主委员会委员由物业管理区域内热心公益事业,责任心强,具备一定组织能力的业主担任。业主通过业主大会会议选举能代表和维护自己利益的业主委员会委员。对不符合法规和业主公约规定条件的业主委员会委员,业主大会可以更换,重新选举出符合条件的业主委员会委员。对于业主委员会的工作,业主大会有权代表业主实施监督,保证其以符合广大业主利益的方式运行,这种监督一般采取听取业主委员会工作报告的方式进行。作为业主大会成员的业主,在平时也可以监督业主委员会的工作,在业主大会中提出自己对业主委员会工作的监督意见。

(3) 选聘、解聘物业管理企业

物业管理企业按照与业主签订的物业服务合同的约定，为业主提供服务。由于物业管理涉及物业共用部位、共用设施设备的使用、公共秩序和环境卫生的维护等方面的事务，单个业主无法选聘、解聘物业管理企业，业主只有通过业主大会集体决策，才能作出选聘、解聘物业管理企业的决定。这种聘用制有助于建立良好的物业管理市场竞争机制。物业管理企业必须依靠良好的经营、优质的服务、合理的收费才能挤进和占领市场，从根本上促使其服务态度的改变、服务水平的提高。

（4）决定专项维修资金使用、续筹方案，并监督实施

专项维修资金专项用于物业共用部位、共用设施设备保修期满后的维修和更新、改造，其所有权属于业主。由于物业共用部位、共用设施设备的使用和维护涉及业主共同利益，专项维修资金的筹集和使用也关系到全体业主的共同利益，因此专项维修资金的续筹与使用方案要经过业主大会的同意。至于首次住房专项维修资金的缴存，将在有关规章制度中做详细的规定，业主大会主要是对住房专项维修资金的使用和续筹方案进行决定。资金的续筹是专项维修资金制度长期运行的必要保障。当住房的共用部位、共用设施设备遭到老化、陈旧、损坏，为了保障住房正常的使用功能需要动用专项维修资金来进行修缮时，有关业主、业主委员会或者物业管理企业可以提出专项维修资金使用方案，经过业主大会审议同意之后可以支取专项维修资金进行相关修缮活动。为了保证专项维修资金的使用安全，业主大会应当对专项维修资金的使用、续筹方案的实施情况予以监督。

（5）制定、修改物业管理区域内物业共用部位和共用设施设备的使用、公共秩序和环境卫生的维护等方面的规章制度

为了保障业主和物业管理企业的物业管理活动规范进行，保证和谐的物业管理秩序的形成，业主大会有权也有必要制定、修改一些物业管理区域内物业共用部位和共用设施设备的使用、公共秩序和环境卫生的维护等方面的规章制度。如房屋的定期维修制度；设施设备管理规定；绿化环境卫生管理规定；住宅装修管理规定；车辆交通方面的一些规定；消防方面的一些规定；物业服务费用分摊及缴交管理规定等等。当然，这种规章制度的制定和修改，有些是物业管理企业在业主大会的授权之下做出的。

（6）法律、法规或者业主大会议事规则规定的其他有关物业管理的职责

除了以上职责外，业主大会还应当履行法律、法规或者业主大会议事规则规定的其他有关物业管理的职责。如监督共用设施设备、公共场地的使用和维护；对业主、物业使用人违反业主公约的行为，依照公约的规定进行处理；听取和审议业主委员会和物业管理企业的工作报告，并监督其实施；配合公安机关，与居民委员会相互协作，共同做好维护物业管理区域内的社会治安等相关工作等等。

（四）业主大会会议

业主大会会议分为定期会议和临时会议。召开业主大会会议，应当于会议召开15日以前通知全体业主。住宅小区的业主大会会议，应当同时告知相关的居民委员会。

业主大会定期会议应当按照业主大会议事规则的规定召开。经20%以上的业主提议，业主委员会应当组织召开业主大会临时会议。

业主大会会议可以采用集体讨论的形式，也可以采用书面征求意见的形式；但应当有物业管理区域内持有1/2以上投票权的业主参加。

业主大会作出决定，必须经与会业主所持投票权1/2以上通过。业主大会作出制定和

修改业主公约、业主大会议事规则,选聘和解聘物业管理企业,专项维修资金使用和续筹方案的决定,必须经物业管理区域内全体业主所持投票权 2/3 以上通过。

业主大会的决定对物业管理区域内的全体业主具有约束力。

(五)业主委员会职责

1. 召集业主大会会议,报告物业管理的实施情况

除了首次业主大会会议外,业主委员会是业主大会会议的法定召集人。首次业主大会会议以后的定期会议和临时会议均由业主委员会负责筹备和召集。业主委员会作为业主大会的执行机构具体负责物业管理区域内的各项物业管理事项的实施与管理,因此,业主委员会应当定期召集业主大会会议,将有关物业管理事项的实施情况向业主大会报告并接受业主大会的监督。

2. 代表业主与业主大会选聘的物业管理企业签订物业服务合同

业主大会享有选聘物业管理企业的权利,但业主大会的成员是全体业主,不可能由业主大会与物业管理企业签订物业服务合同。客观上,物业管理合同的签订只能由业主委员会来具体进行。业主大会通过会议决定的方式选聘某一物业管理企业后,应由业主委员会代表业主与业主大会选聘的物业管理企业正式签订物业服务合同。

3. 及时了解业主、物业使用人的意见和建议,监督和协助物业管理企业履行物业服务合同

业主对业主委员会的工作享有监督权,并有就物业管理的有关事项提出意见和建议的权利。物业使用人是指物业的承租人和其他实际使用物业的非业主。物业使用人基于其对物业实际上的使用,不可避免地会参与到物业管理活动中来。业主委员会作为联系广大业主和物业管理企业的桥梁,应当及时了解并听取业主、物业使用人的意见与建议,并把业主的这些建议和意见反映给物业管理企业,以提高物业管理水平。业主委员会与物业管理企业签订了物业服务合同之后,作为合同一方当事人享有对物业管理企业履行物业服务合同的情况进行监督的权利。如监督物业管理企业是否严格履行物业服务合同的职责等等。在履行监督职责的同时,业主委员会有义务协助物业管理企业的工作,尽可能地为其工作提供方便,协调物业管理企业和业主之间的关系,帮助物业管理企业更好地履行物业服务合同。

4. 监督业主公约的实施

业主公约在物业管理区域内的实施是否到位直接影响到物业品质、公共秩序和环境卫生状况的好坏。业主委员会有权对业主公约的实施情况进行监督,一旦有业主不遵守业主公约的规定,影响到其他业主的合法权益或者物业管理区域内的公共利益时,业主委员会有权予以制止、批评教育、责令限期改正,并依照业主公约的规定进行处理。

5. 业主大会赋予的其他职责

除了以上法定职责外,业主委员会还应当履行业主大会赋予的其他职责。如业主委员会对各类物业管理档案资料、会议记录的保管;对业主公约、业主大会议事规则修订文本的起草;对有关印章、财产的保管;对业主之间和业主与物业管理企业之间纠纷的调解等等。

(六)业主公约

业主公约是物业使用、维修和其他管理服务活动的行为规范,对全体业主具有约束

力。使用人应当遵守业主公约。业主公约自业主大会或者业主代表大会审议通过之日起生效。

业主公约应当对物业的使用、维护、管理，业主的共同利益，业主应当履行的义务，违反公约应当承担的责任等事项依法作出约定。具体包括：

1. 物业的使用、维护、管理

如业主对物业管理区域内公共建筑和共用设施使用的有关规定；业主对自有物业进行装饰装修时应当遵守有关物业装修的制度，并事先告知物业管理企业；积极配合物业管理企业的各项管理工作；业主应加强安全防范意识，自觉遵守有关安全防范的规章制度，做好防火防盗工作，确保家庭人身财产安全等等。

2. 业主的共同利益

如对公共秩序、环境卫生的维护、使用本物业内的文化娱乐体育设施和停车场等公用设施、场地等等。

3. 业主应当履行的义务

如遵守物业管理法规政策的规定；执行业主委员会或业主大会的决议、决定；遵守物业管理企业根据政府有关法规政策和业主委员会委托制定的各项规章制度；按时交纳物业服务费用；不擅自改变房屋结构、外貌（含外墙、外门窗、阳台等部位的颜色、形状和规格）、设计用途、功能和布局等；不对房屋的内外承重墙、梁、柱、板、阳台进行违章凿、拆、搭、建；不占用或损坏楼梯、通道、屋面、平台、道路、停车场、自行车房（棚）等公用设施及场地；不损坏、拆除或改造供电、供水、供气、供暖、通讯、有线电视、排水、排污、消防等公用设施；不随意堆放杂物、丢弃垃圾、高空抛物；不违反规定存放易燃、易爆、剧毒、放射性等物品和排放有毒、有害、危险物质等；不践踏、占用绿化用地；损坏、涂画园林建筑小品；不在公共场所、道路两侧乱设摊点；不影响市容观瞻的乱搭、乱贴、乱挂、设立广告牌；不随意停放车辆；不聚众喧闹、噪声扰民等危害公共利益或其他不道德的行为；不违反规定饲养家禽、家畜及宠物以及法律、法规及政府规定禁止的其他行为。

4. 违反公约应当承担的责任

业主不履行业主公约义务要承担民事责任，其以支付违约金和赔偿损失为主要的承担责任方式。人为造成公用设施设备或其他业主设施设备损坏，由造成损坏责任人负责修复或赔偿经济损失。

四、前期物业管理

（一）前期物业管理的概念

前期物业管理，是指在业主、业主大会选聘物业管理企业之前，由建设单位选聘物业管理企业实施的物业管理。

前期物业管理与通常情况下的物业管理是物业管理的两个不同阶段。前期物业管理法律关系不是根据业主和物业管理企业之间签订的物业服务合同，而是根据建设单位与物业管理企业签订的前期物业服务合同形成的。另外，前期物业管理常常包括通常情况下的物业管理不具有的一些内容，如管理遗留扫尾工程、空置房出租或看管等物业管理事项。可以看出，前期物业管理具有一定的特殊性。现实生活中，物业管理的纠纷很大程度上集中于前期物业管理阶段，如建设单位遗留的房屋质量问题、小区配套建设不齐全问题等。因此，为了规范前期物业管理活动，1994年建设部颁布《城市新建住宅小区管理办法》（建设部令第33号）对前期物业管理作了原则性的规定："房地产开发企业在出售住宅小区房屋前，应当选聘物业管理公司承担住宅小区的管理，并与其签订物业管理合同。住宅小区在物业管理公司负责管理前，由房地产开发企业负责管理。"1999年，为了进一步规范物业管理市场行为，保障前期物业管理活动当事人的合法权益，减少物业管理纠纷，建设部下发了《关于印发〈前期物业管理服务协议〉（示范文本)的通知》，对前期物业管理的内容作了详细的提示。本条例在总结实践经验的基础上，对前期物业管理的内容单列一章，详细加以规定。该章的一个基本思想就是通过制度的建立和完善，明确建设单位的责任，打破旧有的"谁开发、谁管理"的模式，增加前期物业管理的透明度，如对前期物业服务合同签订的要求、住宅前期物业管理招投标制度的强制推行等，都体现了这个思想。

（二）前期物业管理合同的特征

在业主、业主大会选聘物业管理企业之前，建设单位选聘物业管理企业的，应当签订书面的前期物业服务合同。

前期物业服务合同的特征

1. 前期物业服务合同具有过渡性

前期物业服务合同的期限，在业主、业主大会选聘物业管理企业之前的过渡时间内。实践中，物业的销售、业主的入住是陆续的过程，业主召开首次业主大会会议时间的不确定性决定了业主、业主大会选聘物业管理企业时间的不确定性，因此，前期物业服务的期限也是不确定的。但是，一旦业主大会成立或者全体业主选聘了物业管理企业，业主与物业管理企业签订的合同发生效力，就意味着前期物业管理阶段结束，进入了通常情况下的物业管理阶段。

2. 前期物业服务合同由建设单位和物业管理企业签订

通常情况下，物业服务合同的签订主体是业主与物业管理企业，而前期物业服务合同签订的主体是建设单位和物业管理企业。这是因为首次业主大会尚未召开，业主还不能形成统一意志来决定选聘物业管理企业，而此时已有实施物业管理的现实必要，为了维护正常的物业秩序，保护业主现实的合法权益，《条例》规定，建设单位选聘物业管理企业的，应当与物业管理企业签订前期物业服务合同。而且，建设单位一开始就拥有物业，是第一业主，这是建设单位享有第一次选聘物业管理企业的优先权，能够签订前期物业服务合同的合理依据。

3. 前期物业服务合同是要式合同

要式合同，是指法律要求必须具备一定形式的合同。由于前期物业管理涉及广大业主的公共利益，《条例》要求前期物业服务合同以书面的形式签订。对合同形式作书面要求，便于明确合同主体的责、权、利，防止建设单位和物业管理企业侵害业主权益的情况发生，发生纠纷时也有据可查。

（三）前期物业管理的招投标

1. 前期物业管理招标的原则

《前期物业管理招标投标管理暂行办法》第四条规定，前期物业管理招标投标应当遵循公开、公平、公正和诚实信用的原则。

2. 物业管理招标的方式

《前期物业管理招标投标管理暂行办法》第八条规定，前期物业管理招标分为公开招标和邀请招标。

公开招标，是指招标人以招标公告的方式邀请不特定的法人或者其他组织投标。

招标人采取公开招标方式的，应当在公共媒介上发布招标公告，并同时在中国住宅与房地产信息网和中国物业管理协会网上发布免费招标公告。

招标公告应当载明招标人的名称和地址，招标项目的基本情况以及获取招标文件的办法等事项。

邀请招标，是指招标人以投标邀请书的方式邀请特定的法人或者其他组织投标。

招标人采取邀请招标方式的，应当向3个以上物业管理企业发出投标邀请书，投标邀请书应当包含前款规定的事项。

3. 招标文件的主要内容

《前期物业管理招标投标管理暂行办法》第十条规定，招标人应当根据物业管理项目的特点和需要，在招标前完成招标文件的编制。

招标文件应包括以下内容：

（1）招标人及招标项目简介，包括招标人名称、地址、联系方式、项目基本情况、物业管理用房的配备情况等；

（2）物业管理服务内容及要求，包括服务内容、服务标准等；

（3）对投标人及投标书的要求，包括投标人的资格、投标书的格式、主要内容等；

（4）评标标准和评标方法；

（5）招标活动方案，包括招标组织机构、开标时间及地点等；

（6）物业服务合同的签订说明；

（7）其他事项的说明及法律法规规定的其他内容。

4. 招标工作的完成时间

《前期物业管理招标投标管理暂行办法》第十九条规定，通过招标投标方式选择物业管理企业的，招标人应当按照以下规定时限完成物业管理招标投标工作：

（1）新建现售商品房项目应当在现售前30日完成；

（2）预售商品房项目应当在取得《商品房预售许可证》之前完成；

（3）非出售的新建物业项目应当在交付使用前90日完成。

5. 前期物业管理的投标文件的内容

《前期物业管理招标投标管理暂行办法》第二十二条规定，投标人应当按照招标文件的内容和要求编制投标文件，投标文件应当对招标文件提出的实质性要求和条件作出响应。

投标文件应当包括以下内容：

（1）投标函；

（2）投标报价；

（3）物业管理方案；

（4）招标文件要求提供的其他材料。

投标人应当在招标文件要求提交投标文件的截止时间前，将投标文件密封送达投标地点。招标人收到投标文件后，应当向投标人出具标明签收人和签收时间的凭证，并妥善保存投标文件。在开标前，任何单位和个人均不得开启投标文件。在招标文件要求提交投标文件的截止时间后送达的投标文件，为无效的投标文件，招标人应当拒收。

投标人在招标文件要求提交投标文件的截止时间前，可以补充、修改或者撤回已提交的投标文件，并书面通知招标人。补充、修改的内容为投标文件的组成部分，并应当按照本办法第二十三条的规定送达、签收和保管。在招标文件要求提交投标文件的截止时间后送达的补充或者修改的内容无效。

6. 前期物业管理的开标、评标和中标

（1）开标

开标应当在招标文件确定的提交投标文件截止时间的同一时间公开进行；开标地点应当为招标文件中预先确定的地点。

开标由招标人主持，邀请所有投标人参加。开标应当按照下列规定进行：

由投标人或者其推选的代表检查投标文件的密封情况，也可以由招标人委托的公证机构进行检查并公证。经确认无误后，由工作人员当众拆封，宣读投标人名称、投标价格和投标文件的其他主要内容。

招标人在招标文件要求提交投标文件的截止时间前收到的所有投标文件，开标时都应当当众予以拆封。

开标过程应当记录，并由招标人存档备查。

（2）评标

评标由招标人依法组建的评标委员会负责。

评标委员会由招标人代表和物业管理方面的专家组成，成员为5人以上单数，其中招标人代表以外的物业管理方面的专家不得少于成员总数的三分之二。

评标委员会的专家成员，应当由招标人从房地产行政主管部门建立的专家名册中采取随机抽取的方式确定。与投标人有利害关系的人不得进入相关项目的评标委员会。

评标委员会成员应当认真、公正、诚实、廉洁地履行职责。

评标委员会可以用书面形式要求投标人对投标文件中含义不明确的内容作必要的澄清或者说明。投标人应当采用书面形式进行澄清或者说明，其澄清或者说明不得超出投标文件的范围或者改变投标文件的实质性内容。

评标委员会应当按照招标文件的评标要求，根据标书评分、现场答辩等情况进行综合评标。

评标委员会应当按照招标文件确定的评标标准和方法，对投标文件进行评审和比较，并对评标结果签字确认。

依法必须进行招标的物业管理项目的所有投标被否决的，招标人应当重新招标。

（3）中标

评标委员会完成评标后，应当向招标人提出书面评标报告，阐明评标委员会对各投标文件的评审和比较意见，并按照招标文件规定的评标标准和评标方法，推荐不超过3名有排序的合格的中标候选人。

招标人应当按照中标候选人的排序确定中标人。当确定中标的中标候选人放弃中标或者因不可抗力提出不能履行合同的，招标人可以依序确定其他中标候选人为中标人。

招标人应当向中标人发出中标通知书，同时将中标结果通知所有未中标的投标人，并应当返还其投标书。

招标人应当自确定中标人之日起 15 日内，向物业项目所在地的县级以上地方人民政府房地产行政主管部门备案。备案资料应当包括开标评标过程、确定中标人的方式及理由、评标委员会的评标报告、中标人的投标文件等资料。委托代理招标的，还应当附招标代理委托合同。

招标人和中标人应当自中标通知书发出之日起 30 日内，按照招标文件和中标人的投标文件订立书面合同；招标人和中标人不得再行订立背离合同实质性内容的其他协议。

招标人无正当理由不与中标人签订合同，给中标人造成损失的，招标人应当给予赔偿。

7. 前期物业管理招投标的管理

国务院建设行政主管部门负责全国物业管理招标投标活动的监督管理。

省、自治区人民政府建设行政主管部门负责本行政区域内物业管理招标投标活动的监督管理。

直辖市、市、县人民政府房地产行政主管部门负责本行政区域内物业管理招标投标活动的监督管理。

（四）前期物业管理中建设单位的责任

1. 建设单位在物业销售之前制定业主临时公约

临时公约内容应约定有关物业的使用、维护、管理，业主的共同利益，业主应当履行的义务，违反公约应当承担的责任等事项。但不得侵害物业买受人的合法权益。具体有：有关物业的使用、维护、管理；业主的共同利益；业主应当履行的义务；违反公约应当承担的责任等等。

2. 建设单位在物业销售前将业主临时公约向物业买受人明示，并予以说明

业主临时公约一经签订后便对业主产生约束力，因而和业主的利益息息相关；但业主临时公约的制定权在建设单位手中，建设单位有可能滥用单方制定业主临时公约的权利。因此，对建设单位规定了说明的义务，可以防止其利用物业买受人缺少经验和专业知识而拟定不公平条款，以维护物业买受人的利益。

明示是指以书面的形式向物业买受人明确无误的告示，如直接将业主临时公约文本交与物业买受人，或者以通告的方式，在显眼的地方公示。

3. 建设单位与物业买受人签订的买卖合同应当包含前期物业服务合同约定的内容

物业服务合同确立了物业管理企业和业主之间的权利和义务，是物业管理法律关系确立的基本依据。但是，前期物业服务合同是由建设单位和物业管理企业作为合同主体签订的，而前期物业服务的对象却是业主，这就存在一个物业买受人在购买物业时如何知道和决定是否接受前期物业服务合同的问题。如果业主对前期物业服务合同的内容没有足够的了解，建设单位和物业管理企业容易利用这种信息的不对称，在签订的前期物业服务合同中，侵害业主的合法权益。因此，应在物业买卖合同中包含前期物业服务合同约定的内容。

4. 建设单位不得将业主依法享有的物业共用部位、共用设施设备的所有权或者使用权转让给他人

物业共用部位、共用设施设备是物业管理区域内，业主专有房屋以外的，属于全体业主共同所有、共同使用的建筑物的部位、场所、设施、设备。这部分物业共用部位、共用

设施设备在构造或利用上没有独立性,从维持建筑物牢固、安全、完整和正常使用的角度出发,这部分物业应当为全体业主共同所有或者使用,建设单位无权擅自处分。根据我国目前的有关规定,共用部位是指住宅主体承重结构部位(包括基础、内外承重墙体、柱、梁、楼板、屋顶等)、户外墙面、门厅、楼梯间、走廊通道等。共用设施设备是指住宅小区或单幢住宅内,共用的上下水管道、落水管、水箱、加压水泵、电梯、天线、供电线路、照明、锅炉、暖气线路、燃气线路、消防设施、绿地、道路、路灯、沟渠、池、井、非经营性车场车库、公益性文体设施和共用设施设备使用的房屋等。

5. 建设单位应当按照规定在物业管理区域内配置必要的物业管理用房

前期物业管理一开始,物业管理企业就必须落实物业管理用房,以便进行物业管理活动,物业管理用房应当包括物业办公用房、物业清洁用房、物业储藏用房、业主委员会活动用房等,需要建设单位在开发的物业中事先预留,一般关于物业管理用房的配置方案在物业的规划设计阶段就应该作出。

对物业管理用房的要求:

(1)物业管理用房应该在物业管理区域内。这样才有利于物业管理企业实施管理。

(2)物业管理用房要有必要的面积。建设单位要提供必要面积的管理用房,避免面积数额不足而导致开展有关物业管理活动的困难。

6. 建设单位应当按照国家规定的保修期限和保修范围,承担物业的保修责任

物业保修责任是指建设单位有对物业竣工验收后在保修期内出现不符合工程建筑强制性标准和合同约定的质量缺陷,予以保证修复的责任。虽然物业管理企业按照物业服务合同对物业进行维修、养护、管理,但前期物业管理一般处于建设单位的物业保修期间内,在保修期间与范围内的房屋维修由建设单位承担首要责任。1998年颁布的《城市房地产开发经营管理条例》第16条明确规定:"房地产开发企业应当对其开发建设的房地产开发项目的质量承担责任。"为了区别物业管理企业和建设单位对物业的维修的不同责任,本条在此进一步明确建设单位对物业的保修责任,保修责任应当按照国家规定的保修期限和保修范围承担,保修期限与范围以外的物业维修、保养由物业管理企业按照物业服务合同的约定承担。

为了保障住房消费者的权益,加强商品房住宅售后服务管理,1998年建设部下发《商品住宅实行住宅质量保证书和住宅使用说明书制度的规定》,要求建设单位在向用户交付销售的新建商品住宅时,必须提供《住宅质量保证书》和《住宅使用说明书》。建设单位应当按《住宅质量保证书》的约定,承担保修责任。商品住宅出售后,委托物业管理公司等单位维修的,应在《住宅质量保证书》明示所委托的单位。2000年1月30日生效的《建设工程质量管理条例》规定,在正常使用条件下,建设工程的最低保修期限为:基础设施工程、房屋建筑的地基基础工程和主体结构工程,为设计文件规定的该工程的合理使用年限;屋面防水工程、有防水要求的卫生间、房间和外墙面的防渗漏,为5年;供热与供冷系统,为2个采暖期、供冷期;电气管线、给排水管道、设备安装和装修工程,为2年。其他项目的保修期限由发包方与承包方约定。建设工程的保修期,自竣工验收合格之日起计算。物业的地基基础和主体结构在合理使用寿命年限内承担保修。这是正常使用情况下物业各部位、部件的保修范围和保修期限。但是,对用户验收商品住宅后自行添置、改动的设施、设备,由用户自行承担维修责任。用户违反《住宅使用说明书》的合理使用

提示，使用不当或擅自改动结构、设备位置和不当装修等造成的质量问题，建设单位不承担保修责任。由上述原因引起的房屋质量受损和其他用户损失，由责任人承担相应责任。

五、物业管理服务

明确了物业管理服务中各方主体的权利义务关系。主要有以下十二个方面：

（一）确立了物业管理企业资质管理制度

1. 法人资格制度

从事物业管理活动的企业应当具有独立的法人资格。

物业管理企业为业主提供物业服务，是一种以营利为目的的经济组织，是经营活动的市场主体，作为市场主体，应当具有相应的主体资格，享有完全的民事权利能力和行为能力，能够独立的承担民事责任。如果物业管理企业不具备独立的法人资格，与其进行交易的相对人的合法权益难以得到有效保障。因此，《条例》明确规定，从事物业管理的企业，必须是独立的法人。

按照《民法通则》的规定，法人是具有民事权利能力和民事行为能力，依法独立享有民事权利和承担民事义务的组织。物业管理企业应当具有独立的法人资格，意味着物业管理企业应当具备下列条件：

（1）依法成立。依法成立是指依照法律规定而成立。这是程序性要件，也就是说，物业管理企业的设立程序要符合法律法规的规定。

（2）有必要的财产或者经费。物业管理企业属于营利性法人。必要的财产和经费是其生存和发展的前提，也是其承担民事责任的物质基础。按照《公司法》规定，物业管理企业为有限责任公司的，注册资本不得低于10万元；为股份有限公司的，注册资本不得低于1000万元。

（3）有自己的名称、组织机构和场所。其中，名称是企业对外进行活动的标记，其确定应当符合《企业名称登记管理规定》等法律法规的规定；组织机构是健全内部管理的需要，如公司应当设立董事会、股东大会、监事会等；场所是物业管理企业进行经营活动的固定地点，不仅表示企业的存在具有长期性，且可确立与之相关的其他一些问题如合同的履行、诉讼管辖问题等。

（4）能够独立承担民事责任。如果企业不能就自己行为承担相应责任，不能说其具独立的主体资格。独立承担民事责任是建立在独立财产基础之上的。如果企业没有独立的财产，是不可能独立承担民事责任的。

2. 资质管理制度

关于物业管理企业资质管理制度的规定。考虑以下几方面的因素：

（1）针对当前我国物业管理的发展现状，有必要加强对物业管理企业的资质管理，把好市场准入关

近几年来，物业管理行业迅速发展，但是，物业管理市场存在不同程度的混乱现象。不少物业管理企业体制、机制有缺陷，管理不规范、服务不到位、乱收费，业主对这些问题的投诉上升，反映比较强烈。实行市场准入制度，通过资质管理，对不同管理规模、服务水平、市场竞争能力的企业核定相应的资质等级，有助于扶植一批机制新、规模大、成本低、质量高、实力强、信誉好的物业管理品牌企业；通过资质年检和资质动态管理，可以及时清理、整顿管理水平低、经营不规范、社会形象差的企业。对物业管理行业实行市

场准入制度，严格审查物业管理企业的资质，是现阶段加强行政监管、规范企业行为、有效解决群众投诉、净化物业管理市场的必要手段。

(2) 针对物业管理企业的管理服务特性，有必要对物业管理企业建立市场准入和清出制度

物业管理企业，尤其是居住类物业管理企业，提供的管理和服务与居民生活密切相关，直接影响到居民的生活质量、人身健康和生命财产安全。物业管理具有公共产品的性质，实质上是对业主共同事务进行管理的一种服务活动。一般说来，物业管理企业按照合同约定，既负责物业共用部位和共用设施设备的维修养护，也承担物业管理区域范围内公共秩序的维护责任。如果主管部门对物业管理企业缺乏有效的监管，则可能导致业主的权益和社会公共利益受到损害，引起社会的不安定。

物业管理企业是一种以较少自有资本而管理庞大资产的企业。一般情况下，企业运营成本较低，企业注册资本相对较少。如一家管理 50 万 m^2 小区的企业，其自身资产可能仅有 100 万元，但是所管物业的价值却达 20 亿元之多，因其管理水平而引起物业价值波动 1‰，则有 2000 万之多，远超过其自身资产量。国外的物业管理企业有的称作财产管理公司，除提供物业管理服务外，也要负责物业的经营，我国的物业管理企业正朝着这一方向发展。无论是物业管理，还是物业资产管理，物业管理企业的抗风险能力都较弱。实行资质管理，有助于提高物业管理企业的管理服务水平，有助于防范企业经营风险，有助于发挥物业管理的社会效益。

(3) 针对物业管理的专业特性，需要实行企业资质审批制度

物业管理企业提供的服务，表现在消费者面前的，更多的是维护公共秩序，如保安、保洁等，但其最基本的服务还是负责房屋及其设备设施的维护管理。随着经济的发展和科技的进步，建设领域不断涌现新技术、新产品，物业的智能化程度越来越高，这就要求物业管理企业具有掌握管理技术和硬件技术的专业人员，具有先进的管理工具及设备，建立一套科学、规范的管理措施及工作程序。物业管理与物业的规划设计、施工一样，具有一定的专业性。实行市场准入和清出制度，有利于物业管理行业适应产业结构调整升级的趋势和现代城市发展的需要，有利于推进物业管理行业的技术进步。

物业管理企业资质的条件、分级、申请、审批、动态管理等均应当属于物业管理企业资质管理制度的内容，见国务院建设行政主管部门于 2004 年颁布的《物业管理企业资质管理办法》。

3. 各资质等级物业管理企业的条件及承担的业务

(1) 一级资质：

1) 注册资本人民币 500 万元以上；

2) 物业管理专业人员以及工程、管理、经济等相关专业类的专职管理和技术人员不少于 30 人。其中，具有中级以上职称的人员不少于 20 人，工程、财务等业务负责人具有相应专业中级以上职称；

3) 物业管理专业人员按照国家有关规定取得职业资格证书；

4) 管理两种类型以上物业，并且管理各类物业的房屋建筑面积分别占下列相应计算基数的百分比之和不低于 100%：

① 多层住宅 200 万 m^2；

② 高层住宅 100 万 m²;
③ 独立式住宅(别墅)15 万 m²;
④ 办公楼、工业厂房及其他物业 50 万 m²;
⑤ 建立并严格执行服务质量、服务收费等企业管理制度和标准,建立企业信用档案系统,有优良的经营管理业绩。

一级资质物业管理企业可以承接各种物业管理项目。

(2) 二级资质:

1) 注册资本人民币 300 万元以上;

2) 物业管理专业人员以及工程、管理、经济等相关专业类的专职管理和技术人员不少于 20 人。其中,具有中级以上职称的人员不少于 10 人,工程、财务等业务负责人具有相应专业中级以上职称;

3) 物业管理专业人员按照国家有关规定取得职业资格证书;

4) 管理两种类型以上物业,并且管理各类物业的房屋建筑面积分别占下列相应计算基数的百分比之和不低于 100%:

① 多层住宅 100 万 m²;
② 高层住宅 50 万 m²;
③ 独立式住宅(别墅)8 万 m²;
④ 办公楼、工业厂房及其他物业 20 万 m²。

5) 建立并严格执行服务质量、服务收费等企业管理制度和标准,建立企业信用档案系统,有良好的经营管理业绩。

二级资质物业管理企业可以承接 30 万 m² 以下的住宅项目和 8 万 m² 以下的非住宅项目的物业管理业务。

(3) 三级资质:

1) 注册资本人民币 50 万元以上;

2) 物业管理专业人员以及工程、管理、经济等相关专业类的专职管理和技术人员不少于 10 人。其中,具有中级以上职称的人员不少于 5 人,工程、财务等业务负责人具有相应专业中级以上职称;

3) 物业管理专业人员按照国家有关规定取得职业资格证书;

4) 有委托的物业管理项目;

5) 建立并严格执行服务质量、服务收费等企业管理制度和标准,建立企业信用档案系统。

三级资质物业管理企业可以承接 20 万 m² 以下住宅项目和 5 万 m² 以下的非住宅项目的物业管理业务。

(二) 规定物业管理从业人员应当依法取得职业资格证书

物业管理的从业人员,主要是指物业管理经营管理人员和技术工种人员。其中,物业管理经营管理人员,主要是指管理处主任、物业经理、小区经理等专业人员;技术工种人员,主要是指从事技术复杂、通用性广、涉及到国家财产、人民生命安全和消费者利益工种(职业)的人员。

对物业管理从业人员实行职业资格制度,是物业管理行业特殊性的需要。物业管理企业是一种以较少资本而管理庞大资产的企业。物业管理行业的这一特性,决定了物业管理从业人员,尤其是经营管理专业人员,只有具备扎实的物业管理知识和良好的实践经验,具备较强的经营管理能力,才能保证物业正常使用并使物业保值、增值,才能降低企业的经营风险并提高企业自身的经济效益。物业管理既包括房屋及其设施设备的维修、养护、管理,也包括维护小区的环境卫生和公共秩序等,涉及经济、法律、工程、环保、社会、心理、公共关系等多方面的学科知识。物业管理从业人员,如物业管理项目负责人,只有掌握和了解这些相关的知识,才能胜任本职工作。这些相关知识,不是仅通过学校教育就能获得的,需要经过系统的、有针对性的学习和培训。而且,物业的智能化程度越来越高,这就要求物业管理从业人员及时掌握新技术、新方法。

对物业管理从业人员实行职业资格认证制度,既能吸引优秀人才进入物业管理行业,也能给在职的从业人员带来压力,促使他们不断更新知识和增强技能,有利于造就一支事业心强、懂经营、善管理、通技术、精业务的优秀人才队伍,也有利于物业管理行业适应产业结构调整升级的趋势和现代城市发展的需要,推进物业管理行业的技术进步。

对物业管理从业人员实行职业资格制度,是发挥物业管理社会效益的需要。物业管理企业在保障房屋使用安全的同时,还要协助有关部门维护小区秩序,改善治安状况,防止可能发生的火灾、燃气泄露、爆炸等突发性事故。因此,物业管理对保障人民生命财产安全,维护社会稳定发挥着重要作用。

对物业管理从业人员实行职业资格认证制度,能够促进物业管理从业人员应变能力和职业素质的提高,更好地发挥物业管理的社会效益。对物业管理从业人员实行职业资格制度,也是我国加入WTO与国际惯例接轨的需要。许多实行市场经济的国家和我国台湾、香港等地区都对物业管理从业人员采取了许可制度。美国、澳大利亚、韩国、日本等国家的物业管理从业人员必须经过一定的考试并取得资格后才能担任管理职务。

(三)规定了一个物业管理区域一家管理的原则

在物业管理实践中,存在多家物业管理公司共同管理一个物业管理区域的物业的现象。多家管理的弊端是显而易见的。首先,多家物业管理企业之间往往存在严重利益冲突,业主利益可能成为多家物业管理企业追求自身利益最大化的牺牲品。其次,多家物业管理企业在一个物业管理区域内进行重复管理,将造成资源的浪费,同时将增加业主负担,使物业管理成本不必要的增长。因为多一家物业管理公司,业主可能要多缴一次物业服务费用,而业主真正享受到的是一家物业管理公司提供的服务,其他物业管理公司提供的可能是对业主没有意义的重复服务。第三,物业管理区域的形成有其规律性。划分物业管理区域应当综合考虑物业规模、共用设施设备、社区建设等因素。一个物业管理区域,往往由若干个带有公用设施设备的建筑物或者建筑物组群构成;在此前提下,对一个物业管理区域内的物业,应当由一家物业管理企业实施统一管理。应当实行统一物业管理区域内共用部位和共用设施的使用、公共秩序和公共环境的维护等方面的规章制度。而多家管理企业共管一个物业管理区域是很难做到这点的。实际上,多家管理的物业区域,大多引起混乱,造成居住环境差、业主意见大。因此,一个物业管理区域由一家物业管理企业实施物业管理。

值得注意的是,虽然一个物业管理区域应当由一家物业管理企业实施统一的物业服务,但对提供物业服务的物业管理企业而言,是可以根据实际情况将专项服务业务委托给专业服务公司的。例如，甲物业管理公司在接管某一物业区域后，可以将保安义务委托给保安公司、将绿化工作委托给专业的园林绿化公司。

（四）规定当事人应当订立书面的物业服务合同

物业服务合同是确立业主和物业管理企业在物业管理活动中的权利义务的法律依据。在物业管理活动中，物业服务合同的地位非常重要。合同是否依法订立、合同内容是否详细、合同是否具有可操作性，对于维护各方在物业管理活动中的合法权益举足轻重。目前，在物业管理活动中出现的许多纠纷，与合同的不规范具有很大关系。

按照《合同法》的规定，民事合同是平等主体的自然人、法人、其他组织之间设立、变更、终止民事权利义务关系的协议。物业服务合同属于民事合同的范畴，是业主、物业管理企业设立物业服务关系的协议。物业服务合同的当事人中，物业管理企业具有独立的法人资格，业主是分散的具有独立法律人格的自然人、法人或者其他组织。业主和物业管理企业之间是平等的民事主体的关系，不存在领导者与被领导者、管理者与被管理者的关系。双方的权利、义务关系，体现在物业服务合同的具体内容中。

物业服务合同具有涉及面广、标的内容复杂、期限较长等特征。为了减少和及时解决物业服务合同履行中的纠纷，因此，物业服务合同应当采用书面形式。所谓书面形式，按照《合同法》的规定，是指合同书、信件和数据电文（包括电报、电传、传真、电子数据交换和电子邮件）等可以有形的表现所载内容的形式。物业服务合同，一般采用合同书形式。物业服务合同是物业管理当事人意思表示一致的产物。因此，合同的内容应当由当事人约定。但物业管理当事人在订立物业服务合同时应当约定一些必要的内容，以利于合同的履行。物业服务合同应当具备以下内容：

1. 物业管理服务事项

物业管理服务事项，是指物业管理企业为业主提供的服务的具体内容，主要包括以下一些事项：

（1）物业共用部位的维护与管理。这是为保持物业完好率、确保物业使用功能而进行的管理与服务工作。

（2）物业共用设备设施及其运行的维护和管理。这是为保持物业及其附属的各类设备设施的完好及正常使用而进行的管理与服务工作。主要包括电梯、水泵、电视监控系统、有线对讲系统、电视接收系统、避雷、消防、污水处理系统等设备设施及其运行的维护和管理。物业管理企业应按照合同约定的服务内容、方式、时间和要求进行服务，定期对物业设备设施进行保养，保证设备设施的完好和正常运行。

（3）环境卫生、绿化管理服务。这是为净化、美化物业环境而进行的管理与服务工作，也称为保洁服务。主要是指为保持物业管理区域内物业共用部位和公共场地、绿地的整洁而进行的管理服务。一般包括楼道、走道、门厅、屋顶、天台等部位的定时清扫，内墙壁的除尘，公共门窗的擦洗，绿化，园地、路面的清扫，生活垃圾和建筑垃圾的管理，灭害洒药等服务。合同中的保洁服务应根据不同物业的保洁要求，明确保洁内容、要求及收费标准。

（4）物业管理区域内公共秩序、消防、交通等协助管理事项的服务。这是为维护物业管理区域内正常的工作、生活秩序而进行的协助性管理与服务工作。

（5）物业装饰装修管理服务。包括房屋装修的安全、垃圾处理等各项管理工作。

(6) 专项维修资金的代管服务。这是指物业管理企业接受业主委员会或物业产权人委托,对代管的共用部位共用设施设备专项维修资金的管理工作。

(7) 物业档案资料的管理。这是指对物业产权产籍档案资料、房屋及其附属的各类设施、设备的基本情况和实际变动情况的管理工作。物业档案资料的管理具体包括物业管理区域内各类物业、设施的验收、接管档案(图、卡、册),物业分户产权清册,租赁清册,业主、使用人情况表,共用设备、公共设施运行、保养、维修记录,财务等资料的保管。

2. 服务质量

服务质量,是对物业管理企业提供的服务在质量上的具体要求。例如,当事人可以在合同中约定,物业管理企业提供的保安服务,应当做到每 30 分钟 4 人次巡逻一趟。

服务质量条款对于物业服务合同的重要性是毋庸置疑的。在实践中,许多物业服务合同的纠纷均因服务质量问题而产生。例如,由于约定不明,业主往往以物业管理企业提供的服务质量没有达到要求而拒绝交纳物业服务费用,物业管理企业则认为自己是按照合同约定提供的物业服务而诉业主违约,双方就此而起纠纷。实际上,服务质量是很难定量衡量的,为了避免不必要的纷争,物业服务合同当事人应当就物业服务质量作全面、具体的约定。在约定明确的前提下,当事人可以对合同标的有一个客观的评价标准。这将为合同的顺利履行提供基础。

现在国家正在推行物业管理服务标准,当事人可以参照服务标准来约定服务质量,根据服务质量来约定相应的服务费用。

3. 服务费用

服务费用是业主为获取物业管理企业提供的服务而支付的对价。支付物业服务费用是业主的主要义务。为了合同的顺利履行,当事人需在合同中明确约定物业服务费用的收费项目、收费标准、收费办法等内容。收费项目,主要是针对物业管理企业提供的服务项目而言的,例如,公共设施、设备日常运行、维修及保养费、绿化管理费、清洁卫生费、保安费等。就收费标准而言,目前主要有两种计算方式:一是按照每平方米多少元来计算,二是按照每户多少元来计算。物业服务费用的支付人,可以是业主,也可以是使用人。支付时间,实践中一般是按月支付,也有按季度支付的。在实践中,出现了一些物业管理企业要求业主预付一年或者半年服务费用的做法。应当说,这一做法不利于保护业主的合法权益,也与理不合。因为物业服务费用一部分用作服务成本,一部分用作服务报酬。就成本部分而言,当物业管理企业还没有为业主提供物业服务时,还没有发生成本;就报酬部分而言,物业管理企业在没有提供服务时,谈不上有权利预先支取长时间的报酬。

4. 双方的权利义务

业主和物业管理企业需要将双方在物业管理活动中的权利义务约定清楚。物业服务合同属于双务合同的范畴,当事人互享权利,互负义务。双方的权利义务是相对而言的,一方的权利就是另一方的义务。例如,享受物业服务是业主的权利,而提供物业服务则是物业管理企业的义务;收取物业服务费用是物业管理企业的权利,而支付物业服务费用则是业主的义务。双方当事人的权利义务界定得越明晰,合同的履行就越简单,发生纠纷的机率也要小很多。

5. 专项维修资金的管理和使用

专项维修资金对于保证物业共用部位和共用设施设备的维修养护,对于物业的保值增值，具有十分重要的意义。目前，专项维修资金主要是针对于住宅物业而言的。对于专项维修资金的管理和使用，国家有明确的规定。当物业保修期满后，物业的维修养护的责任由保修单位转移到物业产权人身上。在业主分散的情况下，如果没有专项维修资金制度，要想在短时间内向多个业主筹集到物业共用部位、共用设施设备大修或者更新改造的费用十分困难。专项维修资金的设立，为物业及时得到维修养护提供了基础性条件。同时，对一个物业管理区域而言，专项维修资金总量是一个不小的金额。从产权上来讲，专项维修资金属于物业管理区域内的业主所有，而在实践中，专项维修资金大都由物业管理企业代管。为了发挥维修资金的作用，需要当事人在国家规定的基础上，对专项维修资金的管理和使用规则、程序等做出具体约定。

6. 物业管理用房

必要的物业管理用房是物业管理企业开展物业服务的前提条件。对于物业管理用房的配置、用途、产权归属等，《条例》已经有了明确规定。当事人需要在合同中就相关内容予以细化。

7. 合同期限

合同的期限，是指合同的有效期。物业服务合同属于在较长期限内履行的合同，因此当事人需要对合同的期限进行约定。物业服务合同的期限条款应当尽量明确、具体，或者明确规定计算期限的方法。

8. 违约责任

违约责任是指物业服务合同当事人一方或者双方不履行合同或者不适当履行合同，依照法律的规定或者按照当事人的约定应当承担的法律责任。违约责任是促使当事人履行合同义务，使守约人免受或者少受损失的法律措施，也是保证物业服务合同履行的主要条款，对当事人的利益关系重大，物业服务合同对此应当予以明确。

违约责任对于合同的履行非常重要，因此合同法以及其他相关法律法规对违约责任的规定比较详细。但是，法律规定毕竟比较原则，难以面面俱到，而物业服务合同具有其特殊性，为了保证合同当事人的特殊需要，保证物业服务合同义务的切实履行，当事人应当按照法律规定的原则和自身的情况，对违约责任做出具体的约定。例如，约定违约损害的计算方法、赔偿范围等。

此外，物业服务合同一般还应载明双方当事人的基本情况、物业管理区域的范围、合同终止和解除的约定、解决合同争议的方法以及当事人约定的其他事项等内容。

（五）规定物业管理企业违反合同约定造成业主人身财产受损的，应当承担相应的法律责任

1. 物业管理企业按照合同约定提供相应服务的义务

第一，物业管理企业应当向业主提供服务。物业管理是服务性行业，物业管理企业是以提供物业服务为对价来获取物业服务费用的；第二，物业管理企业提供的应当是"相应"的服务，而"相应"的判断标准，在于物业管理企业提供的服务是否符合物业服务合同的约定。

2. 物业管理企业不履行合同约定，造成业主人身和财产损害的法律责任

物业管理改善了居住环境，提高了物业管理区域内业主的生活质量，有利于物业的保值增值。但是，物业管理不是万能的，不会也不可能包治百病。在实践中，在实施了物业

管理的区域内，业主的人身和财产受到损害的情况也常有出现。例如，在实行封闭式管理的住宅小区，某业主存放在车库中的车辆被盗；小偷进入业主家中盗窃甚至伤人、杀人等。应当说，就某一特定事项而言，出现某一结果的原因往往是多方面的。在界定各方责任时，不能简单地认为：既然实施了物业管理，物业管理企业就应当保障业主的财产和人身安全；对业主在物业管理区域内受到的人身和财产的损害，物业管理企业就应当承担完全的法律责任（主要是民事赔偿责任）。但物业管理企业就业主受到的人身和财产损害承担责任有一个前提条件，就是物业管理企业未能履行物业服务合同的约定，即物业管理企业存在违约行为。"未能履行"，包括根本不履行和不完全履行两种情形。举例言之，某物业服务合同中约定，在物业保安方面，物业管理企业派四名保安24小时巡逻。如果物业管理企业不派保安巡逻，属于根本不履行合同约定；如果物业管理企业派两名保安24小时巡逻或者派四名保安18小时巡逻，皆为不完全履行合同约定。根据合同法的规定，物业管理企业根本不履行合同义务和不完全履行合同义务的，均需承担违约责任。

物业管理企业在物业管理活动中的权利、义务和责任，除了《条例》和其他法律法规的明文规定外，还来自于物业服务合同的约定。如果物业管理企业完全遵守了法律法规的规定和物业服务合同的约定，则即使业主人身、财产在物业管理区域内受到损害，物业管理企业也不一定因此承担法律责任。

值得注意的是，物业管理企业未能履行物业服务合同中的约定，导致业主人身、财产受到损害的，"依法"承担的是"相应"的法律责任。所谓"依法"，主要是指依照《民法通则》、《合同法》、《刑法》以及《条例》等法律、法规的规定。这些法律法规对承担民事（违约或者侵权）责任、刑事责任、行政责任的条件、方式等有明确规定。所谓"相应"，有两层含义：一是根据不同的情况，承担不同类型的责任。例如，构成违约和侵权的，承担违约和侵权责任；违反行政管理秩序的，承担行政责任；构成犯罪的，承担刑事责任。二是，根据物业服务合同的不同约定，承担不同的责任。违约责任是物业服务合同的主要内容之一，物业管理企业不履行物业服务合同义务的，应当按照合同约定承担责任。

（六）规定物业管理企业承接物业时，应当与业主委员会办理承接验收手续；新旧物业管理企业之间应当做好物业管理的交接工作

1. 物业承接验收

物业承接验收是开展物业管理必不可少的重要环节，是物业管理的基础工作和前提条件，对于物业管理活动的顺利进行有着重要的意义。物业管理企业承接一个物业项目，在签订物业服务合同时，理所当然要对合同标的物进行认真的清点和查验，以明确双方的责任。物业管理企业和业主委员会进行承接验收与资料移交，意在分清物业管理企业和业主委员会的责、权、利，为物业管理活动的顺利进行打下良好的基础。

物业管理企业承接物业时，应当与业主委员会就物业进行核验。主要是要查清物业的基本状况，了解物业的质量、共用部位和公用设施设备、物业管理用房等情况。一方面，承接验收可以帮助物业管理企业全方位的了解物业状况，为以后实施物业服务进行准备；另一方面，通过承接验收，物业管理企业可以及时发现物业存在的质量问题、配套设施设备问题等，从而协助和促使业主委员会解决这些问题，将以后可能引发纠纷的因素消于无形。

一般来说物业接管验收包括以下内容：①主体结构验收。地基沉降不应超过国标规定

的变形值，不得引起上部结构的开裂或毗邻房屋的破坏；主体结构构件的变形及裂缝也不能超过国标规定；外墙不得渗水。②屋面及楼地面。屋面应按国标规定排水畅通，无积水、不渗漏；楼地面与基层的粘结应牢固，不空鼓且整体平整、无裂缝、脱皮和起砂现象；卫生间及阳台、厨房的地面相对标高应符合设计要求，不得出现倒水及渗漏现象。③装修。应保证各装修部位或构件既美观大方又满足使用要求，不得出现因装修不善而造成的门窗开关不灵，油漆色泽不一，墙面脱落等现象。④电气。电气线路应安装平直、牢固，过墙有导管；照明器具必须安装牢固，接触良好；电梯等设备应运转正常且噪声震动不得超过规定；此外各类记录及图纸资料应齐全。⑤水卫、消防、采暖、燃气。上、下水管道应安装牢固，控制部件启闭灵活，无滴、漏、跑、冒现象；消防设施应符合国家规定，并有消防部门检验合格证；采暖的锅炉、箱罐等压力容器应安装平整、配件齐全，没有缺陷，并有专门的检验合格证；燃气管道应无泄漏。此外，各种仪表仪器亦应齐全、灵敏、安全、准确。⑥附属工程及其他。室外道路、排水系统等的标高、坡度等都应符合设计规定；相应的市政、公建配套工程与服务设施应达到质量和使用功能的要求。

2. 移交物业资料

物业资料，是物业管理企业实施物业管理的基础材料。通过物业资料，物业管理企业可以准确的掌握物业的状况，为物业的维修养护提供基础。业主委员会在委托物业管理企业实施物业管理时，应当将物业资料移交给物业管理公司。移交物业资料主要有：①竣工总平面图，单体建筑、结构、设备竣工图，配套设施、地下管网工程竣工图等竣工验收资料；②设施设备的安装、使用和维护保养等技术资料；③物业质量保修文件和物业使用说明文件；④物业管理所必需的其他资料。

（七）明确了物业管理用房的权属和用途

物业管理用房一般包括物业办公用房、物业清洁用房、物业储藏用房、业主委员会活动用房等。物业管理用房是由建设单位投资建设的，但是在物业出售后，建设单位不能单独享有物业管理用房的产权。所有权依法属于业主，原因有两方面：一方面，建设单位在出售物业时，已经将物业管理用房的建造成本打入物业销售价格，也就是说，在物业销售后，建设单位已经丧失了作为物业管理用房惟一权利人的资格。另一方面，物业管理用房是物业管理企业为业主提供物业服务必不可少的场所。如果物业管理用房归建设单位，则会产生一系列的问题：首先，建设单位可能以此要求业主选聘其下属的物业管理企业；其二，建设单位作为产权人，可以行使对物业管理用房的处分权，如果建设单位将物业管理用房改作他用或者出售给他人，将使该区域内的物业管理难以开展；其三，建设单位作为产权人，可以要求使用物业管理用房的物业管理企业和业主大会、业主委员会缴纳使用费，这将不必要的加大物业管理成本，增加业主负担。

物业管理用房的用途是特定的。在规划设计中，已经对物业管理用房的面积、布局作了明确规定。物业管理企业实施物业管理的，可以使用物业管理用房，但无权改变物业管理用房的用途。如若改变，须经业主大会同意。当然，改变用途时，除了需经业主大会同意外，还得依法到有关部门办理相应的手续。

（八）明确规定区分不同类型物业确定物业服务费用

业主和物业管理企业按照国务院价格主管部门会同国务院建设行政主管部门制定的物业服务收费办法，遵循合理、公开以及费用与服务水平相适应的原则，区别不同物业的性质和特点,在物业服务合同中约定物业服务收费。

业主应当根据物业服务合同的约定交纳物业服务费用。

业主与物业使用人约定由物业使用人交纳物业服务费用的,从其约定,业主负连带交纳责任。已竣工但尚未出售或者尚未交给物业买受人的物业,物业服务费用由建设单位全额交纳。

(九)规定供水,供电、供气、供热、通讯、有线电视单位应当向最终用户收取费用,由物业管理企业代收的,不得收取额外费用

业主和供水、供电、供气、供热、通讯、有线电视等单位之间,是一种合同关系。作为合同当事人,业主和供水、供电、供气、供热、通讯、有线电视等单位,应当按照法律的规定和合同的约定,来行使合同权利和履行合同义务。其中,向业主收取相应的水、电、气、热、通讯、有线电视费是供水、供电、供气、供热、通讯、有线电视等公用事业单位的权利。物业管理企业并不是合同的当事人,没有义务向公用事业单位支付这些费用,也没有权利向业主收取这些费用。

但是,如果供水、供电、供气、供热、通讯、有线电视等单位每次均向每一个业主收费,会导致交易成本增高。而在物业管理区域内,物业管理企业作为管理服务人,对物业及业主的情况比较熟悉。如果由物业管理企业接受供水、供电、供气、供热、通讯、有线电视等单位的委托,代其向业主收取相关费用,可以节省当事人的时间和金钱,提高办事效率。因此,物业管理企业可以接受供水、供电、供气、供热、通讯、有线电视等单位的委托,代收有关费用。供水、供电、供气、供热、通讯、有线电视等单位委托物业管理企业代收费的,两者之间是一种委托合同关系。按照《合同法》的规定,委托合同是委托人和受托人约定,由受托人处理委托人事务的合同。除当事人另有约定外,受托人完成委托事务的,委托人应当向其支付报酬。物业管理企业是以利润最大化为目标的营利性组织,在为业主提供物业服务之外,也可以提供与物业管理有关的服务项目。接受供水、供电、供气、供热、通讯、有线电视等单位的委托,代其收取有关费用,但这些单位无权强制要求物业管理企业代收有关费用。

在实践中,有些物业管理企业在代供水、供电、供气、供热、通讯、有线电视等单位收费时,还以手续费、管理费、劳务费等名目向业主收取额外费用,引起业主的不满。实际上,供水、供电、供气、供热、通讯、有线电视等单位与业主、物业管理企业之间存在三个合同关系,产生三个支付费用(报酬)义务:业主与供水、供电、供气、供热、通讯、有线电视等单位之间是供用水、电、气、热、通讯、有线电视合同关系,业主与物业管理企业之间是物业服务合同关系,物业管理企业和供水、供电、供气、供热、通讯、有线电视等单位之间是委托合同关系;按照第一个合同,业主应当支付水、电、气、热、通讯、有线电视费,按照第二个合同,业主应当支付物业服务费用,按照第三个合同,供水、供电、供气、供热、通讯、有线电视等单位应当支付委托报酬。可见,就代收费用而言,物业管理企业有权向供水、供电、供气、供热、通讯、有线电视等单位收取报酬,但向业主收取费用,没有任何依据。为了保护业主的合法权益,在物业管理企业接受供水、供电、供气、供热、通讯、有线电视等单位委托,代其收取有关费用时,物业管理企业不得以各种名目向业主收取额外费用。

(十)规定物业管理企业应当制止业主的违法行为以及在安全防范方面的义务

物业管理区域是一个相对封闭的区域。作为物业区域内的管理服务人，物业管理企业可能会遇到一些对物业管理服务区域内违反有关治安、环保、物业装修和使用等方面法律、法规规定的行为，对这些行为，物业管理企业应当予以制止。因为物业管理企业接受的是全体业主的委托，维护的全体业主的利益，在物业管理区域内发生这些违法违规行为，侵害的正是全体业主的利益，作为管理服务人，物业管理企业应当有义务予以制止。同时，物业管理企业的制止义务是有限度的。因为违法违规行为的具体表现多样化。对一些违法违规行为，例如入室盗窃行为，物业管理企业可能能够制止。对一些违法违规行为，例如擅自改变房屋用途行为，物业管理企业可能无法制止，因为没有相应手段。这时，物业管理企业所应当做的，是及时向有关主管部门报告。

物业管理企业应当协助做好物业管理区域内的安全防范工作。发生安全事故时，物业管理企业在采取应急措施的同时，应当及时向有关行政管理部门报告，协助做好救助工作。

（十一）规定物业使用人在物业管理中的权利义务及责任

物业使用人和业主在不违反法律、法规和业主公约的有关规定的情况下，可以约定物业管理活动中的权利义务，并予以遵守，若违反有关业主应当承担连带责任。

物业使用人，是指物业承租人和其他实际使用物业的非所有权人。其中，物业承租人是指与物业所有权人订有物业租赁合同因而对物业享有使用权的人；其他实际使用物业的非所有权人，包括物业所有权人的亲属、朋友、雇工等因为某种原因而实际使用物业的人。

业主和物业使用人之间的约定并不产生对抗第三人的效力，因此，对物业使用人在物业管理活动中违反条例和公约规定的行为，业主应当承担连带责任。

（十二）规定了物业投诉处理制度

县级以上地方人民政府房地产行政主管部门应当及时处理业主、业主委员会、物业使用人和物业管理企业在物业管理活动中的投诉。

物业管理涉及面广，与老百姓的生活息息相关。在物业管理活动中，出于不同的利益考虑，业主、业主大会、物业使用人和物业管理服务企业之间可能产生纠纷。处理好这类纠纷，对于维护正常的社会秩序，保持社会稳定，具有积极的意义。房地产行政主管部门作为物业管理活动的监督管理部门，有责任及时处理物业管理活动当事人之间的投诉。投诉内容在本部门职责范围内的，房地产管理部门受理投诉后，应当及时进行调查、核实，并应当在合理时间内将处理意见回复投诉人；投诉内容涉及其他行政管理部门职责的，应当及时移交有关行政管理部门处理，并告知投诉人。

六、物业的使用和维护

对物业的使用与维护制度作了明确规定。在物业的使用和维护中，各方面反映比较强烈的问题主要有：公共建筑和共用设施改变用途问题；占用、挖掘物业管理区域内的道路、场地问题；供水、供电、供气、供热、通讯、有线电视等物业管理区域内相关管线和设施设备的维修养护问题；房屋装饰装修问题；建立住房专项维修资金制度问题；利用物业共用部位、共用设施设备经营问题；存在安全隐患，危及公共利益及他人合法权益的物业的维修养护问题等。这些问题涉及到公共利益和公共安全，如果处理不当，会侵犯多个业主、甚至是全体业主的合法权益。

因此本章对于规范业主、物业管理企业以及供水、供电、供气、供热、通讯、有线电视等单位的行为，保障物业的正常使用与维护，具有十分重要的意义。

（一）公共建筑和共用设施改变用途问题

物业管理区域内按照规划建设的公共建筑和共用设施，不得改变用途。业主依法确需改变公共建筑和共用设施用途的，应当在依法办理有关手续后告知物业管理企业；物业管理企业确需改变公共建筑和共用设施用途的，应当提请业主大会讨论决定同意后，由业主依法办理有关手续。

（二）物业管理区域内道路、场地设施维护的规定

业主、物业管理企业不得擅自占用、挖掘物业管理区域内的道路、场地，损害业主的共同利益。因维修物业或者公共利益，业主确需临时占用、挖掘道路、场地的，应当征得业主委员会和物业管理企业的同意；物业管理企业确需临时占用、挖掘道路、场地的，应当征得业主委员会的同意。业主、物业管理企业应当将临时占用、挖掘的道路、场地，在约定期限内恢复原状。

现实中由于个别业主、物业管理企业私自占用、挖掘道路场地，不仅影响小区交通秩序、污染环境卫生等，甚至造成断气、断电、断水等严重事故的发生，侵犯了小区内大多数业主的合法权益。因此该规定的目的主要有两方面：一是防止私自占用、挖掘物业管理区域内的道路、场地，影响小区正常的交通秩序、环境卫生等；二是建立规范的占用、挖掘道路、场地的管理程序。道路、场地是物业管理区域内不可缺少的共用设施。

（三）供水、供电、供气、供热、通讯、有线电视等物业管理区域内相关管线和设施设备的维修养护问题

供水、供电、供气、供热、通讯、有线电视等物业管理区域内相关管线和设施设备的维修养护问题应由供水、供电、供气、供热、通讯、有线电视等单位依法承担相关管线和设施设备维修、养护的责任。

（四）房屋装饰装修问题

业主需要装饰装修房屋的，应当事先告知物业管理企业，物业管理企业应当将房屋装饰装修中的禁止行为和注意事项告知业主。

住宅小区中，住宅单体间存在共用部位，如主体结构承重部位，包括内外承重墙体、柱、梁、楼板等；单幢楼或者小区内有共用设施设备，如电梯、水、暖、照明、煤气、消防等。不当的房屋装饰装修活动会导致共用部位、共用设施设备的损坏，不仅影响到装修房屋的结构安全和装修人自身的生命财产安全，还会影响到相邻房屋的结构安全和其他居民的生命财产安全，甚至影响到整幢楼、整个小区的正常生活秩序。因此，为了维护公共安全和公众利益，应当对房屋装饰装修行为加以规范。

室内装修施工管理一般包括两部分，其一为装修申报备案，其二为装修施工管理。

1. 装修申报备案

业主在装修之前，应到物业管理企业处领取相关表格，如实填写后交给物业管理企业登记备案。一般而言，业主在对房屋装修进行申报的过程中，应要求业主作出以下承诺：

(1) 不影响整体结构；

(2) 楼层应考虑楼板承载力；

(3) 装修材料应符合防火的有关规定；

（4）不影响毗邻房屋的安全使用；

（5）不影响其他业主的正常使用。

应注意的是，有些装修工程还涉及到房屋结构的变动及其他影响房屋安全的设施（如私装煤气设备）的变动，这种变动应当向有关行政主管部门申请办理审批手续，房屋装修申请人持批准书向建设行政主管部门办理报建手续并领取施工许可证，否则不得作出前述变动。

2. 装修施工管理

针对装修施工管理，主要涉及以下方面的内容：

（1）收取申请人一定数额的装修施工押金，以保证房屋及设备的安全，在房屋装修工程结束后，如业主未造成公共财物的损坏并清运完施工垃圾等需要承担赔偿责任情况的，则将押金返还申请人；

（2）监督业主将施工垃圾和其他废弃物运到指定地点，以防止随便抛弃影响小区环境；

（3）监督业主按规定允许的装修施工时间施工，以免影响其他业主的生活和休息；

（4）物业管理企业的专业人员应指导业主接电、接水，并随时检查装修施工是否采取必要的安全措施和消防措施；

（5）监督业主是否擅自变动涉及房屋整体安全的部位和设施。如果发现业主在装修过程中出现违反前述义务，物业管理企业应及时对业主提出整改意见，如果业主在合理期限内仍未整改的，应及时将有关事项告知业主委员会并向有关行政管理部门举报，以及时纠正，确保房屋的安全和业主的正常使用。

（五）建立住房专项维修资金制度问题

住宅物业、住宅小区内的非住宅物业或者与单幢住宅楼结构相连的物业使用人，有义务按照国家有关规定交纳专项维修资金，该专项维修资金属业主所有，并专项用于物业保修期满后物业共用部位、共用设施设备的维修和更新、改造，不得挪作他用。

共用部位是指住宅主体承重结构部位（包括基础、内外承重墙体、柱、梁、楼板、屋顶等）、户外墙面、门厅、楼梯间、走廊通道等。共用设施设备是指住宅小区或单幢住宅内，建设费用已分摊进入住房销售价格的共用的上下水管道、落水管、水箱、加压水泵、电梯、天线、供电线路、照明、锅炉、暖气线路、煤气线路、消防设施、绿地、道路、路灯、沟渠、池、井、非经营性车场车库、公益性文体设施和共用设施设备使用的房屋等。

1. 基金的建立

商品房在销售时，购房者与售房单位应当签订有关维修基金缴交约定。购房者应当按购房款 2%～3% 的比例向售房单位缴交维修基金。售房单位代为收取的维修基金属全体业主共同所有，不计入住宅销售收入。维修基金收取比例由省、自治区、直辖市人民政府房地产行政主管部门确定。

2. 基金的使用和管理

维修基金的使用执行《物业管理企业财务管理规定》（财政部财基字［1998］7号），主要规定包括：企业接受业主管理委员会或者物业产权人、使用人委托代管的房屋共用部位维修基金和共用设施设备维修基金。代管基金作为企业长期负债管理，代管基金应当专户存储，专款专用，并定期接受业主管理委员会或者物业产权人、使用人的检查与监督。

代管基金利息净收入应当经业主管理委员会或者物业产权人、使用人认可后转作代管基金滚存使用和管理。企业有偿使用业主管理委员会或者物业产权人、使用人提供的管理用房、商业用房和共用设施设备，应当设立备查账簿单独进行实物管理，并按照国家法律、法规的规定或者双方签订的合同、协议支付有关费用（如租赁费、承包费等）。企业支付的管理用房和商业用房有偿使用费，经业主管理委员会或者物业产权人、使用人认可后转作企业代管的房屋共用部位的维修基金；企业支付的共用设施设备有偿使用费，经业主管理委员会或者物业产权人、使用人认可后转作企业代管的共用设施设备维修基金。维修基金应当在银行专户存储，专款专用。为了保证维修基金的安全，维修基金闲置时，除可用于购买国债或者用于法律、法规规定的其他范围外，严禁挪作他用。维修基金明细一般按单幢住宅设置，具体办法由市、县房地产行政主管部门制定。维修基金自存入维修基金专户之日起按规定计息。维修基金利息净收益转作维修基金滚存使用和管理。在业主办理房屋权属证书时，商品住房销售单位应当将代收的维修基金移交给当地房地产行政主管部门代管。业主委员会成立后，经业主委员会同意，房地产行政主管部门将维修基金移交给物业管理企业代管。物业管理企业代管的维修基金，应当定期接受业主委员会的检查与监督。业主委员会成立前，维修基金的使用由售房单位或售房单位委托的管理单位提出使用计划，经当地房地产行政主管部门审核后划拨。业主委员会成立后，维修基金的使用由物业管理企业提出年度使用计划，经业主委员会审定后实施。维修基金不足时，经当地房地产行政主管部门或业主委员会研究决定，按业主占有的住宅建筑面积比例向业主续筹。具体办法由市、县人民政府制定。物业管理企业发生变换时，代管的维修基金账目经业主委员会审核无误后，应当办理账户转移手续。账户转移手续应当自双方签字盖章之日起10日内送当地房地产行政主管部门和业主委员会备案。

3. 基金的退还问题

业主转让房屋所有权时，结余维修基金不予退还，随房屋所有权同时过户。因房屋拆迁或者其他原因造成住房灭失的，维修基金代管单位应当将维修基金账面余额按业主个人缴交比例退还给业主。

4. 基金的使用监督

各级房地产行政主管部门和财政部门负责指导、协调、监督维修基金的管理与使用。市、县财政部门和房地产行政主管部门应当制定维修基金使用计划、报批管理制度、财务预决算管理制度、审计监督制度以及业主的查询和对账制度等。

5. 纠纷的解决和法律责任

业主或使用人、物业管理企业、开发建设单位之间就维修基金发生纠纷的，当事人可以通过协商、协调解决，协商、协调不成的，可以依法向仲裁机构申请仲裁，或者向人民法院起诉。维修基金代管单位违反《住宅共用部位共用设施设备维修基金管理办法》（以下简称《办法》）规定，挪用维修基金或者造成维修基金损失的，由当地财政部门和房地产行政主管部门按规定进行处理。情节严重的，应追究直接责任人员和领导人员的行政责任；构成犯罪的，应依法追究刑事责任。《办法》实施前，商品住房出售后未建立维修基金或维修基金的建立标准低于《办法》规定的，当地房地产行政主管部门和财政部门应当按照《办法》规定制定建立或补充维修基金的具体办法。

（六）物业隐患的维修养护问题

责任人应当及时维修养护存在安全隐患、危及公共利益及他人合法权益的物业，有关业主应当给予配合。如若不履行维修养护义务，经业主大会同意，可以由物业管理企业维修养护，费用由责任人承担。

该规定确定了存在安全隐患物业的责任人的维修养护责任和相关业主的配合义务，以及责任人不履行维修养护义务时可采取的维修养护方法。

物业安全隐患主要是指物业在使用过程中由于人为、自然或突发事件等因素作用出现的潜在的结构、使用等方面的危险。

责任人主要是指房屋的产权人或者是按照合同约定承担相关部位维修责任的单位和个人，还包括由于历史等特殊原因形成的房屋的实际使用者或维修责任的承担者。

七、物业收费

（一）物业服务收费的概念、特征和性质

1. 物业服务收费的概念

物业服务收费，是指物业管理企业按照物业服务合同的约定，对房屋及配套的设施设备和相关场地进行维修、养护、管理，维护相关区域内的环境卫生和秩序，向业主收取的费用。

2. 物业服务收费的特征

（1）物业服务收费主体是物业管理公司，而非房地产开发商。房地产开发商和物业管理公司完全是两个独立法人，不是同一法人单位。房地产开发公司无权行使属于物业管理公司的权利，开发商没有义务替物业管理公司收取、免除物业管理费，所以实践中，开发商"买房送管理费"的促销手段是错误的。

（2）物业管理服务交费主体是业主和房屋使用人。物业管理服务费用由物业管理公司按照物业管理合同的约定向业主收取。业主与使用人约定由使用人缴纳物业管理服务费用的，从其约定，但业主负最终缴纳责任。物业管理服务费用可以预收，预收期限根据各地法规规定有所不同，一般不得超过1年。物业管理公司已向业主或者使用人收取物业管理服务费用的，其他任何单位和个人不得重复收取性质相同的费用。

（3）物业服务收费与购房款无关，具有独立性。除非开发商与购房者另有约定，房地产开发商一般不能以购房人不预交物业管理费用及其他使用费为理由拒绝交付物业。交付物业与交付物业管理费的义务来源依据不同，即性质不一样，前者是开发商履行物业买卖合同的交付标的物义务，购房人只要按合同规定支付了楼款，开发商就必须交房。后者是购房人取得物业并开始行使物业权能的时候才产生的义务，它来源于法律法规与物业使用、管理、维修公约。两者在时间上有先后，其中交付物业在先。若开发商拒交，则应承担逾期交付的违约责任，逾期超过合同约定的时间，购房人有权解除合同。

同时，购房人一般也不得以物业存在质量缺陷为由拒绝支付物业管理费。购房人只要实际接收了物业，在占用、使用该物业的过程中已经享受了物业、享受了服务，必须向物业管理公司支付费用。在此情况下，购房人应另行与开发商就物业质量问题协商维修及赔偿问题。

3. 物业服务收费的性质

物业服务收费是物业管理委托合同的必要条款。物业管理合同和前期物业管理服务协议的主要内容包括物业管理服务费用的标准和收取办法。物业服务收费由物业管理服务成本、法定税费和物业管理企业利润构成。物业管理服务成本一般包括下列项目，但不得重复计算：管理服务人员的工资、社会保险和按规定提取的福利费等；物业共用部位、共用设施设备的日常运行、维护费用；物业管理区域清洁卫生费用；物业管理区域绿化养护费用；物业管理区域秩序维护费用；办公费用；物业管理企业固定资产折旧费；物业共用部位、共用设施设备及公众责任保险费用；经业主同意的其他费用。

根据物业服务收费针对的具体项目不同，物业服务收费区分为不同的性质：

(1) 保管费用及报酬。如"机动车存车费"属于保管合同中的保管费用，而不是有些人所说的"占地费"。在小区里能收取此项费用的只能是具备物业管理资质证书的物业管理公司，其他单位和个人不得收取此项费用。物业公司收取存车费后，双方应签订存车看管协议书，即保管合同。物业公司履行看管责任，发生丢失时，按照双方签订的协议进行处理。

(2) 委托费用及报酬。如业主委托物业管理公司维护小区治安，物业管理公司收取的费用。根据《合同法》委托合同有关规定，委托人(业主)必须向受托人支付必要的费用，费用一般应在事前支出；如果事后支出的，除应支付费用外还应支付该项费用的利息。而且，物业管理公司作为受托人，完成委托事务，委托人还应支付报酬。

(3) 承揽费用及报酬。如房屋修缮费，业主与房屋修缮承揽人应在承揽合同中对报酬或酬金做出明确规定，包括报酬的数量、支付方式、支付期限等。

(二) 物业服务收费的重要性

1. 物业服务收费是购房的重要考虑因素之一

居民决定购房，一般从自身(家庭)收入水平、现有存款额、可获得的贷款额度及向亲友借款额度等资金来源因素正确估算自己的实际购买能力，以便最终确定所要购买的房屋类型、面积和价位，在诸多考虑内容因素中，物业服务收费是制定购房预算时应考虑的内容。由于物业服务收费攸关百姓生活，我国城镇居民的工资中拟增加新的补贴，即研究中的物业管理补贴，在工资改革中，将物业管理费作为一种新型补贴列入职工工资，随工资发放到职工个人手中。

2. 物业服务收费是维持和保证房屋商品再生产的必要费用

房屋建筑商品和其他商品相比，其突出的特点是使用周期长，一般是 50~100 年，在使用过程中，由于自然的原因和人为的因素产生损坏，要保证其使用功能的正常发挥，房屋使用质量不降低，那就必须对其不断的投入维护和管理的费用。"对一幢 6 层的钢筋混凝土结构的办公楼进行测算，设其使用年限 60 年时，按照建筑终身费用测算法，对房屋建筑进行全过程的费用测算，即从项目策划、规划、设计到使用 60 年完全拆除，其中房屋建设的费用占总费用的投入约 14%，而物业管理费用的投入，则占全过程费用的 83%。"

物业管理经费的来源主要有：定期收取物业服务费；小区维修专项基金；以业养业，一业为主，多种经营的收入，如物业用房的出租收入；依靠政府的政策和一定资金的支持；开发单位给予一定的资金支持。这其中，物业服务收费是最主要的资金渠道。

3. 物业服务费是物业管理公司收入的主要来源

物业服务收费作为物业管理公司因提供管理及服务向业主或使用人收取的报酬，是物业管理公司开展正常业务，提供物业管理服务的保障。

（三）物业服务收费的原则
1. 合理原则

合理原则是指在物业管理实际操作中，核定收取费用时应充分考虑物业管理企业和业主的利益，既要有利于物业管理企业的价值补偿，也要考虑业主的经济承受能力。国内物业管理市场尚处于发展阶段，具体收费标准应当因地制宜，以物业管理服务发生的成本为基础，结合物业管理公司的服务质量、服务深度进行合理核定，使业主的承受力与物业管理实际水平、服务深度相平衡；同时要充分考虑不同档次、不同类别的物业，不同对象、不同消费层次的需要，体现优质优价、公平合理，不可相互攀比。对于物业管理服务费用的使用则坚持"取之于民，用之于民"，逐步实现以房养房、以区养区。房产开发公司、物业管理公司、业主、业主委员会，均须共同遵守专款专用原则，确保物业管理费用的规范化运作、业主的根本利益不受损害。

2. 公开原则

公开原则要求物业管理公司公开服务项目和收费标准，规范物业管理公司对用户提供的特约有偿服务，并实行明码标价，定期向业主公布收支情况，接受业主监督。《物业服务收费管理办法》第8条规定："物业管理企业应当按照政府价格主管部门的规定实行明码标价，在物业管理区域内的显著位置，将服务内容、服务标准以及收费项目、收费标准等有关情况进行公示。"物业管理公司公开收费的义务可以视为业主的权利，业主作为物业管理服务的消费者，依据《消费者权益保护法》的有关规定，享有知悉其接受的服务的真实情况的权利，有权根据服务的不同情况，要求经营者提供服务的内容、规格、费用等有关情况。物业服务收费作为公益性服务价格，《价格法》对其制订与收取的公开也有规定，《价格法》第13条规定："经营者销售、收购商品和提供服务，应当按照政府价格主管部门的规定明码标价，注明商品的品名、产地、规格、等级、计价单位、价格或者服务的项目、收费标准等有关情况。经营者不得在标价之外加价出售商品，不得收取任何未予标明的费用。"

3. 费用和服务水平相适应原则

费用和服务水平相适应原则，指物业管理服务的收费标准应与服务质量相适应。《物业服务收费管理办法》第5条规定："物业服务收费应当遵循合理、公开以及费用与服务水平相适应的原则。"也就是说物业服务收费标准高，服务的项目就多，所提供的管理水平和服务质量也高；物业服务收费的标准低，所提供的服务内容就少，服务的要求就低。物业管理单位不可高标准收费低质量服务。物业管理是一种市场经营服务型企业行为，物业管理公司提供的是有偿服务。目前，绝大多数物业管理公司将业主所交的管理费用都花在业主身上。作为业主，除了关心管理费收费标准外，更需要了解所交的管理费包含的服务内容。服务质量不同，服务收费标准就不同。物业管理费实际上就是物业管理公司提供的管理服务的价格，根据市场经济规律的要求，收费价格高低由提供这种物业管理服务的社会必要劳动量决定。由于我国目前许多物业管理公司在服务水平和服务质量上参差不齐，差距很大，有的公司各方面制度健全，运作规范，管理水平和服务质量高，所提供的物业管理服务中包含的个别劳动量往往高于社会必要劳动量；而有的公司却是临时拼凑，各方面条件都不太具备，管理水平和服务质量也较低，它所提供的物业管理服务所包含的个别劳动量往往低于社会必要劳动量。因此，必须根据物业管理公司提供的服务质量、服务水平的不同采用不同的收费标准。要坚持质价对应、收费项目与收费标准对称，反对那些不追求提高服务质量和服务水平，只追求高收费的作法，以及不管服务质量好坏、服务水平的高低，一律按同一标准收费的方法。提供高质量、高水平的服务，则相应得到高额回报；享受高水平、高质量的服务，也相应要缴纳较高的费用。

4. 合法竞争原则

物业管理服务作为一种商品，在市场经济体制下，需要有其投资、生产、交易的市场，没有进入市场的物业管理服务不是真正的商品，物业管理服务纳入商品经济轨道，就必然形成物业管理市场。为了规范推动物业管理市场的有序竞争，制定物业服务收费的合法竞争原则是十分必要的。国家支持和促进物业管理行业公平、公开、合法的市场竞争，维护正常的价格秩序，对价格活动实行管理、监督和必要的调控。《价格法》第3条规定："国家实行并逐步完善宏观经济调控下主要由市场形成价格的机制。价格的制定应当符合价值规律，大多数商品和服务价格实行市场调节价，极少数商品和服务价格实行政府指导价或者政府定价。市场调节价，是指由经营者自主制定，通过市场竞争形成的价格"。《物业服务收费管理办法》第3条也明确规定："鼓励物业管理企业开展正当的价格竞争，禁止价格欺诈，促进物业服务收费通过市场竞争形成。"物业管理市场的竞争，必须符合法律的规定，国家对不法竞争行为进行严格限制。《价格法》第14条规定："经营者不得有下列不正当价格行为：①相互串通，操纵市场价格，损害其他经营者或者消费者的合法权益；②在依法降价处理鲜活商品、季节性商品、积压商品等商品外，为了排挤竞争对手或者独占市场，以低于成本的价格倾销，扰乱正常的生产经营秩序，损害国家利益或者其他经营者的合法权益；③捏造、散布涨价信息，哄抬价格，推动商品价格过高上涨的；④利用虚假的或者使人误解的价格手段，诱骗消费者或者其他经营者与其进行交易；⑤提供相同商品或者服务，对具有同等交易条件的其他交易者实行价格歧视；⑥采取抬高等级或者压低等级等手段收购、销售商品或者提供服务，变相提高或者压低价格；⑦违反法律、法规的规定牟取暴利；⑧法律、行政法规禁止的其他不正当价格行为。"

（四）物业服务费的确定和收取

1. 物业服务费的定价方式

（1）政府指导价

政府指导价是指政府价格主管部门或者其他有关部门，按照定价权限和范围规定基准价及其浮动幅度，指导经营者制定的价格。

实行政府指导价的，有定价权限的人民政府价格主管部门应当会同房地产行政主管部门根据物业管理服务等级标准等因素，制定相应的基准价及其浮动幅度，并定期公布。具体收费标准由业主与物业管理企业根据规定的基准价和浮动幅度在物业服务合同中约定。

（2）市场调节价

市场调节价是指由经营者自主制定，通过市场竞争形成的价格。

实行市场调节价的物业服务费，由业主与物业管理企业在物业服务合同中约定。

物业管理企业应当按照政府价格主管部门的规定实行明码标价，在物业管理区域内的显著位置，将服务内容、服务标准以及收费项目、收费标准等有关情况进行公示。

2. 物业服务费的形式

物业服务费的形式有包干制和酬金制。

《物业服务收费管理办法》第九条规定，业主与物业管理企业可以采取包干制或者酬金制等形式约定物业服务费用。

(1) 包干制

包干制是指由业主向物业管理企业支付固定物业服务费用，盈余或者亏损均由物业管理企业享有或者承担的物业服务计费方式。物业服务费用的构成包括物业服务成本、法定税费和物业管理企业的利润。物业服务成本构成一般包括以下部分：

1) 管理服务人员的工资、社会保险和按规定提取的福利费等；
2) 物业共用部位、共用设施设备的日常运行、维护费用；
3) 物业管理区域清洁卫生费用；
4) 物业管理区域绿化养护费用；
5) 物业管理区域秩序维护费用；
6) 办公费用；
7) 物业管理企业固定资产折旧；
8) 物业共用部位、共用设施设备及公众责任保险费用；
9) 经业主同意的其他费用。

物业共用部位、共用设施设备的大修、中修和更新、改造费用，应当通过专项维修资金予以列支，不得计入物业服务支出或者物业服务成本。

(2) 酬金制

酬金制是指在预收的物业服务资金中按约定比例或者约定数额提取酬金支付给物业管理企业，其余全部用于物业服务合同约定的支出，结余或者不足均由业主享有或者承担的物业服务计费方式。预收的物业服务资金包括物业服务支出和物业管理企业的酬金。物业服务支出构成同物业服务成本构成。

实行物业服务费用酬金制，预收的物业服务支出属于代管性质，为所交纳的业主所有，物业管理企业不得将其用于物业服务合同约定以外的支出。物业管理企业应当向业主大会或者全体业主公布物业服务资金年度预决算并每年不少于一次公布物业服务资金的收支情况。业主或者业主大会对公布的物业服务资金年度预决算和物业服务资金的收支情况提出质询时，物业管理企业应当及时答复。物业管理企业或者业主大会可以按照物业服务合同约定聘请专业机构对物业服务资金年度预决算和物业服务资金的收支情况进行审计。

3. 物业服务费的收取

业主应当按照物业服务合同的约定按时足额交纳物业服务费用或者物业服务资金。业主违反物业服务合同约定逾期不交纳服务费用或者物业服务资金的，业主委员会应当督促其限期交纳；逾期仍不交纳的，物业管理企业可以依法追缴。

业主与物业使用人约定由物业使用人交纳物业服务费用或者物业服务资金的，从其约定，业主负连带交纳责任。

物业发生产权转移时，业主或者物业使用人应当结清物业服务费用或者物业服务资金。

物业管理区域内，供水、供电、供气、供热、通讯、有线电视等单位应当向最终用户收取有关费用。物业管理企业接受委托代收上述费用的，可向委托单位收取手续费，不得向业主收取手续费等额外费用。

物业管理企业已接受委托实施物业服务并相应收取服务费用的,其他部门和单位不得重复收取性质和内容相同的费用。

物业管理企业根据业主的委托提供物业服务合同约定以外的服务,服务收费由双方约定。

八、法律责任

法律责任是指人们对自己的违法行为所应承担的带有强制性的法律后果。

物业管理的法律责任是指物业管理法律关系的主体对自己违反物业管理法规的行为所应承担的具有国家强制性的不利法律后果。

(一)建设单位法律责任

物业管理必须与开发建设单位联系起来,才能更好地完善物业管理。因此开发建设单位必须履行相应的义务,否则应承担相应的法律责任,具体有以下几个方面:

(1)建设单位未通过招投标的方式选聘物业管理企业或者未经批准、擅自采用协议方式选聘物业管理企业的,由县级以上地方人民政府房地产行政主管部门责令限期改正,给予警告,可以并处10万元以下的罚款。

(2)建设单位擅自处置属于业主的物业共用部位、共用设施设备的所有权或者使用权的,由县级以上地方人民政府房地产行政主管部门处5万元以上20万元以下的罚款;给业主造成损失的,依法承担赔偿责任。

(3)建设单位不移交有关资料的,由县级以上地方人民政府房地产行政主管部门责令限期改正;逾期仍不移交有关资料的,处1万元以上10万元以下的罚款。

(4)建设单位在物业管理区域内不按照规定配置必要的物业管理用房的,由县级以上地方人民政府房地产行政主管部门责令限期改正,给予警告,没收违法所得,并处10万元以上50万元以下的罚款。

(二)物业管理企业法律责任

物业管理企业在物业管理中起着重要的作用,其工作人员在执行职务中的违法行为的民事责任应当由其所在的法人承担。

(1)物业管理企业未取得资质证书从事物业管理的,由县级以上地方人民政府房地产行政主管部门没收违法所得,并处5万元以上20万元以下的罚款;给业主造成损失的,依法承担赔偿责任。

以欺骗手段取得资质证书的,依照本条第一款规定处罚,并由颁发资质证书的部门吊销资质证书。

(2)物业管理企业聘用未取得物业管理职业资格证书的人员从事物业管理活动的,由县级以上地方人民政府房地产行政主管部门责令停止违法行为,处5万元以上20万元以下的罚款;给业主造成损失的,依法承担赔偿责任。

(3)物业管理企业将一个物业管理区域内的全部物业管理一并委托给他人的,由县级以上地方人民政府房地产行政主管部门责令限期改正,处委托合同价款30%以上50%以下的罚款;情节严重的,由颁发资质证书的部门吊销资质证书。委托所得收益,用于物业管理区域内物业共用部位、共用设施设备的维修、养护,剩余部分按照业主大会的决定使用;给业主造成损失的,依法承担赔偿责任。

(4)物业管理企业挪用专项维修资金的,由县级以上地方人民政府房地产行政主管部门追回挪用的专项维修资金,给予警告,没收违法所得,可以并处挪用数额两倍以下的罚款;物业管理企业挪用专项维修资金,情节严重的,由颁发资质证书的部门吊销资质证书;构成犯罪的,依法追究直接负责的主管人员和其他直接责任人员的刑事责任。

(5) 物业管理企业不移交有关资料的,由县级以上地方人民政府房地产行政主管部门责令限期改正;逾期仍不移交有关资料的,予以通报,处1万元以上10万元以下的罚款。

(6) 物业管理企业未经业主大会同意,擅自改变物业管理用房的用途的,由县级以上地方人民政府房地产行政主管部门责令限期改正,给予警告,并处1万元以上10万元以下的罚款;有收益的,所得收益用于物业管理区域内物业共用部位、共用设施设备的维修、养护,剩余部分按照业主大会的决定使用。

(7) 物业管理企业有下列行为之一的,由县级以上地方人民政府房地产行政主管部门责令限期改正,给予警告,处5万元以上20万元以下的罚款;所得收益,用于物业管理区域内物业共用部位、共用设施设备的维修、养护,剩余部分按照业主大会的决定使用:

1) 擅自改变物业管理区域内按照规划建设的公共建筑和共用设施用途的;
2) 擅自占用、挖掘物业管理区域内道路、场地,损害业主共同利益的;
3) 擅自利用物业共用部位、共用设施设备进行经营的。

(三) 业主法律责任

业主在物业管理法律关系中处于中心的地位,一切物业管理活动都围绕其展开,都是为了服务于业主及其利益。同时业主在物业管理中也承担广泛的义务,如违反必须承担相应的法律责任,具体有以下几个方面:

(1) 业主有下列行为之一的,由县级以上地方人民政府房地产行政主管部门责令限期改正,给予警告,处1000元以上1万元以下的罚款;所得收益,用于物业管理区域内物业共用部位、共用设施设备的维修、养护,剩余部分按照业主大会的决定使用:

1) 擅自改变物业管理区域内按照规划建设的公共建筑和共用设施用途的;
2) 擅自占用、挖掘物业管理区域内道路、场地,损害业主共同利益的;
3) 擅自利用物业共用部位、共用设施设备进行经营的。

(2) 业主违反物业服务合同约定,逾期不交纳物业服务费用的,业主委员会应当督促其限期交纳;逾期仍不交纳的,物业管理企业可以向人民法院起诉。

(3) 业主以业主大会或者业主委员会的名义,从事违反法律、法规的活动,构成犯罪的,依法追究刑事责任;尚不构成犯罪的,依法给予治安管理处罚。

(四) 行政管理部门的工作人员法律责任

国务院建设行政主管部门、县级以上地方人民政府房地产行政主管部门或者其他有关行政管理部门的工作人员必须履行职责,利用职务上的便利,收受他人财物或者其他好处,不依法履行监督管理职责,或者发现违法行为不予查处,构成犯罪的,依法追究刑事责任;尚不构成犯罪的,依法给予行政处分。

案例分析一

物业公司无权对业主罚款

李先生在装修自家住宅时,在承重墙上另开了一个门,物业公司发现后,对其处以500元罚款。当李先生提出异议时,物业公司以"业主行为守则"有规定为由辩解,双方发生争执诉至法院。法院经审理认为,物业公司罚款行为无效。

首先,物业公司不享有行政处罚权。我国行政处罚法第15条规定:"行政处罚由具有行政处罚权的行政机关在法定职权范围内实施。"而物业管理公司不是行政机关,也不符合行政处罚法规定的受行政机关委托可以实施行政处罚的组织,所以无权实施包括罚款在内的任何行政处罚行为,其无权对李某进行罚款。

其次,物业公司在管理中发现业主有违规行为,在制止无效的情况下,应报请有关行政管理部门处理。《物业管理条例》第46条规定:"对物业管理区域内违反有关治安、环保、物业装饰装修和使用等方面法律、法规规定的行为,物业管理企业应当制止,并及时向有关行政管理部门报告。有关行政部门在接到物业管理企业的报告后,应当依法对违法行为予以制止或依法处理。"因此,物业公司应对李先生的行为予以制止,如李不听劝阻,则应向有关行政管理部门报告,由有关行政管理部门对其进行处理,而无权擅自对李先生处以罚款。

案例分析二

物业管理企业不得随意向业主收取费用

【案情介绍】

诸某与霍某系夫妻。他们于1999年12月4日购买了明信公寓的商品房一套,明信公寓的物业由开发商委托明信物业公司(下称明信公司)管理。1999年12月24日,开发商向他们开具入住通知书,告知他们前来办理有关进户手续。他们从开发商处拿到房屋钥匙,但附属设施(水表、电表箱)的钥匙已被开发商交给明信公司保管。因拒绝向开发商支付电话及煤气代办费50元,他们未能从明信公司取得附属设施(水表、电表箱)的钥匙,经过多次交涉他们也未能从明信公司取得钥匙。2000年1月10日下午,明信公司切断他们家的水电,尽管报警也未能解决。诸某与霍某于2000年1月12日向法院提起诉讼,要求明信公司恢复水电并赔偿损失人民币2000元。诸某与霍某于2000年1月14日办理了进户手续,并交付了除代办费之外的其他费用,明信公司则恢复水电。因此,诸某与霍某变更了诉讼请求,要求明信公司赔礼道歉,赔偿切断水电后居住宾馆的费用3029元、在外就餐费139元、误工费400元、走访有关单位的交通费163元,共计3731元。

【法院判决】

一审法院判决:明信公司赔偿诸某与霍某住宿费、就餐费、交通费、误工费人民币1117元。诸某与霍某不服一审判决,提起上诉。二审法院经过审理,维持原判。

【法理分析】

物业管理企业对业主收取约定之外的费用,是我国目前物业管理实践中较为常见的现象。物业管理企业与业主之间为合同关系,双方应当按照合同的约定行使权利,履行义务。物业管理企业收取约定之外的费用必须有合法的依据,否则,业主有权拒绝。就本案,我们分析如下。

(一)明信公司收取代办费没有依据

诸某和霍某购买了该房屋并取得产权,因此,他们对自己的房屋(含附属设施)享有占有、使用等权利,物业管理企业应当将属于诸某和霍某房屋附属设施的钥匙移交给他们,以便诸某和霍某使用。在诸某和霍某并没有委托明信公司办理水电、电话等手续的情况下，物业管理企业强行收取代办费没有合法依据。根据《物业服务收费管理办法》第十七条物业管理区域内，供水、供电、供气、供热、通讯、有线电视等单位应当向最终用户收取有关费用。物业管理企业接受委托代收上述费用的，可向委托单位收取手续费，不得向业主收取手续费等额外费用。当然，未受委托的情况下，如果明信公司已经替诸某和霍某办理了上述手续，最多能构成无因管理关系；依据民法关于无因管理之规则，明信公司只能请求诸某和霍某支付必要的费用而不能要求诸某与霍某支付50元的代办费。

（二）明信公司切断水电的行为侵害了诸某与霍某的合法权利

通电通水是住户正常生活的基本条件，明信公司在明知诸某和霍某一家已经入住的情况下仍切断其水电，严重影响了诸某和霍某一家的正常生活，侵害了诸某和霍某的合法权利。本案中，即使诸某和霍某欠交物业管理费用，明信公司也无权切断其水电，因为通水通电并非物业管理合同的内容，并非明信公司的义务。物业管理企业无权以切断水电对抗业主欠交物业管理费用的违约行为。本案中，明信公司切断诸某和霍某一家水电的行为属于侵权行为，明信公司应赔偿因切断水电而导致诸某和霍某一家的损失。至于损失的赔偿数额，我们认为并不能以诸某和霍某一家当时实际支出为准，而应按照一般住宿标准、一般就餐费用标准等加以认定，误工费应提供证据予以证明。

案例分析三

物业管理公司是否承担管理不善的责任

【案情介绍】

蔡某和余某为楼上楼下邻居，房屋结构均为三室一厅两卫，18楼的余某先行入住。19楼的蔡某正在装修时，楼下的余某发现自己卫生间的顶部漏水。没过几日，余某家放在壁橱内的衣服受潮，卧室和客厅地板也开始滴水。余某于是到蔡某家交涉，发现蔡某正在将主卧室改造成一个装有冲浪浴缸和电泵抽水马桶的超豪华宽敞卫生间，而将原设计的卫生间改作他用。发现这一情况后，余某立即向物业管理公司投诉。在收到投诉后，物业管理企业即向蔡某发出要求其整改的紧急通知，但蔡某只答应解决漏水问题而拒绝整改，并且在后面的多次检修中又碰断了余某家安装在墙内的电线。余某夫妇俩晚上常常因头顶上的水浪声和电泵声无法入睡。通过与蔡某多次交涉也没有结果，余某便将蔡某和物业管理公司一并诉至法院，要求蔡某拆除卫浴设施、恢复原状，要求物业管理公司承担赔偿责任。

【法院判决】

法院认为，房屋设计功能不同，设计要求也不同，尤其是厨房和卫生间，地面须加设特殊的防水层以免渗漏。蔡某在没有防水层的部位安装洁具，给相邻方造成隐患。根据《城市新建住宅小区管理办法》、《住宅室内装饰装修管理办法》及其地方法规规定，禁止擅自改变房屋及配套设施的用途、结构，以及将没有防水要求的房间或者阳台改为卫生间、厨房间等。蔡某的行为，侵害了余某的合法权益。法院判决支持了余某诉蔡某的诉讼请求，驳回了余某诉物业管理公司的诉讼请求。

【法理分析】

本案中的蔡某擅自改变房屋的结构及配套设施，影响楼下邻居余某对房屋的正常使用，违反《住宅室内装饰装修管理办法》第五条第一款第二项的规定："住宅室内装饰装修活动，禁止下列行为：将没有防水要求的房间或者阳台改为卫生间、厨房间。"因此，依法应承担恢复原状、赔偿损失的民事责任。本案中的物业管理公司对蔡某擅自改变房屋及配套设施侵害余某合法权益的结果是否应承担民事责任呢？在业主进行装修施工过程中，可能会与其他业主发生冲突，如在休息时间施工影响其他业主的正常生活、损坏楼板、损坏水电等配套设施，造成其他业主独立所有部分或公共部位与设施的损害，受损业主在与施工单位或委托人交涉无果后，可能诉诸法律，且往往将物业管理企业列为共同被告一并起诉。此时，物业管理企业是否应承担民事责任呢？我们认为，物业管理企业作为受托实施物业管理的企业，应当按照合同约定履行相应的管理义务；但是，我们必须注意到，物业管理企业毕竟是一个民事主体而非行政管理机关。作为民事主体的物业管理企业是不具有行政权力的，因而物业管理企业不可能采取强制措施，其所能做的仅仅是在发现问题时向业主及施工单位提出改进意见，而不能直接采取高效的行政制裁手段。当然，如果物业管理企业根本没有履行监督管理义务，没有能够及时发现问题并提出建议，也没有及时告知业主团体，物业管理企业则违背了物业管理合同的义务，应承担相应的违约责任。而这种违约责任与施工单位或委托人所应承担的民事责任之间一般也很难构成连带关系。因此，即使物业管理企业存在管理上的懈怠，也很难将其列为共同被告，要求承担连带责任。本案中的物业管理企业在发现问题后，及时向业主蔡某发出通知要求其整改。而业主蔡某在接到该通知后，仍继续其违法装修行为，物业管理企业无权进一步采取强制措施以阻止蔡某的违法装修行为；其所能做的，也只能是履行通知和告知义务。因此，本案中的物业管理企业已经履行了其应尽义务，不应承担民事责任。

案例分析四
业主如何行使抗辩权

【案情介绍】

1998年1月，杨女士购买的商品房经过开发商委托由天泉物业公司管理，约定收费标准为每月每平方米1.40元。后该小区成立了业主委员会，该业主委员会于1999年9月与天泉物业公司签订物业管理合同，约定的收费标准为1.10元而不是原先的1.40元。但是，自1999年4月起，杨女士以天泉物业公司擅自允许其他企业在其所居住的建筑物上架设天线等事实为由，拒绝向天泉物业公司交付物业管理费。自2000年2月份开始起，天泉物业公司一直向杨女士催讨所欠的物业管理费用但无结果。2000年6月26日，天泉物业公司诉至法院，请求判令杨女士支付所欠物业管理费。

【法院判决】

一审法院认为，天泉物业公司为杨女士管理物业，杨女士应按照约定支付物业管理费。天泉物业公司在所管理的物业上擅自允许他人架设天线的侵权行为与本案并非同一关系，不属于本案处理的范围。经过审理，一审法院判决杨女士支付拖欠的物业管理费用。杨女士不服一审判决，提起上诉。二审法院经过审理，驳回上诉，维持原判。

【法理分析】

本案涉及的主要法律问题就是合同履行抗辩权如何行使。合同履行抗辩权，是指双务合同当事人基于合法的事由对抗相对方请求履行合同义务的权利。合同履行抗辩权必须以合同义务为基础，只有在对方没有履行合同义务的条件下，合同一方才可以援引此条以对抗对方要求自己履行合同义务的权利。如果对方未尽义务并非基于该合同产生，合同当事人不能援引此条作为合同履行抗辩权的依据。依据我国《合同法》之规定，合同履行抗辩权有同时履行抗辩权、不安抗辩权和先履行抗辩权三种。本案中的杨女士拒绝履行交付物业管理费，很容易与同时履行抗辩权相混淆。并非在任何一个合同中，合同一方当事人都可以援引同时履行抗辩权的，同时履行抗辩权必须具备一定条件才能成立。依据合同法原理，合同履行抗辩权的行使必须具备以下条件：①须双方之间因同一双务合同而互负对价义务；②在合同中未约定履行的先后顺序，即当事人一方无先履行的义务；③须当事人未履行债务或未提出履行债务或未按照合同约定正确履行债务；④须相对人客观上有履行义务的可能。同时履行抗辩权的性质，仅有延期抗辩的性质，并无否定相对人请求权的效力，而是产生一时阻止相对人请求权行使的效力。也就是说，在相对人未履行债务或未提出履行债务或未按照合同约定正确履行债务之前，可以拒绝自己债务的履行。本案中，物业管理企业天泉物业公司擅自允许他人在物业小区架设天线的行为，侵害了业主们的权利；天泉物业公司这一侵权行为所违反的义务乃是基于法律直接规定而产生，并非属于物业管理合同之义务。从前述分析可知，天泉物业公司擅自允许他人架设天线的侵权行为所违反的义务与杨女士交付物业管理费的义务并非属于同一个双务合同而产生的对等给付义务，因此，杨女士援引侵权损害为由拒绝履行交付物业管理费的抗辩权不成立。当然，杨女士可以对天泉物业公司擅自允许他人架设天线的侵权行为另行主张权利。

案例分析五

关闭大门开酒吧

某住宅小区的物业管理公司张贴出一张公告："为了安全起见，将要关闭一扇出入小区大门，广大业主只能从另外一扇大门出入。并且将在被关闭的大门附近空地上开设酒吧，对外营业。"物业公司将开设的酒吧承包给一个业主经营。对此，广大业主十分不满，认为出入小区的大门被关闭后进出很不方便，占用空地开设酒吧影响小区环境。业主们纷纷要求重新打开大门，撤除酒吧。广大业主与物业公司及其承包酒吧的业主经过多次交涉也无果。这一纠纷应如何解决？

【法理分析】

就本案而言，应当认识清楚以下几个方面的问题：①小区空地属于物业小区的公共部位，所有业主均可以合理利用。但是，任何业主或业主之外的其他人无权擅自占用。改变小区内的公共部位的使用性质，必须由业主团体决议通过，即通过召开业主大会或业主代表大会的形式，经与会业主所持投票权1/2以上通过。本案中，物业管理企业未经业主大会或业主代表大会议决就擅自改变公共部位的使用性质开设酒吧，侵害了业主们的合法权益。②是否关闭小区大门应由业主团体决议。小区大门关系全体业主的通行便利。按照设计建造的大门，充分考虑了物业小区全体业主使用不动产的合理需要。建造好的大门，属于小区的公共设施，应当按照其设计的用途加以利用。如果业主们觉得该大门确实会影响安全的，可以通过召开业主大会或业主代表大会的形式经与会业主所持投票权1/2以上通过，然后再关闭该大门。③物业管理企业的行为应当限定在受委托范围之内，物业管理企业应当依据物业管理合同之约定行使权利、履行义务。本案中的物业管理企业在未接受业主团体委托的情况下，擅自改变空地的使用性质开设酒吧的行为，属于侵权行为。

综上所述，本案中的业主委员会在交涉无果的情况下，可以提起诉讼，请求物业公司停止侵害，拆除酒吧。

复习思考题

1. 什么是物业管理？
2. 物业管理法律关系中，业主、物业管理企业的权利义务有哪些？
3. 物业管理条例的立法目的是什么？
4. 业主大会、业主委员会的职责是什么？
5. 什么是前期物业管理？前期物业管理合同特征有哪些？
6. 物业管理企业挪用专项维修资金应承担的法律责任有哪些？
7. 建设单位应移交给物业管理公司的资料有哪些？
8. 物业管理公司的资质等级有几个？各有什么要求？
9. 物业管理服务事项是什么？
10. 物业服务合同的内容有哪些？
11. 物业服务收费的概念、特征和原则是什么？

附录

中华人民共和国民法通则

(一九八六年四月十二日第六届全国人民代表大会第四次会议通过)

目录
第一章　基本原则
第二章　公民（自然人）
第一节　民事权利能力和民事行为能力
第二节　监护
第三节　宣告失踪和宣告死亡
第四节　个体工商户、农村承包经营户
第五节　个人合伙
第三章　法人
第一节　一般规定
第二节　企业法人
第三节　机关、事业单位和社会团体法人
第四节　联营
第四章　民事法律行为和代理
第一节　民事法律行为
第二节　代理
第五章　民事权利
第一节　财产所有权和与财产所有权有关的财产权
第二节　债权
第三节　知识产权
第四节　人身权
第六章　民事责任
第一节　一般规定
第二节　违反合同的民事责任
第三节　侵权的民事责任
第四节　承担民事责任的方式
第七章　诉讼时效
第八章　涉外民事关系的法律适用
第九章　附则

第一章　基　本　原　则

第一条　为了保障公民、法人的合法的民事权益，正确调整民事关系，适应社会主义现代化建设事业发展的需要,根据宪法和我国实际情况,总结民事活动的实践经验,制定本法。

第二条　中华人民共和国民法调整平等主体的公民之间、法人之间、公民和法人之间的财产关系和人身关系。

第三条　当事人在民事活动中的地位平等。

第四条　民事活动应当遵循自愿、公平、等价有偿、诚实信用的原则。

第五条　公民、法人的合法的民事权益受法律保护,任何组织和个人不得侵犯。

第六条　民事活动必须遵守法律,法律没有规定的,应当遵守国家政策。

第七条　民事活动应当尊重社会公德,不得损害社会公共利益,破坏国家经济计划,扰乱社会经济秩序。

第八条　在中华人民共和国领域内的民事活动,适用中华人民共和国法律,法律另有规定的除外。

本法关于公民的规定,适用于在中华人民共和国领域内的外国人、无国籍人,法律另有规定的除外。

第二章　公民(自然人)

第一节　民事权利能力和民事行为能力

第九条　公民从出生时起到死亡时止,具有民事权利能力,依法享有民事权利,承担民事义务。

第十条　公民的民事权利能力一律平等。

第十一条　十八周岁以上的公民是成年人,具有完全民事行为能力,可以独立进行民事活动,是完全民事行为能力人。

十六周岁以上不满十八周岁的公民,以自己的劳动收入为主要生活来源的,视为完全民事行为能力人。

第十二条　十周岁以上的未成年人是限制民事行为能力人,可以进行与他的年龄、智力相适应的民事活动;其他民事活动由他的法定代理人代理,或者征得他的法定代理人的同意。

不满十周岁的未成年人是无民事行为能力人,由他的法定代理人代理民事活动。

第十三条　不能辨认自己行为的精神病人是无民事行为能力人,由他的法定代理人代理民事活动。

不能完全辨认自己行为的精神病人是限制民事行为能力人,可以进行与他的精神健康状况相适应的民事活动;其他民事活动由他的法定代理人代理,或者征得他的法定代理人的同意。

第十四条　无民事行为能力人、限制民事行为能力人的监护人是他的法定代理人。

第十五条　公民以他的户籍所在地的居住地为住所,经常居住地与住所不一致的,经常居住地视为住所。

第二节 监 护

第十六条 未成年人的父母是未成年人的监护人。

未成年人的父母已经死亡或者没有监护能力的,由下列人员中有监护能力的人担任监护人:

(一)祖父母、外祖父母;

(二)兄、姐;

(三)关系密切的其他亲属、朋友愿意承担监护责任,经未成年人的父、母的所在单位或者未成年人住所地的居民委员会、村民委员会同意的。

对担任监护人有争议的,由未成年人的父、母的所在单位或者未成年人住所地的居民委员会、村民委员会在近亲属中指定。对指定不服提起诉讼的,由人民法院裁决。

没有第一款、第二款规定的监护人的,由未成年人的父、母的所在单位或者未成年人住所地的居民委员会、村民委员会或者民政部门担任监护人。

第十七条 无民事行为能力或者限制民事行为能力的精神病人,由下列人员担任监护人:

(一)配偶;

(二)父母;

(三)成年子女;

(四)其他近亲属;

(五)关系密切的其他亲属、朋友愿意承担监护责任,经精神病人的所在单位或者住所地的居民委员会、村民委员会同意的。

对担任监护人有争议的,由精神病人的所在单位或者住所地的居民委员会、村民委员会在近亲属中指定。对指定不服提起诉讼的,由人民法院裁决。

没有第一款规定的监护人的,由精神病人的所在单位或者住所地的居民委员会、村民委员会或者民政部门担任监护人。

第十八条 监护人应当履行监护职责,保护被监护人的人身、财产及其他合法权益,除为被监护人的利益外,不得处理被监护人的财产。

监护人依法履行监护的权利,受法律保护。

监护人不履行监护职责或者侵害被监护人的合法权益的,应当承担责任;给被监护人造成财产损失的,应当赔偿损失。人民法院可以根据有关人员或者有关单位的申请,撤销监护人的资格。

第十九条 精神病人的利害关系人,可以向人民法院申请宣告精神病人为无民事行为能力人或者限制民事行为能力人。

被人民法院宣告为无民事行为能力人或者限制民事行为能力人的,根据他健康恢复的状况,经本人或者利害关系人申请,人民法院可以宣告他为限制民事行为能力人或者完全民事行为能力人。

第三节 宣告失踪和宣告死亡

第二十条 公民下落不明满二年的,利害关系人可以向人民法院申请宣告他为失踪人。

战争期间下落不明的,下落不明的时间从战争结束之日起计算。

第二十一条　失踪人的财产由他的配偶、父母、成年子女或者关系密切的其他亲属、朋友代管。代管有争议的,没有以上规定的人或者以上规定的人无能力代管的,由人民法院指定的人代管。

失踪人所欠税款、债务和应付的其他费用,由代管人从失踪人的财产中支付。

第二十二条　被宣告失踪的人重新出现或者确知他的下落,经本人或者利害关系人申请,人民法院应当撤销对他的失踪宣告。

第二十三条　公民有下列情形之一的,利害关系人可以向人民法院申请宣告他死亡:

(一)下落不明满四年的;

(二)因意外事故下落不明,从事故发生之日起满二年的。

战争期间下落不明的,下落不明的时间从战争结束之日起计算。

第二十四条　被宣告死亡的人重新出现或者确知他没有死亡,经本人或者利害关系人申请,人民法院应当撤销对他的死亡宣告。

有民事行为能力人在被宣告死亡期间实施的民事法律行为有效。

第二十五条　被撤销死亡宣告的人有权请求返还财产。依照继承法取得他的财产的公民或者组织,应当返还原物;原物不存在的,给予适当补偿。

第四节　个体工商户,农村承包经营户

第二十六条　公民在法律允许的范围内,依法经核准登记,从事工商业经营的,为个体工商户。个体工商户可以起字号。

第二十七条　农村集体经济组织的成员,在法律允许的范围内,按照承包合同规定从事商品经营的,为农村承包经营户。

第二十八条　个体工商户,农村承包经营户的合法权益,受法律保护。

第二十九条　个体工商户,农村承包经营户的债务,个人经营的,以个人财产承担;家庭经营的,以家庭财产承担。

第五节　个　人　合　伙

第三十条　个人合伙是指两个以上公民按照协议,各自提供资金、实物、技术等,合伙经营、共同劳动。

第三十一条　合伙人应当对出资数额、盈余分配、债务承担、入伙、退伙、合伙终止等事项,订立书面协议。

第三十二条　合伙人投入的财产,由合伙人统一管理和使用。

合伙经营积累的财产,归合伙人共有。

第三十三条　个人合伙可以起字号,依法经核准登记,在核准登记的经营范围内从事经营。

第三十四条　个人合伙的经营活动,由合伙人共同决定,合伙人有执行或监督的权利。

合伙人可以推举负责人。合伙负责人和其他人员的经营活动,由全体合伙人承担民事责任。

第三十五条　合伙的债务,由合伙人按照出资比例或者协议的约定,以各自的财产承担清偿责任。

合伙人对合伙的债务承担连带责任,法律另有规定的除外。偿还合伙债务超过自己应当承担数额的合伙人,有权向其他合伙人追偿。

第三章 法 人

第一节 一 般 规 定

第三十六条 法人是具有民事权利能力和民事行为能力,依法独立享有民事权利和承担民事义务的组织。

法人的民事权利能力和民事行为能力,从法人成立时产生,到法人终止时消灭。

第三十七条 法人应当具备下列条件:

(一)依法成立;

(二)有必要的财产或者经费;

(三)有自己的名称、组织机构和场所;

(四)能够独立承担民事责任。

第三十八条 依照法律或者法人组织章程规定,代表法人行使职权的负责人,是法人的法定代表人。

第三十九条 法人以它的主要办事机构所在地为住所。

第四十条 法人终止,应当依法进行清算,停止清算范围外的活动。

第二节 企 业 法 人

第四十一条 全民所有制企业、集体所有制企业有符合国家规定的资金数额,有组织章程、组织机构和场所,能够独立承担民事责任,经主管机关核准登记,取得法人资格。

在中华人民共和国领域内设立的中外合资经营企业,中外合作经营企业和外资企业,具备法人条件的,依法经工商行政管理机关核准登记,取得中国法人资格。

第四十二条 企业法人应当在核准登记的经营范围内从事经营。

第四十三条 企业法人对它的法定代表人和其他工作人员的经营活动,承担民事责任。

第四十四条 企业法人分立、合并或者有其他重要事项变更,应当向登记机关办理登记并公告。

企业法人分立、合并,它的权利和义务由变更后的法人享有和承担。

第四十五条 企业法人由于下列原因之一终止:

(一)依法被撤销;

(二)解散;

(三)依法宣告破产;

(四)其他原因。

第四十六条 企业法人终止,应当向登记机关办理注销登记并公告。

第四十七条 企业法人解散,应当成立清算组织,进行清算。企业法人被撤销、被宣告破产的,应当由主管机关或者人民法院组织有关机关和有关人员成立清算组织,进行清算。

第四十八条 全民所有制企业法人以国家授予它经营管理的财产承担民事责任。集体所有制企业法人以企业所有的财产承担民事责任。中外合资经营企业法人、中外合作经营企业法人和外资企业法人以企业所有的财产承担民事责任，法律另有规定的除外。

第四十九条 企业法人有下列情形之一的，除法人承担责任外，对法定代表人可以给予行政处分、罚款，构成犯罪的，依法追究刑事责任：

（一）超出登记机关核准登记的经营范围从事非法经营的；
（二）向登记机关、税务机关隐瞒真实情况、弄虚作假的；
（三）抽逃资金、隐匿财产逃避债务的；
（四）解散、被撤销、被宣告破产后，擅自处理财产的；
（五）变更、终止时不及时申请办理登记和公告，使利害关系人遭受重大损失的；
（六）从事法律禁止的其他活动，损害国家利益或者社会公共利益的。

第三节 机关、事业单位和社会团体法人

第五十条 有独立经费的机关从成立之日起，具有法人资格。

具备法人条件的事业单位、社会团体，依法不需要办理法人登记的，从成立之日起，具有法人资格；依法需要办理法人登记的，经核准登记，取得法人资格。

第四节 联 营

第五十一条 企业之间或者企业、事业单位之间联营，组成新的经济实体，独立承担民事责任，具备法人条件的，经主管机关核准登记，取得法人资格。

第五十二条 企业之间或者企业、事业单位之间联营，共同经营、不具备法人条件的，由联营各方按照出资比例或者协议的约定，以各自所有的或者经营管理的财产承担民事责任。依照法律的规定或者协议的约定负连带责任的，承担连带责任。

第五十三条 企业之间或者企业、事业单位之间联营，按照合同的约定各自独立经营的，它的权利和义务由合同约定，各自承担民事责任。

第四章 民事法律行为和代理

第一节 民事法律行为

第五十四条 民事法律行为是公民或者法人设立、变更、终止民事权利和民事义务的合法行为。

第五十五条 民事法律行为应当具备下列条件：
（一）行为人具有相应的民事行为能力；
（二）意思表示真实；
（三）不违反法律或者社会公共利益。

第五十六条 民事法律行为可以采用书面形式、口头形式或者其他形式。法律规定用特定形式的，应当依照法律规定。

第五十七条 民事法律行为从成立时起具有法律约束力。行为人非依法律规定或者取得对方同意，不得擅自变更或者解除。

第五十八条　下列民事行为无效：

（一）无民事行为能力人实施的；

（二）限制民事行为能力人依法不能独立实施的；

（三）一方以欺诈、胁迫的手段或者乘人之危，使对方在违背真实意思的情况下所为的；

（四）恶意串通，损害国家、集体或者第三人利益的；

（五）违反法律或者社会公共利益的；

（六）经济合同违反国家指令性计划的；

（七）以合法形式掩盖非法目的的。

无效的民事行为，从行为开始起就没有法律约束力。

第五十九条　下列民事行为，一方有权请求人民法院或者仲裁机关予以变更或者撤销：

（一）行为人对行为内容有重大误解的；

（二）显失公平的。

被撤销的民事行为从行为开始起无效。

第六十条　民事行为部分无效，不影响其他部分的效力的，其他部分仍然有效。

第六十一条　民事行为被确认为无效或者被撤销后，当事人因该行为取得的财产，应当返还给受损失的一方。有过错的一方应当赔偿对方因此所受的损失，双方都有过错的，应当各自承担相应的责任。

双方恶意串通，实施民事行为损害国家的、集体的或者第三人的利益的，应当追缴双方取得的财产，收归国家、集体所有或者返还第三人。

第六十二条　民事法律行为可以附条件，附条件的民事法律行为在符合所附条件时生效。

第二节　代　理

第六十三条　公民、法人可以通过代理人实施民事法律行为。

代理人在代理权限内，以被代理人的名义实施民事法律行为。被代理人对代理人的代理行为，承担民事责任。

依照法律规定或者按照双方当事人约定，应当由本人实施的民事法律行为，不得代理。

第六十四条　代理包括委托代理、法定代理和指定代理。

委托代理人按照被代理人的委托行使代理权，法定代理人依照法律的规定行使代理权，指定代理人按照人民法院或者指定单位的指定行使代理权。

第六十五条　民事法律行为的委托代理，可以用书面形式，也可以用口头形式。法律规定用书面形式的，应当用书面形式。

书面委托代理的授权委托书应当载明代理人的姓名或者名称、代理事项、权限和期间，并由委托人签名或盖章。

委托书授权不明的，被代理人应当向第三人承担民事责任，代理人负连带责任。

第六十六条　没有代理权、超越代理权或者代理权终止后的行为，只有经过被代理人的追认，被代理人才承担民事责任。未经追认的行为，由行为人承担民事责任。本人知道他人以本人名义实施民事行为而不作否认表示的，视为同意。

代理人不履行职责而给被代理人造成损害的，应当承担民事责任。

代理人和第三人串通、损害被代理人的利益的，由代理人和第三人负连带责任。

第三人知道行为人没有代理权、超越代理权或者代理权已终止还与行为人实施民事行为给他人造成损害的，由第三人和行为人负连带责任。

第六十七条 代理人知道被委托代理的事项违法仍然进行代理活动的，或者被代理人知道代理人的代理行为违法不表示反对的，由被代理人和代理人负连带责任。

第六十八条 委托代理人为被代理人的利益需要转托他人代理的，应当事先取得被代理人的同意。事先没有取得被代理人同意的，应当在事后及时告诉被代理人，如果被代理人不同意，由代理人对自己所转托的人的行为负民事责任，但在紧急情况下，为了保护被代理人的利益而转托他人代理的除外。

第六十九条 有下列情形之一的，委托代理终止：

（一）代理期间届满或者代理事务完成；

（二）被代理人取消委托或者代理人辞去委托；

（三）代理人死亡；

（四）代理人丧失民事行为能力；

（五）作为被代理人或者代理人的法人终止。

第七十条 有下列情形之一的，法定代理或者指定代理终止：

（一）被代理人取得或者恢复民事行为能力；

（二）被代理人或者代理人死亡；

（三）代理人丧失民事行为能力；

（四）指定代理的人民法院或者指定单位取消指定；

（五）由其他原因引起的被代理人和代理人之间的监护关系消灭。

第五章 民 事 权 利

第一节 财产所有权和与财产所有权有关的财产权

第七十一条 财产所有权是指所有人依法对自己的财产享有占有、使用、收益和处分的权利。

第七十二条 财产所有权的取得，不得违反法律规定。按照合同或者其他合法方式取得财产的，财产所有权从财产交付时起转移，法律另有规定或者当事人另有约定的除外。

第七十三条 国家财产属于全民所有。

国家财产神圣不可侵犯，禁止任何组织或者个人侵占、哄抢、私分、截留、破坏。

第七十四条 劳动群众集体组织的财产属于劳动群众集体所有，包括：

（一）法律规定为集体所有的土地和森林、山岭、草原、荒地、滩涂等；

（二）集体经济组织的财产；

（三）集体所有的建筑物、水库、农田水利设施和教育、科学、文化、卫生、体育等设施；

(四) 集体所有的其他财产。

集体所有的土地依照法律属于村农民集体所有，由村农业生产合作社等农业集体经济组织或者村民委员会经营、管理。已经属于乡(镇)农民集体经济组织所有的，可以属于乡(镇)农民集体所有。

集体所有的财产受法律保护，禁止任何组织或者个人侵占、哄抢、私分、破坏或者非法查封、扣押、冻结、没收。

第七十五条 公民的个人财产，包括公民的合法收入、房屋、储蓄、生活用品、文物、图书资料、林木、牲畜和法律允许公民所有的生产资料以及其他合法财产。

公民的合法财产受法律保护，禁止任何组织或者个人侵占、哄抢、破坏或者非法查封、扣押、冻结、没收。

第七十六条 公民依法享有财产继承权。

第七十七条 社会团体包括宗教团体的合法财产受法律保护。

第七十八条 财产可以由两个以上的公民、法人共有。

共有分为按份共有和共同共有。按份共有人按照各自的份额，对共有财产分享权利，分担义务。共同共有人对共有财产享有权利，承担义务。

按份共有财产的每个共有人有权要求将自己的份额分出或者转让。但在出售时，其他共有人在同等条件下，有优先购买的权利。

第七十九条 所有人不明的埋藏物、隐藏物，归国家所有。接收单位应当对上缴的单位或者个人，给予表扬或者物质奖励。

拾得遗失物、漂流物或者失散的饲养动物，应当归还失主，因此而支出的费用由失主偿还。

第八十条 国家所有的土地，可以依法由全民所有制单位使用，也可以依法确定由集体所有制单位使用，国家保护它的使用、收益的权利；使用单位有管理、保护、合理利用的义务。

公民、集体依法对集体所有的或者国家所有由集体使用的土地的承包经营权，受法律保护。承包双方的权利和义务，依照法律由承包合同规定。

土地不得买卖、出租、抵押或者以其他形式非法转让。

第八十一条 国家所有的森林、山岭、草原、荒地、滩涂、水面等自然资源，可以依法由全民所有制单位使用，也可以依法确定由集体所有制单位使用，国家保护它的使用、收益的权利；使用单位有管理、保护、合理利用的义务。

国家所有的矿藏，可以依法由全民所有制单位和集体所有制单位开采，也可以依法由公民采挖。国家保护合法的采矿权。

公民、集体依法对集体所有的或者国家所有由集体使用森林、山岭、草原、荒地、滩涂、水面的承包经营权，受法律保护。承包双方的权利和义务，依照法律由承包合同规定。

国家所有的矿藏、水流，国家所有的和法律规定属于集体所有的林地、山岭、草原、荒地、滩涂不得买卖、出租、抵押或者以其他形式非法转让。

第八十二条 全民所有制企业对国家授予它经营管理的财产依法享有经营权，受法律保护。

第八十三条 不动产的相邻各方，应当按照有利生产、方便生活、团结互助、公平合理的精神，正确处理截水、排水、通行、通风、采光等方面的相邻关系。给相邻方造成妨碍或者损失的，应当停止侵害，排除妨碍，赔偿损失。

第二节 债 权

第八十四条 债是按照合同的约定或者依照法律的规定，在当事人之间产生的特定的权利和义务关系。享有权利的人是债权人，负有义务的人是债务人。

债权人有权要求债务人按照合同的约定或者依照法律的规定履行义务。

第八十五条 合同是当事人之间设立、变更、终止民事关系的协议。依法成立的合同，受法律保护。

第八十六条 债权人为二人以上的，按照确定的份额分享权利。债务人为二人以上的，按照确定的份额分担义务。

第八十七条 债权人或者债务人一方人数为二人以上的，依照法律的规定或者当事人的约定，享有连带权利的每个债权人，都有权要求债务人履行义务；负有连带义务的每个债务人，都负有清偿全部债务的义务，履行了义务的人，有权要求其他负有连带义务的人偿付他应当承担的份额。

第八十八条 合同的当事人应当按照合同的约定，全部履行自己的义务。

合同中有关质量、期限、地点或者价款约定不明确，按照合同有关条款内容不能确定，当事人又不能通过协商达成协议的，适用下列规定：

（一）质量要求不明确的，按照国家质量标准履行，没有国家质量标准的，按照通常标准履行。

（二）履行期限不明确的，债务人可以随时向债权人履行义务，债权人也可以随时要求债务人履行义务，但应当给对方必要的准备时间。

（三）履行地点不明确，给付货币的，在接受给付一方的所在地履行，其他标的在履行义务一方的所在地履行。

（四）价格约定不明确，按照国家规定的价格履行；没有国家规定价格的，参照市场价格或者同类物品的价格或者同类劳务的报酬标准履行。

合同对专利申请权没有约定的，完成发明创造的当事人享有申请权。

合同对科技成果的使用权没有约定的，当事人都有使用的权利。

第八十九条 依照法律的规定或者按照当事人的约定，可以采用下列方式担保债务的履行：

（一）保证人向债权人保证债务人履行债务，债务人不履行债务的，按照约定由保证人履行或者承担连带责任；保证人履行债务后，有权向债务人追偿。

（二）债务人或者第三人可以提供一定的财产作为抵押物。债务人不履行债务的，债权人有权依照法律的规定以抵押物折价或者以变卖抵押物的价款优先得到偿还。

（三）当事人一方在法律规定的范围内可以向对方给付定金。债务人履行债务后，定金应当抵作价款或者收回。给付定金的一方不履行债务的，无权要求返还定金；接受定金的一方不履行债务的，应当双倍返还定金。

（四）按照合同约定一方占有对方的财产，对方不按照合同给付应付款项超过约定期限的，占有人有权留置该财产，依照法律的规定以留置财产折价或者以变卖该财产的价款优先得到偿还。

第九十条 合法的借贷关系受法律保护。

第九十一条 合同一方将合同的权利、义务全部或者部分转让给第三人的,应当取得合同另一方的同意,并不得牟利。依照法律规定应当由国家批准的合同,需经原批准机关批准。但是,法律另有规定或者原合同另有约定的除外。

第九十二条 没有合法根据,取得不当利益,造成他人损失的,应当将取得的不当利益返还受损失的人。

第九十三条 没有法定的或者约定的义务,为避免他人利益受损失进行管理或者服务的,有权要求受益人偿付由此而支付的必要费用。

第三节 知 识 产 权

第九十四条 公民、法人享有著作权(版权),依法有署名、发表、出版、获得报酬等权利。

第九十五条 公民、法人依法取得的专利权受法律保护。

第九十六条 法人、个体工商户、个人合伙依法取得商标专用权受法律保护。

第九十七条 公民对自己的发现享有发现权。发现人有权申请领取发现证书、奖金或者其他奖励。

公民对自己的发明或者其他科技成果,有权申请领取荣誉证书、奖金或者其他奖励。

第四节 人 身 权

第九十八条 公民享有生命健康权。

第九十九条 公民享有姓名权、有权决定、使用和依照规定改变自己的姓名,禁止他人干涉、盗用、假冒。

法人、个体工商户、个人合伙享有名称权。企业法人、个体工商户、个人合伙有权使用、依法转让自己的名称。

第一百条 公民享有肖像权,未经本人同意,不得以营利为目的使用公民的肖像。

第一百零一条 公民、法人享有名誉权,公民的人格尊严受法律保护,禁止用侮辱、诽谤等方式损害公民、法人的名誉。

第一百零二条 公民、法人享有荣誉权,禁止非法剥夺公民、法人的荣誉称号。

第一百零三条 公民享有婚姻自主权,禁止买卖、包办婚姻和其他干涉婚姻自由的行为。

第一百零四条 婚姻、家庭、老人、母亲和儿童受法律保护。

残疾人的合法权益受法律保护。

第一百零五条 妇女享有同男子平等的民事权利。

第六章 民 事 责 任

第一节 一 般 规 定

第一百零六条 公民、法人违反合同或者不履行其他义务的,应当承担民事责任。

公民、法人由于过错侵害国家的、集体的财产，侵害他人财产、人身的应当承担民事责任。

没有过错，但法律规定应当承担民事责任的，应当承担民事责任。

第一百零七条　因不可抗力不能履行合同或者造成他人损害的，不承担民事责任，法律另有规定的除外。

第一百零八条　债务应当清偿。暂时无力偿还的，经债权人同意或者人民法院裁决，可以由债务人分期偿还。有能力偿还拒不偿还的，由人民法院判决强制偿还。

第一百零九条　因防止、制止国家的、集体的财产或者他人的财产、人身遭受侵害而使自己受到损害的，由侵害人承担赔偿责任，受益人也可以给予适当的补偿。

第一百一十条　对承担民事责任的公民、法人需要追究行政责任的，应当追究行政责任；构成犯罪的，对公民、法人的法定代表人应当依法追究刑事责任。

第二节　违反合同的民事责任

第一百一十一条　当事人一方不履行合同义务或者履行合同义务不符合约定条件的，另一方有权要求履行或者采取补救措施，并有权要求赔偿损失。

第一百一十二条　当事人一方违反合同的赔偿责任，应当相当于另一方因此所受到的损失。

当事人可以在合同中约定，一方违反合同时，向另一方支付一定数额的违约金；也可以在合同中约定对于违反合同而产生的损失赔偿额的计算方法。

第一百一十三条　当事人双方都违反合同的，应当分别承担各自应负的民事责任。

第一百一十四条　当事人一方因另一方违反合同受到损失的，应当及时采取措施防止损失的扩大；没有及时采取措施致使损失扩大的，无权就扩大的损失要求赔偿。

第一百一十五条　合同的变更或者解除，不影响当事人要求赔偿损失的权利。

第一百一十六条　当事人一方由于上级机关的原因，不能履行合同义务的，应当按照合同约定向另一方赔偿损失或者采取其补救措施，再由上级机关对它因此受到的损失负责处理。

第三节　侵权的民事责任

第一百一十七条　侵占国家的、集体的财产或者他人财产的，应当返还财产，不能返还财产的，应当折价赔偿。

损坏国家的、集体的财产或者他人财产的，应当恢复原状或者折价赔偿。

受害人因此遭受其他重大损失的，侵害人并应当赔偿损失。

第一百一十八条　公民、法人的著作权（版权）、专利权、商标专用权、发现权、发明权和其他科技成果权受到剽窃、篡改、假冒等侵害的，有权要求停止侵害，消除影响，赔偿损失。

第一百一十九条　侵害公民身体造成伤害的，应当赔偿医疗费、因误工减少的收入、残废者生活补助费等费用；造成死亡的，并应当支付丧葬费、死者生前扶养的人必要的生活费等费用。

第一百二十条　公民的姓名权、肖像权、名誉权、荣誉权受到侵害的，有权要求停止侵害，恢复名誉，消除影响，赔礼道歉，并可以要求赔偿损失。

法人的名称权、名誉权、荣誉权受到侵害的，适用前款规定。

第一百二十一条 国家机关或者国家机关工作人员在执行职务，侵犯公民、法人的合法权益造成损害的，应当承担民事责任。

第一百二十二条 因产品质量不合格造成他人财产、人身损害的，产品制造者、销售者应当依法承担民事责任。运输者仓储者对此负有责任的，产品制造者、销售者有权要求赔偿损失。

第一百二十三条 从事高空、高压、易燃、易爆、剧毒、放射性、高速运输工具等对周围环境有高度危险的作业造成他人损害的，应当承担民事责任；如果能够证明损害是由受害人故意造成的，不承担民事责任。

第一百二十四条 违反国家保护环境防止污染的规定，污染环境造成他人损害的，应当依法承担民事责任。

第一百二十五条 在公共场所、道旁或者通道上挖坑、修缮安装地下设施等，没有设置明显标志和采取安全措施造成他人损害的，施工人应当承担民事责任。

第一百二十六条 建筑物或者其他设施以及建筑物上的搁置物、悬挂物发生倒塌、脱落、坠落造成他人损害的，它的所有人或者管理人应当承担民事责任，但能够证明自己没有过错的除外。

第一百二十七条 饲养的动物造成他人损害的，动物饲养人或者管理人应当承担民事责任；由于受害人的过错造成损害的，动物饲养人或者管理人不承担民事责任；由于第三人的过错造成损害的，第三人应当承担民事责任。

第一百二十八条 因正当防卫造成损害的，不承担民事责任。正当防卫超过必要的限度，造成不应有的损害的，应当承担适当的民事责任。

第一百二十九条 因紧急避险造成损害的，由引起险情发生的人承担民事责任。如果危险是由自然原因引起的，紧急避险人不承担民事责任或者承担适当的民事责任。因紧急避险采取措施不当或者超过必要的限度，造成不应有的损害的，紧急避险人应当承担适当的民事责任。

第一百三十条 二人以上共同侵权造成他人损害的，应当承担连带责任。

第一百三十一条 受害人对于损害的发生也有过错的，可以减轻侵害人的民事责任。

第一百三十二条 当事人对造成损害都没有过错的，可以根据实际情况，由当事人分担民事责任。

第一百三十三条 无民事行为能力人、限制民事行为能力人造成他人损害的，由监护人承担民事责任。监护人尽了监护责任的，可以适当减轻他的民事责任。

有财产的无民事行为能力人、限制民事行为能力人造成他人损害的，从本人财产中支付赔偿费用。不足部分，由监护人适当赔偿，但单位担任监护人的除外。

第四节 承担民事责任的方式

第一百三十四条 承担民事责任的方式主要有：

（一）停止侵害；

（二）排除妨碍；

（三）消除危险；
（四）返还财产；
（五）恢复原状；
（六）修理、重作、更换；
（七）赔偿损失；
（八）支付违约金；
（九）消除影响、恢复名誉；
（十）赔礼道歉。

以上承担民事责任的方式，可以单独适用，也可以合并适用。

人民法院审理民事案件，除适用上述规定外，还可以予以训诫、责令具结悔过，收缴进行非法活动的财物和非法所得，并可以依照法律规定处以罚款、拘留。

第七章 诉讼时效

第一百三十五条 向人民法院请求保护民事权利的诉讼时效期间为二年，法律另有规定的除外。

第一百三十六条 下列的诉讼时效期间为一年：
（一）身体受到伤害要求赔偿的；
（二）出售质量不合格的商品未声明的；
（三）延付或者拒付租金的；
（四）寄存财物被丢失或者损毁的。

第一百三十七条 诉讼时效期间从知道或者应当知道权利被侵害时起计算。但是，从权利被侵害之日起超过二十年的，人民法院不予保护。有特殊情况的，人民法院可以延长诉讼时效期间。

第一百三十八条 超过诉讼时效期间，当事人自愿履行的，不受诉讼时效限制。

第一百三十九条 在诉讼时效期间的最后六个月内，因不可抗力或者其他障碍不能行使请求权的，诉讼时效中止。从中止时效的原因消除之日起，诉讼时效期间继续计算。

第一百四十条 诉讼时效因提起诉讼、当事人一方提出要求或者同意履行义务而中断。从中断时起，诉讼时效期间重新计算。

第一百四十一条 法律对诉讼时效另有规定的，依照法律规定。

第八章 涉外民事关系的法律适用

第一百四十二条 涉外民事关系的法律适用，依照本章的规定确定。

中华人民共和国缔结或者参加的国际条约同中华人民共和国的民事法律有不同规定的，适用国际条约的规定，但中华人民共和国声明保留的条款除外。

中华人民共和国法律和中华人民共和国缔结或者参加的国际条约没有规定的，可以适用国际惯例。

第一百四十三条 中华人民共和国公民定居国外的，他的民事行为能力可以适用定居国法律。

第一百四十四条 不动产的所有权，适用不动产所在地法律。

第一百四十五条　涉外合同的当事人可以选择处理合同争议所适用的法律，法律另有规定的除外。

涉外合同的当事人没有选择的，适用与合同有最密切联系的国家的法律。

第一百四十六条　侵权行为的损害赔偿，适用侵权行为地法律。当事人双方国籍相同或者在同一国家有住所的，也可以适用当事人本国法律或者住所地法律。

中华人民共和国法律不认为在中华人民共和国领域外发生的行为是侵权行为的，不作为侵权行为处理。

第一百四十七条　中华人民共和国公民和外国人结婚适用婚姻缔结地法律，离婚适用受理案件的法院所在地法律。

第一百四十八条　扶养适用与被扶养人有最密切联系的国家的法律。

第一百四十九条　遗产的法定继承，动产适用被继承人死亡时住所地法律，不动产适用不动产所在地法律。

第一百五十条　依照本章规定适用外国法律或者国际惯例的，不得违背中华人民共和国的社会公共利益。

第九章　附　则

第一百五十一条　民族自治地方的人民代表大会可以根据本法规定的原则，结合当地民族的特点，制定变通的或者补充的单行条例或者规定。自治区人民代表大会制定的，依照法律规定报全国人民代表大会常务委员会批准或者备案；自治州，自治县人民代表大会制定的，报省，自治区人民代表大会常务委员会批准。

第一百五十二条　本法生效以前，经省、自治区、直辖市以上主管机关批准开办的全民所有制企业，已经向工商行政管理机关登记的，可以不再办理法人登记，即具有法人资格。

第一百五十三条　本法所称的"不可抗力"，是指不能预见、不能避免并不能克服的客观情况。

第一百五十四条　民法所称的期间按照公历年、月、日、小时计算。

规定按照小时计算期间的，从规定时开始计算。规定按照日、月、年计算期间的，开始的当天不算入，从下一天开始计算。

期间的最后一天是星期日或者其他法定休假日的，以休假日的次日为期间的最后一天。

期间的最后一天的截止时间为二十四点。有业务时间的，到停止业务活动的时间截止。

第一百五十五条　民法所称的"以上"、"以下"、"以内"、"届满"，包括本数；所称的"不满"、"以外"，不包括本数。

第一百五十六条　本法自一九八七年一月一日起施行。

中华人民共和国公司法

（1993年12月29日第八届全国人民代表大会常务委员会第五次会议通过 根据1999年12月25日第九届全国人民代表大会常务委员会第十三次会议《关于修改〈中华人民共和国公司法〉的决定》第一次修正 根据2004年8月28日第十届全国人民代表大会常务委员会第十一次会议《关于修改〈中华人民共和国公司法〉的决定》第二次修正）

目录
第一章　总则
第二章　有限责任公司的设立和组织机构
第一节　设立
第二节　组织机构
第三节　国有独资公司
第三章　股份有限公司的设立和组织机构
第一节　设立
第二节　股东大会
第三节　董事会、经理
第四节　监事会
第四章　股份有限公司的股份发行和转让
第一节　股份发行
第二节　股份转让
第三节　上市公司
第五章　公司债券
第六章　公司财务、会计
第七章　公司合并、分立
第八章　公司破产、解散和清算
第九章　外国公司的分支机构
第十章　法律责任
第十一章　附则

第一章　总　　则

第一条　为了适应建立现代企业制度的需要，规范公司的组织和行为，保护公司、股东和债权人的合法权益，维护社会经济秩序，促进社会主义市场经济的发展，根据宪法，制定本法。

第二条　本法所称公司是指依照本法在中国境内设立的有限责任公司和股份有限公司。

第三条　有限责任公司和股份有限公司是企业法人。

有限责任公司，股东以其出资额为限对公司承担责任，公司以其全部资产对公司的债务承担责任。

股份有限公司，其全部资本分为等额股份，股东以其所持股份为限对公司承担责任，公司以其全部资产对公司的债务承担责任。

第四条　公司股东作为出资者按投入公司的资本额享有所有者的资产受益、重大决策和选择管理者等权利。

公司享有由股东投资形成的全部法人财产权，依法享有民事权利，承担民事责任。

公司中的国有资产所有权属于国家。

第五条　公司以其全部法人财产，依法自主经营，自负盈亏。

公司在国家宏观调控下，按照市场需求自主组织生产经营，以提高经济效益、劳动生产率和实现资产保值增值为目的。

第六条　公司实行权责分明、管理科学、激励和约束相结合的内部管理体制。

第七条　国有企业改建为公司，必须依照法律、行政法规规定的条件和要求，转换经营机制，有步骤地清产核资，界定产权，清理债权债务，评估资产，建立规范的内部管理机构。

第八条　设立有限责任公司、股份有限公司，必须符合本法规定的条件。符合本法规定的条件的，登记为有限责任公司或者股份有限公司；不符合本法规定的条件的，不得登记为有限责任公司或者股份有限公司。

法律、行政法规对设立公司规定必须报经审批的，在公司登记前依法办理审批手续。

第九条　依照本法设立的有限责任公司，必须在公司名称中标明有限责任公司字样。

依照本法设立的股份有限公司，必须在公司名称中标明股份有限公司字样。

第十条　公司以其主要办事机构所在地为住所。

第十一条　设立公司必须依照本法制定公司章程。公司章程对公司、股东、董事、监事、经理具有约束力。

公司的经营范围由公司章程规定，并依法登记。公司的经营范围中属于法律、行政法规限制的项目，应当依法经过批准。

公司应当在登记的经营范围内从事经营活动。公司依照法定程序修改公司章程并经公司登记机关变更登记，可以变更其经营范围。

第十二条　公司可以向其他有限责任公司、股份有限公司投资，并以该出资额为限对所投资公司承担责任。

公司向其他有限责任公司、股份有限公司投资的，除国务院规定的投资公司和控股公司外，所累计投资额不得超过本公司净资产的百分之五十，在投资后，接受被投资公司以利润转增的资本，其增加额不包括在内。

第十三条　公司可以设立分公司，分公司不具有企业法人资格，其民事责任由公司承担。

公司可以设立子公司，子公司具有企业法人资格，依法独立承担民事责任。

第十四条　公司从事经营活动，必须遵守法律，遵守职业道德，加强社会主义精神文明建设，接受政府和社会公众的监督。

公司的合法权益受法律保护，不受侵犯。

第十五条 公司必须保护职工的合法权益,加强劳动保护,实现安全生产。

公司采用多种形式,加强公司职工的职业教育和岗位培训,提高职工素质。

第十六条 公司职工依法组织工会,开展工会活动,维护职工的合法权益。公司应当为本公司工会提供必要的活动条件。

国有独资公司和两个以上的国有企业或者其他两个以上的国有投资主体投资设立的有限责任公司,依照宪法和有关法律的规定,通过职工代表大会和其他形式,实行民主管理。

第十七条 公司中中国共产党基层组织的活动,依照中国共产党章程办理。

第十八条 外商投资的有限责任公司适用本法,有关中外合资经营企业、中外合作经营企业、外资企业的法律另有规定的,适用其规定。

第二章 有限责任公司的设立和组织机构

第一节 设 立

第十九条 设立有限责任公司,应当具备下列条件:

(一)股东符合法定人数;

(二)股东出资达到法定资本最低限额;

(三)股东共同制定公司章程;

(四)有公司名称,建立符合有限责任公司要求的组织机构;

(五)有固定的生产经营场所和必要的生产经营条件。

第二十条 有限责任公司由二个以上五十个以下股东共同出资设立。

国家授权投资的机构或者国家授权的部门可以单独投资设立国有独资的有限责任公司。

第二十一条 本法施行前已设立的国有企业,符合本法规定设立有限责任公司条件的,单一投资主体的,可以依照本法改建为国有独资的有限责任公司;多个投资主体的,可以改建为前条第一款规定的有限责任公司。

国有企业改建为公司的实施步骤和具体办法,由国务院另行规定。

第二十二条 有限责任公司章程应当载明下列事项:

(一)公司名称和住所;

(二)公司经营范围;

(三)公司注册资本;

(四)股东的姓名或者名称;

(五)股东的权利和义务;

(六)股东的出资方式和出资额;

(七)股东转让出资的条件;

(八)公司的机构及其产生办法、职权、议事规则;

(九)公司的法定代表人;

(十)公司的解散事由与清算办法;

(十一)股东认为需要规定的其他事项。

股东应当在公司章程上签名、盖章。

第二十三条 有限责任公司的注册资本为在公司登记机关登记的全体股东实缴的出资额。

有限责任公司的注册资本不得少于下列最低限额：
（一）以生产经营为主的公司人民币五十万元；
（二）以商品批发为主的公司人民币五十万元；
（三）以商业零售为主的公司人民币三十万元；
（四）科技开发、咨询、服务性公司人民币十万元。

特定行业的有限责任公司注册资本最低限额需高于前款所定限额的，由法律、行政法规另行规定。

第二十四条 股东可以用货币出资，也可以用实物、工业产权、非专利技术、土地使用权作价出资。对作为出资的实物、工业产权、非专利技术或者土地使用权，必须进行评估作价，核实财产，不得高估或者低估作价。土地使用权的评估作价，依照法律、行政法规的规定办理。

以工业产权、非专利技术作价出资的金额不得超过有限责任公司注册资本的百分之二十，国家对采用高新技术成果有特别规定的除外。

第二十五条 股东应当足额缴纳公司章程中规定的各自所认缴的出资额。股东以货币出资的，应当将货币出资足额存入准备设立的有限责任公司在银行开设的临时账户；以实物、工业产权、非专利技术或者土地使用权出资的，应当依法办理其财产权的转移手续。

股东不按照前款规定缴纳所认缴的出资，应当向已足额缴纳出资的股东承担违约责任。

第二十六条 股东全部缴纳出资后，必须经法定的验资机构验资并出具证明。

第二十七条 股东的全部出资经法定的验资机构验资后，由全体股东指定的代表或者共同委托的代理人向公司登记机关申请设立登记，提交公司登记申请书、公司章程、验资证明等文件。

法律、行政法规规定需要经有关部门审批的，应当在申请设立登记时提交批准文件。

公司登记机关对符合本法规定条件的，予以登记，发给公司营业执照；对不符合本法规定条件的，不予登记。

公司营业执照签发日期，为有限责任公司成立日期。

第二十八条 有限责任公司成立后，发现作为出资的实物、工业产权、非专利技术、土地使用权的实际价额显著低于公司章程所定价额的，应当由交付该出资的股东补交其差额，公司设立时的其他股东对其承担连带责任。

第二十九条 设立有限责任公司的同时设立分公司的，应当就所设分公司向公司登记机关申请登记，领取营业执照。

有限责任公司成立后设立分公司，应当由公司法定代表人向公司登记机关申请登记，领取营业执照。

第三十条 有限责任公司成立后，应当向股东签发出资证明书。

出资证明书应当载明下列事项：
（一）公司名称；
（二）公司登记日期；

（三）公司注册资本；

（四）股东的姓名或者名称、缴纳的出资额和出资日期；

（五）出资证明书的编号和核发日期。

出资证明书由公司盖章。

第三十一条　有限责任公司应当置备股东名册，记载下列事项：

（一）股东的姓名或者名称及住所；

（二）股东的出资额；

（三）出资证明书编号。

第三十二条　股东有权查阅股东会会议记录和公司财务会计报告。

第三十三条　股东按照出资比例分取红利。公司新增资本时，股东可以优先认缴出资。

第三十四条　股东在公司登记后，不得抽回出资。

第三十五条　股东之间可以相互转让其全部出资或者部分出资。

股东向股东以外的人转让其出资时，必须经全体股东过半数同意；不同意转让的股东应当购买该转让的出资，如果不购买该转让的出资，视为同意转让。

经股东同意转让的出资，在同等条件下，其他股东对该出资有优先购买权。

第三十六条　股东依法转让其出资后，由公司将受让人的姓名或者名称、住所以及受让的出资额记载于股东名册。

第二节　组 织 机 构

第三十七条　有限责任公司股东会由全体股东组成，股东会是公司的权力机构，依照本法行使职权。

第三十八条　股东会行使下列职权：

（一）决定公司的经营方针和投资计划；

（二）选举和更换董事，决定有关董事的报酬事项；

（三）选举和更换由股东代表出任的监事，决定有关监事的报酬事项；

（四）审议批准董事会的报告；

（五）审议批准监事会或者监事的报告；

（六）审议批准公司的年度财务预算方案、决算方案；

（七）审议批准公司的利润分配方案和弥补亏损方案；

（八）对公司增加或者减少注册资本作出决议；

（九）对发行公司债券作出决议；

（十）对股东向股东以外的人转让出资作出决议；

（十一）对公司合并、分立、变更公司形式、解散和清算等事项作出决议；

（十二）修改公司章程。

第三十九条　股东会的议事方式和表决程序，除本法有规定的以外，由公司章程规定。

股东会对公司增加或者减少注册资本、分立、合并、解散或者变更公司形式作出决议，必须经代表三分之二以上表决权的股东通过。

第四十条 公司可以修改章程。修改公司章程的决议,必须经代表三分之二以上表决权的股东通过。

第四十一条 股东会会议由股东按照出资比例行使表决权。

第四十二条 股东会的首次会议由出资最多的股东召集和主持,依照本法规定行使职权。

第四十三条 股东会会议分为定期会议和临时会议。

定期会议应当按照公司章程的规定按时召开。代表四分之一以上表决权的股东,三分之一以上董事,或者监事,可以提议召开临时会议。

有限责任公司设立董事会的,股东会会议由董事会召集,董事长主持,董事长因特殊原因不能履行职务时,由董事长指定的副董事长或者其他董事主持。

第四十四条 召开股东会会议,应当于会议召开十五日以前通知全体股东。

股东会应当对所议事项的决定作成会议记录,出席会议的股东应当在会议记录上签名。

第四十五条 有限责任公司设董事会,其成员为三人至十三人。

两个以上的国有企业或者其他两个以上的国有投资主体投资设立的有限责任公司,其董事会成员中应当有公司职工代表。董事会中的职工代表由公司职工民主选举产生。

董事会设董事长一人,可以设副董事长一至二人。董事长、副董事长的产生办法由公司章程规定。

董事长为公司的法定代表人。

第四十六条 董事会对股东会负责,行使下列职权:

(一)负责召集股东会,并向股东会报告工作;

(二)执行股东会的决议;

(三)决定公司的经营计划和投资方案;

(四)制订公司的年度财务预算方案、决算方案;

(五)制订公司的利润分配方案和弥补亏损方案;

(六)制订公司增加或者减少注册资本的方案;

(七)拟订公司合并、分立、变更公司形式、解散的方案;

(八)决定公司内部管理机构的设置;

(九)聘任或者解聘公司经理(总经理)(以下简称经理),根据经理的提名,聘任或者解聘公司副经理、财务负责人,决定其报酬事项;

(十)制定公司的基本管理制度。

第四十七条 董事任期由公司章程规定,但每届任期不得超过三年。董事任期届满,连选可以连任。

董事在任期届满前,股东会不得无故解除其职务。

第四十八条 董事会会议由董事长召集和主持;董事长因特殊原因不能履行职务时,由董事长指定副董事长或者其他董事召集和主持。三分之一以上董事可以提议召开董事会会议。

第四十九条 董事会的议事方式和表决程序,除本法有规定的以外,由公司章程规定。

召开董事会会议,应当于会议召开十日以前通知全体董事。

董事会应当对所议事项的决定作成会议记录,出席会议的董事应当在会议记录上签名。

第五十条 有限责任公司设经理,由董事会聘任或者解聘。经理对董事会负责,行使下列职权:

(一)主持公司的生产经营管理工作,组织实施董事会决议;

(二)组织实施公司年度经营计划和投资方案;

(三)拟订公司内部管理机构设置方案;

(四)拟订公司的基本管理制度;

(五)制定公司的具体规章;

(六)提请聘任或者解聘公司副经理、财务负责人;

(七)聘任或者解聘除应由董事会聘任或者解聘以外的负责管理人员;

(八)公司章程和董事会授予的其他职权。

经理列席董事会会议。

第五十一条 有限责任公司,股东人数较少和规模较小的,可以设一名执行董事,不设立董事会。执行董事可以兼任公司经理。

执行董事的职权,应当参照本法第四十六条规定,由公司章程规定。

有限责任公司不设董事会的,执行董事为公司的法定代表人。

第五十二条 有限责任公司,经营规模较大的,设立监事会,其成员不得少于三人。监事会应在其组成人员中推选一名召集人。

监事会由股东代表和适当比例的公司职工代表组成,具体比例由公司章程规定。监事会中的职工代表由公司职工民主选举产生。

有限责任公司,股东人数较少和规模较小的,可以设一至二名监事。

董事、经理及财务负责人不得兼任监事。

第五十三条 监事的任期每届为三年。监事任期届满,连选可以连任。

第五十四条 监事会或者监事行使下列职权:

(一)检查公司财务;

(二)对董事、经理执行公司职务时违反法律、法规或者公司章程的行为进行监督;

(三)当董事和经理的行为损害公司的利益时,要求董事和经理予以纠正;

(四)提议召开临时股东会;

(五)公司章程规定的其他职权。

监事列席董事会会议。

第五十五条 公司研究决定有关职工工资、福利、安全生产以及劳动保护、劳动保险等涉及职工切身利益的问题,应当事先听取公司工会和职工的意见,并邀请工会或者职工代表列席有关会议。

第五十六条 公司研究决定生产经营的重大问题、制定重要的规章制度时,应当听取公司工会和职工的意见和建议。

第五十七条 有下列情形之一的,不得担任公司的董事、监事、经理:

(一)无民事行为能力或者限制民事行为能力;

（二）因犯有贪污、贿赂、侵占财产、挪用财产罪或者破坏社会经济秩序罪，被判处刑罚，执行期满未逾五年，或者因犯罪被剥夺政治权利，执行期满未逾五年；

（三）担任因经营不善破产清算的公司、企业的董事或者厂长、经理，并对该公司、企业的破产负有个人责任的，自该公司、企业破产清算完结之日起未逾三年；

（四）担任因违法被吊销营业执照的公司、企业的法定代表人，并负有个人责任的，自该公司、企业被吊销营业执照之日起未逾三年；

（五）个人所负数额较大的债务到期未清偿。

公司违反前款规定选举、委派董事、监事或者聘任经理的，该选举、委派或者聘任无效。

第五十八条　国家公务员不得兼任公司的董事、监事、经理。

第五十九条　董事、监事、经理应当遵守公司章程，忠实履行职务，维护公司利益，不得利用在公司的地位和职权为自己谋取私利。

董事、监事、经理不得利用职权收受贿赂或者其他非法收入，不得侵占公司的财产。

第六十条　董事、经理不得挪用公司资金或者将公司资金借贷给他人。

董事、经理不得将公司资产以其个人名义或者以其他个人名义开立账户存储。

董事、经理不得以公司资产为本公司的股东或者其他个人债务提供担保。

第六十一条　董事、经理不得自营或者为他人经营与其所任职公司同类的营业或者从事损害本公司利益的活动。从事上述营业或者活动的，所得收入应当归公司所有。

董事、经理除公司章程规定或者股东会同意外，不得同本公司订立合同或者进行交易。

第六十二条　董事、监事、经理除依照法律规定或者经股东会同意外，不得泄露公司秘密。

第六十三条　董事、监事、经理执行公司职务时违反法律、行政法规或者公司章程的规定，给公司造成损害的，应当承担赔偿责任。

第三节　国有独资公司

第六十四条　本法所称国有独资公司是指国家授权投资的机构或者国家授权的部门单独投资设立的有限责任公司。

国务院确定的生产特殊产品的公司或者属于特定行业的公司，应当采取国有独资公司形式。

第六十五条　国有独资公司的公司章程由国家授权投资的机构或者国家授权的部门依照本法制定，或者由董事会制订，报国家授权投资的机构或者国家授权的部门批准。

第六十六条　国有独资公司不设股东会，由国家授权投资的机构或者国家授权的部门，授权公司董事会行使股东会的部分职权，决定公司的重大事项，但公司的合并、分立、解散、增减资本和发行公司债券，必须由国家授权投资的机构或者国家授权的部门决定。

第六十七条　国有独资公司监事会主要由国务院或者国务院授权的机构、部门委派的人员组成，并有公司职工代表参加。监事会的成员不得少于三人。监事会行使本法第五十四条第一款第（一）、（二）项规定的职权和国务院规定的其他职权。

监事列席董事会会议。

董事、经理及财务负责人不得兼任监事。

第六十八条 国有独资公司设立董事会,依照本法第四十六条、第六十六条规定行使职权。董事会每届任期为三年。

公司董事会成员为三人至九人,由国家授权投资的机构或者国家授权的部门按照董事会的任期委派或者更换。董事会成员中应当有公司职工代表。董事会中的职工代表由公司职工民主选举产生。

董事会设董事长一人,可以视需要设副董事长。董事长、副董事长,由国家授权投资的机构或者国家授权的部门从董事会成员中指定。

董事长为公司的法定代表人。

第六十九条 国有独资公司设经理,由董事会聘任或者解聘。经理依照本法第五十条规定行使职权。

经国家授权投资的机构或者国家授权的部门同意,董事会成员可以兼任经理。

第七十条 国有独资公司的董事长、副董事长、董事、经理,未经国家授权投资的机构或者国家授权的部门同意,不得兼任其他有限责任公司、股份有限公司或者其他经营组织的负责人。

第七十一条 国有独资公司的资产转让,依照法律、行政法规的规定,由国家授权投资的机构或者国家授权的部门办理审批和财产权转移手续。

第七十二条 经营管理制度健全、经营状况较好的大型的国有独资公司,可以由国务院授权行使资产所有者的权利。

第三章 股份有限公司的设立和组织机构

第一节 设 立

第七十三条 设立股份有限公司,应当具备下列条件:
(一)发起人符合法定人数;
(二)发起人认缴和社会公开募集的股本达到法定资本最低限额;
(三)股份发行、筹办事项符合法律规定;
(四)发起人制订公司章程,并经创立大会通过;
(五)有公司名称,建立符合股份有限公司要求的组织机构;
(六)有固定的生产经营场所和必要的生产经营条件。

第七十四条 股份有限公司的设立,可以采取发起设立或者募集设立的方式。

发起设立,是指由发起人认购公司应发行的全部股份而设立公司。

募集设立,是指由发起人认购公司应发行股份的一部分,其余部分向社会公开募集而设立公司。

第七十五条 设立股份有限公司,应当有五人以上为发起人,其中须有过半数的发起人在中国境内有住所。

国有企业改建为股份有限公司的,发起人可以少于五人,但应当采取募集设立方式。

第七十六条 股份有限公司发起人,必须按照本法规定认购其应认购的股份,并承担公司筹办事务。

第七十七条　股份有限公司的设立，必须经过国务院授权的部门或者省级人民政府批准。

第七十八条　股份有限公司的注册资本为在公司登记机关登记的实收股本总额。

股份有限公司注册资本的最低限额为人民币一千万元。股份有限公司注册资本最低限额需高于上述所定限额的，由法律、行政法规另行规定。

第七十九条　股份有限公司章程应当载明下列事项：

（一）公司名称和住所；

（二）公司经营范围；

（三）公司设立方式；

（四）公司股份总数、每股金额和注册资本；

（五）发起人的姓名或者名称、认购的股份数；

（六）股东的权利和义务；

（七）董事会的组成、职权、任期和议事规则；

（八）公司法定代表人；

（九）监事会的组成、职权、任期和议事规则；

（十）公司利润分配办法；

（十一）公司的解散事由与清算办法；

（十二）公司的通知和公告办法；

（十三）股东大会认为需要规定的其他事项。

第八十条　发起人可以用货币出资，也可以用实物、工业产权、非专利技术、土地使用权作价出资。对作为出资的实物、工业产权、非专利技术或者土地使用权，必须进行评估作价，核实财产，并折合为股份。不得高估或者低估作价。土地使用权的评估作价，依照法律、行政法规的规定办理。

发起人以工业产权、非专利技术作价出资的金额不得超过股份有限公司注册资本的百分之二十。

第八十一条　国有企业改建为股份有限公司时，严禁将国有资产低价折股、低价出售或者无偿分给个人。

第八十二条　以发起设立方式设立股份有限公司的，发起人以书面认足公司章程规定发行的股份后，应即缴纳全部股款；以实物、工业产权、非专利技术或者土地使用权抵作股款的，应当依法办理其财产权的转移手续。

发起人交付全部出资后，应当选举董事会和监事会，由董事会向公司登记机关报送设立公司的批准文件、公司章程、验资证明等文件，申请设立登记。

第八十三条　以募集设立方式设立股份有限公司的，发起人认购的股份不得少于公司股份总数的百分之三十五，其余股份应当向社会公开募集。

第八十四条　发起人向社会公开募集股份时，必须向国务院证券管理部门递交募股申请，并报送下列主要文件：

（一）批准设立公司的文件；

（二）公司章程；

（三）经营估算书；

（四）发起人姓名或者名称，发起人认购的股份数、出资种类及验资证明；

（五）招股说明书；

（六）代收股款银行的名称及地址；

（七）承销机构名称及有关的协议。

未经国务院证券管理部门批准，发起人不得向社会公开募集股份。

第八十五条　经国务院证券管理部门批准，股份有限公司可以向境外公开募集股份，具体办法由国务院作出特别规定。

第八十六条　国务院证券管理部门对符合本法规定条件的募股申请，予以批准；对不符合本法规定的募股申请，不予批准。

对已作出的批准如发现不符合本法规定的，应予撤销。尚未募集股份的，停止募集；已经募集的，认股人可以按照所缴股款并加算银行同期存款利息，要求发起人返还。

第八十七条　招股说明书应当附有发起人制订的公司章程，并载明下列事项：

（一）发起人认购的股份数；

（二）每股的票面金额和发行价格；

（三）无记名股票的发行总数；

（四）认股人的权利、义务；

（五）本次募股的起止期限及逾期未募足时认股人可撤回所认股份的说明。

第八十八条　发起人向社会公开募集股份，必须公告招股说明书，并制作认股书。认股书应当载明前条所列事项，由认股人填写所认股数、金额、住所，并签名、盖章。认股人按照所认股数缴纳股款。

第八十九条　发起人向社会公开募集股份，应当由依法设立的证券经营机构承销，签订承销协议。

第九十条　发起人向社会公开募集股份，应当同银行签订代收股款协议。

代收股款的银行应当按照协议代收和保存股款，向缴纳股款的认股人出具收款单据，并负有向有关部门出具收款证明的义务。

第九十一条　发行股份的股款缴足后，必须经法定的验资机构验资并出具证明。发起人应当在三十日内主持召开公司创立大会。创立大会由认股人组成。

发行的股份超过招股说明书规定的截止期限尚未募足的，或者发行股份的股款缴足后，发起人在三十日内未召开创立大会的，认股人可以按照所缴股款并加算银行同期存款利息，要求发起人返还。

第九十二条　发起人应当在创立大会召开十五日前将会议日期通知各认股人或者予以公告。创立大会应有代表股份总数二分之一以上的认股人出席，方可举行。

创立大会行使下列职权：

（一）审议发起人关于公司筹办情况的报告；

（二）通过公司章程；

（三）选举董事会成员；

（四）选举监事会成员；

（五）对公司的设立费用进行审核；

（六）对发起人用于抵作股款的财产的作价进行审核；

（七）发生不可抗力或者经营条件发生重大变化直接影响公司设立的，可以作出不设立公司的决议。

创立大会对前款所列事项作出决议，必须经出席会议的认股人所持表决权的半数以上通过。

第九十三条 发起人、认股人缴纳股款或者交付抵作股款的出资后，除未按期募足股份、发起人未按期召开创立大会或者创立大会决议不设立公司的情形外，不得抽回其股本。

第九十四条 董事会应于创立大会结束后三十日内，向公司登记机关报送下列文件，申请设立登记：

（一）有关主管部门的批准文件；

（二）创立大会的会议记录；

（三）公司章程；

（四）筹办公司的财务审计报告；

（五）验资证明；

（六）董事会、监事会成员姓名及住所；

（七）法定代表人的姓名、住所。

第九十五条 公司登记机关自接到股份有限公司设立登记申请之日起三十日内作出是否予以登记的决定。对符合本法规定条件的，予以登记，发给公司营业执照；对不符合本法规定条件的，不予登记。

公司营业执照签发日期，为公司成立日期。公司成立后，应当进行公告。

股份有限公司经登记成立后，采取募集设立方式的，应当将募集股份情况报国务院证券管理部门备案。

第九十六条 设立股份有限公司的同时设立分公司的，应当就所设分公司向公司登记机关申请登记，领取营业执照。

股份有限公司成立后设立分公司，应当由公司法定代表人向公司登记机关申请登记，领取营业执照。

第九十七条 股份有限公司的发起人应当承担下列责任：

（一）公司不能成立时，对设立行为所产生的债务和费用负连带责任；

（二）公司不能成立时，对认股人已缴纳的股款，负返还股款并加算银行同期存款利息的连带责任；

（三）在公司设立过程中，由于发起人的过失致使公司利益受到损害的，应当对公司承担赔偿责任。

第九十八条 有限责任公司变更为股份有限公司，应当符合本法规定的股份有限公司的条件，并依照本法有关设立股份有限公司的程序办理。

第九十九条 有限责任公司依法经批准变更为股份有限公司时，折合的股份总额应当相等于公司净资产额。有限责任公司依法经批准变更为股份有限公司，为增加资本向社会公开募集股份时，应当依照本法有关向社会公开募集股份的规定办理。

第一百条 有限责任公司依法变更为股份有限公司的，原有限责任公司的债权、债务由变更后的股份有限公司承继。

第一百零一条 股份有限公司应当将公司章程、股东名册、股东大会会议记录、财务会计报告置备于本公司。

第二节 股东大会

第一百零二条 股份有限公司由股东组成股东大会。股东大会是公司的权力机构，依照本法行使职权。

第一百零三条 股东大会行使下列职权：

（一）决定公司的经营方针和投资计划；

（二）选举和更换董事，决定有关董事的报酬事项；

（三）选举和更换由股东代表出任的监事，决定有关监事的报酬事项；

（四）审议批准董事会的报告；

（五）审议批准监事会的报告；

（六）审议批准公司的年度财务预算方案、决算方案；

（七）审议批准公司的利润分配方案和弥补亏损方案；

（八）对公司增加或者减少注册资本作出决议；

（九）对发行公司债券作出决议；

（十）对公司合并、分立、解散和清算等事项作出决议；

（十一）修改公司章程。

第一百零四条 股东大会应当每年召开一次年会。有下列情形之一的，应当在二个月内召开临时股东大会：

（一）董事人数不足本法规定的人数或者公司章程所定人数的三分之二时；

（二）公司未弥补的亏损达股本总额三分之一时；

（三）持有公司股份百分之十以上的股东请求时；

（四）董事会认为必要时；

（五）监事会提议召开时。

第一百零五条 股东大会会议由董事会依照本法规定负责召集，由董事长主持。董事长因特殊原因不能履行职务时，由董事长指定的副董事长或者其他董事主持。召开股东大会，应当将会议审议的事项于会议召开三十日以前通知各股东。临时股东大会不得对通知中未列明的事项作出决议。

发行无记名股票的，应当于会议召开四十五日以前就前款事项作出公告。

无记名股票持有人出席股东大会的，应当于会议召开五日以前至股东大会闭会时止将股票交存于公司。

第一百零六条 股东出席股东大会，所持每一股份有一表决权。

股东大会作出决议，必须经出席会议的股东所持表决权的半数以上通过。股东大会对公司合并、分立或者解散公司作出决议，必须经出席会议的股东所持表决权的三分之二以上通过。

第一百零七条 修改公司章程必须经出席股东大会的股东所持表决权的三分之二以上通过。

第一百零八条 股东可以委托代理人出席股东大会，代理人应当向公司提交股东授权委托书，并在授权范围内行使表决权。

第一百零九条 股东大会应当对所议事项的决定作成会议记录，由出席会议的董事签名。会议记录应当与出席股东的签名册及代理出席的委托书一并保存。

第一百一十条 股东有权查阅公司章程、股东大会会议记录和财务会计报告，对公司的经营提出建议或者质询。

第一百一十一条 股东大会、董事会的决议违反法律、行政法规，侵犯股东合法权益的，股东有权向人民法院提起要求停止该违法行为和侵害行为的诉讼。

第三节 董事会、经理

第一百一十二条 股份有限公司设董事会，其成员为五人至十九人。

董事会对股东大会负责，行使下列职权：

（一）负责召集股东大会，并向股东大会报告工作；
（二）执行股东大会的决议；
（三）决定公司的经营计划和投资方案；
（四）制订公司的年度财务预算方案、决算方案；
（五）制订公司的利润分配方案和弥补亏损方案；
（六）制订公司增加或者减少注册资本的方案以及发行公司债券的方案；
（七）拟订公司合并、分立、解散的方案；
（八）决定公司内部管理机构的设置；
（九）聘任或者解聘公司经理，根据经理的提名，聘任或者解聘公司副经理、财务负责人，决定其报酬事项；
（十）制定公司的基本管理制度。

第一百一十三条 董事会设董事长一人，可以设副董事长一至二人。董事长和副董事长由董事会以全体董事的过半数选举产生。

董事长为公司的法定代表人。

第一百一十四条 董事长行使下列职权：

（一）主持股东大会和召集、主持董事会会议；
（二）检查董事会决议的实施情况；
（三）签署公司股票、公司债券。

副董事长协助董事长工作，董事长不能履行职权时，由董事长指定的副董事长代行其职权。

第一百一十五条 董事任期由公司章程规定，但每届任期不得超过三年。董事任期届满，连选可以连任。

董事在任期届满前，股东大会不得无故解除其职务。

第一百一十六条 董事会每年度至少召开二次会议，每次会议应当于会议召开十日以前通知全体董事。

董事会召开临时会议，可以另定召集董事会的通知方式和通知时限。

第一百一十七条 董事会会议应由二分之一以上的董事出席方可举行。董事会作出决议，必须经全体董事的过半数通过。

第一百一十八条　董事会会议，应由董事本人出席。董事因故不能出席，可以书面委托其他董事代为出席董事会，委托书中应载明授权范围。

董事会应当对会议所议事项的决定作成会议记录，出席会议的董事和记录员在会议记录上签名。

董事应当对董事会的决议承担责任。董事会的决议违反法律、行政法规或者公司章程，致使公司遭受严重损失的，参与决议的董事对公司负赔偿责任。但经证明在表决时曾表明异议并记载于会议记录的，该董事可以免除责任。

第一百一十九条　股份有限公司设经理，由董事会聘任或者解聘。经理对董事会负责，行使下列职权：

（一）主持公司的生产经营管理工作，组织实施董事会决议；

（二）组织实施公司年度经营计划和投资方案；

（三）拟订公司内部管理机构设置方案；

（四）拟订公司的基本管理制度；

（五）制定公司的具体规章；

（六）提请聘任或者解聘公司副经理、财务负责人；

（七）聘任或者解聘除应由董事会聘任或者解聘以外的负责管理人员；

（八）公司章程和董事会授予的其他职权。

经理列席董事会会议。

第一百二十条　公司根据需要，可以由董事会授权董事长在董事会闭会期间，行使董事会的部分职权。

公司董事会可以决定，由董事会成员兼任经理。

第一百二十一条　公司研究决定有关职工工资、福利、安全生产以及劳动保护、劳动保险等涉及职工切身利益的问题，应当事先听取公司工会和职工的意见，并邀请工会或者职工代表列席有关会议。

第一百二十二条　公司研究决定生产经营的重大问题、制定重要的规章制度时，应当听取公司工会和职工的意见和建议。

第一百二十三条　董事、经理应当遵守公司章程，忠实履行职务，维护公司利益，不得利用在公司的地位和职权为自己谋取私利。

本法第五十七条至第六十三条有关不得担任董事、经理的规定以及董事、经理义务、责任的规定，适用于股份有限公司的董事、经理。

第四节　监　事　会

第一百二十四条　股份有限公司设监事会，其成员不得少于三人。监事会应在其组成人员中推选一名召集人。

监事会由股东代表和适当比例的公司职工代表组成，具体比例由公司章程规定。监事会中的职工代表由公司职工民主选举产生。

董事、经理及财务负责人不得兼任监事。

第一百二十五条　监事的任期每届为三年。监事任期届满，连选可以连任。

第一百二十六条　监事会行使下列职权：
（一）检查公司的财务；
（二）对董事、经理执行公司职务时违反法律、法规或者公司章程的行为进行监督；
（三）当董事和经理的行为损害公司的利益时，要求董事和经理予以纠正；
（四）提议召开临时股东大会；
（五）公司章程规定的其他职权。
监事列席董事会会议。
第一百二十七条　监事会的议事方式和表决程序由公司章程规定。
第一百二十八条　监事应当依照法律、行政法规、公司章程，忠实履行监督职责。
本法第五十七条至第五十九条、第六十二条至第六十三条有关不得担任监事的规定以及监事义务、责任的规定，适用于股份有限公司的监事。

第四章　股份有限公司的股份发行和转让

第一节　股　份　发　行

第一百二十九条　股份有限公司的资本划分为股份，每一股的金额相等。
公司的股份采取股票的形式。股票是公司签发的证明股东所持股份的凭证。
第一百三十条　股份的发行，实行公开、公平、公正的原则，必须同股同权，同股同利。
同次发行的股票，每股的发行条件和价格应当相同。任何单位或者个人所认购的股份，每股应当支付相同价额。
第一百三十一条　股票发行价格可以按票面金额，也可以超过票面金额，但不得低于票面金额。
以超过票面金额发行股票所得溢价款列入公司资本公积金。
股票溢价发行的具体管理办法由国务院另行规定。
第一百三十二条　股票采用纸面形式或者国务院证券管理部门规定的其他形式。
股票应当载明下列主要事项：
（一）公司名称；
（二）公司登记成立的日期；
（三）股票种类、票面金额及代表的股份数；
（四）股票的编号。
股票由董事长签名，公司盖章。
发起人的股票，应当标明发起人股票字样。
第一百三十三条　公司向发起人、国家授权投资的机构、法人发行的股票，应当为记名股票，并应当记载该发起人、机构或者法人的名称，不得另立户名或者以代表人姓名记名。
对社会公众发行的股票，可以为记名股票，也可以为无记名股票。
第一百三十四条　公司发行记名股票的，应当置备股东名册，记载下列事项：
（一）股东的姓名或者名称及住所；

（二）各股东所持股份数；
（三）各股东所持股票的编号；
（四）各股东取得其股份的日期。

发行无记名股票的，公司应当记载其股票数量、编号及发行日期。

第一百三十五条　国务院可以对公司发行本法规定的股票以外的其他种类的股票，另行作出规定。

第一百三十六条　股份有限公司登记成立后，即向股东正式交付股票。公司登记成立前不得向股东交付股票。

第一百三十七条　公司发行新股，必须具备下列条件：
（一）前一次发行的股份已募足，并间隔一年以上；
（二）公司在最近三年内连续盈利，并可向股东支付股利；
（三）公司在最近三年内财务会计文件无虚假记载；
（四）公司预期利润率可达同期银行存款利率。

公司以当年利润分派新股，不受前款第（二）项限制。

第一百三十八条　公司发行新股，股东大会应当对下列事项作出决议：
（一）新股种类及数额；
（二）新股发行价格；
（三）新股发行的起止日期；
（四）向原有股东发行新股的种类及数额。

第一百三十九条　股东大会作出发行新股的决议后，董事会必须向国务院授权的部门或者省级人民政府申请批准。属于向社会公开募集的，须经国务院证券管理部门批准。

第一百四十条　公司经批准向社会公开发行新股时，必须公告新股招股说明书和财务会计报表及附属明细表，并制作认股书。

公司向社会公开发行新股，应当由依法设立的证券经营机构承销，签订承销协议。

第一百四十一条　公司发行新股，可根据公司连续盈利情况和财产增值情况，确定其作价方案。

第一百四十二条　公司发行新股募足股款后，必须向公司登记机关办理变更登记，并公告。

第二节　股　份　转　让

第一百四十三条　股东持有的股份可以依法转让。

第一百四十四条　股东转让其股份，必须在依法设立的证券交易场所进行。

第一百四十五条　记名股票，由股东以背书方式或者法律、行政法规规定的其他方式转让。

记名股票的转让，由公司将受让人的姓名或者名称及住所记载于股东名册。

股东大会召开前三十日内或者公司决定分配股利的基准日前五日内，不得进行前款规定的股东名册的变更登记。

第一百四十六条　无记名股票的转让，由股东在依法设立的证券交易场所将该股票交付给受让人后即发生转让的效力。

第一百四十七条 发起人持有的本公司股份,自公司成立之日起三年内不得转让。

公司董事、监事、经理应当向公司申报所持有的本公司的股份,并在任职期间内不得转让。

第一百四十八条 国家授权投资的机构可以依法转让其持有的股份,也可以购买其他股东持有的股份。转让或者购买股份的审批权限、管理办法,由法律、行政法规另行规定。

第一百四十九条 公司不得收购本公司的股票,但为减少公司资本而注销股份或者与持有本公司股票的其他公司合并时除外。

公司依照前款规定收购本公司的股票后,必须在十日内注销该部分股份,依照法律、行政法规办理变更登记,并公告。

公司不得接受本公司的股票作为抵押权的标的。

第一百五十条 记名股票被盗、遗失或者灭失,股东可以依照民事诉讼法规定的公示催告程序,请求人民法院宣告该股票失效。

依照公示催告程序,人民法院宣告该股票失效后,股东可以向公司申请补发股票。

第三节 上 市 公 司

第一百五十一条 本法所称上市公司是指所发行的股票经国务院或者国务院授权证券管理部门批准在证券交易所上市交易的股份有限公司。

第一百五十二条 股份有限公司申请其股票上市必须符合下列条件:

(一)股票经国务院证券管理部门批准已向社会公开发行;

(二)公司股本总额不少于人民币五千万元;

(三)开业时间在三年以上,最近三年连续盈利;原国有企业依法改建而设立的,或者本法实施后新组建成立,其主要发起人为国有大中型企业的,可连续计算;

(四)持有股票面值达人民币一千元以上的股东人数不少于一千人,向社会公开发行的股份达公司股份总数的百分之二十五以上;公司股本总额超过人民币四亿元的,其向社会公开发行股份的比例为百分之十五以上;

(五)公司在最近三年内无重大违法行为,财务会计报告无虚假记载;

(六)国务院规定的其他条件。

第一百五十三条 股份有限公司申请其股票上市交易,应当报经国务院或者国务院授权证券管理部门批准,依照有关法律、行政法规的规定报送有关文件。

国务院或者国务院授权证券管理部门对符合本法规定条件的股票上市交易申请,予以批准;对不符合本法规定条件的,不予批准。

股票上市交易申请经批准后,被批准的上市公司必须公告其股票上市报告,并将其申请文件存放在指定的地点供公众查阅。

第一百五十四条 经批准的上市公司的股份,依照有关法律、行政法规上市交易。

第一百五十五条 经国务院证券管理部门批准,公司股票可以到境外上市,具体办法由国务院作出特别规定。

第一百五十六条 上市公司必须按照法律、行政法规的规定,定期公开其财务状况和经营情况,在每会计年度内半年公布一次财务会计报告。

第一百五十七条 上市公司有下列情形之一的,由国务院证券管理部门决定暂停其股票上市:
(一) 公司股本总额、股权分布等发生变化不再具备上市条件;
(二) 公司不按规定公开其财务状况,或者对财务会计报告作虚假记载;
(三) 公司有重大违法行为;
(四) 公司最近三年连续亏损。

第一百五十八条 上市公司有前条第(二)项、第(三)项所列情形之一经查实后果严重的,或者有前条第(一)项、第(四)项所列情形之一,在限期内未能消除,不具备上市条件的,由国务院证券管理部门决定终止其股票上市。

公司决议解散、被行政主管部门依法责令关闭或者被宣告破产的,由国务院证券管理部门决定终止其股票上市。

第五章 公司债券

第一百五十九条 股份有限公司、国有独资公司和两个以上的国有企业或者其他两个以上的国有投资主体投资设立的有限责任公司,为筹集生产经营资金,可以依照本法发行公司债券。

第一百六十条 本法所称公司债券是指公司依照法定程序发行的、约定在一定期限还本付息的有价证券。

第一百六十一条 发行公司债券,必须符合下列条件:
(一) 股份有限公司的净资产额不低于人民币三千万元,有限责任公司的净资产额不低于人民币六千万元;
(二) 累计债券总额不超过公司净资产额的百分之四十;
(三) 最近三年平均可分配利润足以支付公司债券一年的利息;
(四) 筹集的资金投向符合国家产业政策;
(五) 债券的利率不得超过国务院限定的利率水平;
(六) 国务院规定的其他条件。

发行公司债券筹集的资金,必须用于审批机关批准的用途,不得用于弥补亏损和非生产性支出。

第一百六十二条 凡有下列情形之一的,不得再次发行公司债券:
(一) 前一次发行的公司债券尚未募足的;
(二) 对已发行的公司债券或者其债务有违约或者延迟支付本息的事实,且仍处于继续状态的。

第一百六十三条 股份有限公司、有限责任公司发行公司债券,由董事会制订方案,股东会作出决议。

国有独资公司发行公司债券,应由国家授权投资的机构或者国家授权的部门作出决定。

依照前二款规定作出决议或者决定后,公司应当向国务院证券管理部门报请批准。

第一百六十四条 公司债券的发行规模由国务院确定。国务院证券管理部门审批公司债券的发行,不得超过国务院确定的规模。

国务院证券管理部门对符合本法规定的发行公司债券的申请,予以批准;对不符合本法规定的申请,不予批准。

对已作出的批准如发现不符合本法规定的,应予撤销。尚未发行公司债券的,停止发行;已经发行公司债券的,发行的公司应当向认购人退还所缴款项并加算银行同期存款利息。

第一百六十五条　公司向国务院证券管理部门申请批准发行公司债券,应当提交下列文件:

(一)公司登记证明;
(二)公司章程;
(三)公司债券募集办法;
(四)资产评估报告和验资报告。

第一百六十六条　发行公司债券的申请经批准后,应当公告公司债券募集办法。

公司债券募集办法中应当载明下列主要事项:

(一)公司名称;
(二)债券总额和债券的票面金额;
(三)债券的利率;
(四)还本付息的期限和方式;
(五)债券发行的起止日期;
(六)公司净资产额;
(七)已发行的尚未到期的公司债券总额;
(八)公司债券的承销机构。

第一百六十七条　公司发行公司债券,必须在债券上载明公司名称、债券票面金额、利率、偿还期限等事项,并由董事长签名,公司盖章。

第一百六十八条　公司债券可分为记名债券和无记名债券。

第一百六十九条　公司发行公司债券应当置备公司债券存根簿。

发行记名公司债券的,应当在公司债券存根簿上载明下列事项:

(一)债券持有人的姓名或者名称及住所;
(二)债券持有人取得债券的日期及债券的编号;
(三)债券总额,债券的票面金额,债券的利率,债券的还本付息的期限和方式;
(四)债券的发行日期。

发行无记名公司债券的,应当在公司债券存根簿上载明债券总额、利率、偿还期限和方式、发行日期及债券的编号。

第一百七十条　公司债券可以转让。转让公司债券应当在依法设立的证券交易场所进行。

公司债券的转让价格由转让人与受让人约定。

第一百七十一条　记名债券,由债券持有人以背书方式或者法律、行政法规规定的其他方式转让。

记名债券的转让,由公司将受让人的姓名或者名称及住所记载于公司债券存根簿。

无记名债券,由债券持有人在依法设立的证券交易场所将该债券交付给受让人后即发生转让的效力。

第一百七十二条　上市公司经股东大会决议可以发行可转换为股票的公司债券,并在公司债券募集办法中规定具体的转换办法。

发行可转换为股票的公司债券,应当报请国务院证券管理部门批准。公司债券可转换为股票的,除具备发行公司债券的条件外,还应当符合股票发行的条件。

发行可转换为股票的公司债券,应当在债券上标明可转换公司债券字样,并在公司债券存根簿上载明可转换公司债券的数额。

第一百七十三条　发行可转换为股票的公司债券的,公司应当按照其转换办法向债券持有人换发股票,但债券持有人对转换股票或者不转换股票有选择权。

第六章　公司财务、会计

第一百七十四条　公司应当依照法律、行政法规和国务院财政主管部门的规定建立本公司的财务、会计制度。

第一百七十五条　公司应当在每一会计年度终了时制作财务会计报告,并依法经审查验证。

财务会计报告应当包括下列财务会计报表及附属明细表:

（一）资产负债表；

（二）损益表；

（三）财务状况变动表；

（四）财务情况说明书；

（五）利润分配表。

第一百七十六条　有限责任公司应当按照公司章程规定的期限将财务会计报告送交各股东。

股份有限公司的财务会计报告应当在召开股东大会年会的二十日以前置备于本公司,供股东查阅。

以募集设立方式成立的股份有限公司必须公告其财务会计报告。

第一百七十七条　公司分配当年税后利润时,应当提取利润的百分之十列入公司法定公积金,并提取利润的百分之五至百分之十列入公司法定公益金。公司法定公积金累计额为公司注册资本的百分之五十以上的,可不再提取。

公司的法定公积金不足以弥补上一年度公司亏损的,在依照前款规定提取法定公积金和法定公益金之前,应当先用当年利润弥补亏损。

公司在从税后利润中提取法定公积金后,经股东会决议,可以提取任意公积金。

公司弥补亏损和提取公积金、法定公益金后所余利润,有限责任公司按照股东的出资比例分配,股份有限公司按照股东持有的股份比例分配。

股东会或者董事会违反前款规定,在公司弥补亏损和提取法定公积金、法定公益金之前向股东分配利润的,必须将违反规定分配的利润退还公司。

第一百七十八条　股份有限公司依照本法规定,以超过股票票面金额的发行价格发行股份所得的溢价款以及国务院财政主管部门规定列入资本公积金的其他收入,应当列为公司资本公积金。

第一百七十九条　公司的公积金用于弥补公司的亏损,扩大公司生产经营或者转为增加公司资本。

股份有限公司经股东大会决议将公积金转为资本时，按股东原有股份比例派送新股或者增加每股面值。但法定公积金转为资本时，所留存的该项公积金不得少于注册资本的百分之二十五。

第一百八十条　公司提取的法定公益金用于本公司职工的集体福利。

第一百八十一条　公司除法定的会计账册外，不得另立会计账册。

对公司资产，不得以任何个人名义开立账户存储。

第七章　公司合并、分立

第一百八十二条　公司合并或者分立，应当由公司的股东会作出决议。

第一百八十三条　股份有限公司合并或者分立，必须经国务院授权的部门或者省级人民政府批准。

第一百八十四条　公司合并可以采取吸收合并和新设合并两种形式。

一个公司吸收其他公司为吸收合并，被吸收的公司解散。二个以上公司合并设立一个新的公司为新设合并，合并各方解散。

公司合并，应当由合并各方签订合并协议，并编制资产负债表及财产清单。公司应当自作出合并决议之日起十日内通知债权人，并于三十日内在报纸上至少公告三次。债权人自接到通知书之日起三十日内，未接到通知书的自第一次公告之日起九十日内，有权要求公司清偿债务或者提供相应的担保。不清偿债务或者不提供相应的担保的，公司不得合并。

公司合并时，合并各方的债权、债务，应当由合并后存续的公司或者新设的公司承继。

第一百八十五条　公司分立，其财产作相应的分割。

公司分立时，应当编制资产负债表及财产清单。公司应当自作出分立决议之日起十日内通知债权人，并于三十日内在报纸上至少公告三次。债权人自接到通知书之日起三十日内，未接到通知书的自第一次公告之日起九十日内，有权要求公司清偿债务或者提供相应的担保。不清偿债务或者不提供相应的担保的，公司不得分立。

公司分立前的债务按所达成的协议由分立后的公司承担。

第一百八十六条　公司需要减少注册资本时，必须编制资产负债表及财产清单。

公司应当自作出减少注册资本决议之日起十日内通知债权人，并于三十日内在报纸上至少公告三次。债权人自接到通知书之日起三十日内，未接到通知书的自第一次公告之日起九十日内，有权要求公司清偿债务或者提供相应的担保。

公司减少资本后的注册资本不得低于法定的最低限额。

第一百八十七条　有限责任公司增加注册资本时，股东认缴新增资本的出资，按照本法设立有限责任公司缴纳出资的有关规定执行。

股份有限公司为增加注册资本发行新股时，股东认购新股应当按照本法设立股份有限公司缴纳股款的有关规定执行。

第一百八十八条　公司合并或者分立，登记事项发生变更的，应当依法向公司登记机关办理变更登记；公司解散的，应当依法办理公司注销登记；设立新公司的，应当依法办理公司设立登记。

公司增加或者减少注册资本，应当依法向公司登记机关办理变更登记。

第八章　公司破产、解散和清算

第一百八十九条　公司因不能清偿到期债务，被依法宣告破产的，由人民法院依照有关法律的规定，组织股东、有关机关及有关专业人员成立清算组，对公司进行破产清算。

第一百九十条　公司有下列情形之一的，可以解散：

（一）公司章程规定的营业期限届满或者公司章程规定的其他解散事由出现时；

（二）股东会决议解散；

（三）因公司合并或者分立需要解散的。

第一百九十一条　公司依照前条第（一）项、第（二）项规定解散的，应当在十五日内成立清算组，有限责任公司的清算组由股东组成，股份有限公司的清算组由股东大会确定其人选；逾期不成立清算组进行清算的，债权人可以申请人民法院指定有关人员组成清算组，进行清算。人民法院应当受理该申请，并及时指定清算组成员，进行清算。

第一百九十二条　公司违反法律、行政法规被依法责令关闭的，应当解散，由有关主管机关组织股东、有关机关及有关专业人员成立清算组，进行清算。

第一百九十三条　清算组在清算期间行使下列职权：

（一）清理公司财产，分别编制资产负债表和财产清单；

（二）通知或者公告债权人；

（三）处理与清算有关的公司未了结的业务；

（四）清缴所欠税款；

（五）清理债权、债务；

（六）处理公司清偿债务后的剩余财产；

（七）代表公司参与民事诉讼活动。

第一百九十四条　清算组应当自成立之日起十日内通知债权人，并于六十日内在报纸上至少公告三次。债权人应当自接到通知书之日起三十日内，未接到通知书的自第一次公告之日起九十日内，向清算组申报其债权。

债权人申报其债权，应当说明债权的有关事项，并提供证明材料。清算组应当对债权进行登记。

第一百九十五条　清算组在清理公司财产、编制资产负债表和财产清单后，应当制定清算方案，并报股东会或者有关主管机关确认。

公司财产能够清偿公司债务的，分别支付清算费用、职工工资和劳动保险费用，缴纳所欠税款，清偿公司债务。

公司财产按前款规定清偿后的剩余财产，有限责任公司按照股东的出资比例分配，股份有限公司按照股东持有的股份比例分配。

清算期间，公司不得开展新的经营活动。公司财产在未按第二款的规定清偿前，不得分配给股东。

第一百九十六条　因公司解散而清算，清算组在清理公司财产、编制资产负债表和财产清单后，发现公司财产不足清偿债务的，应当立即向人民法院申请宣告破产。

公司经人民法院裁定宣告破产后，清算组应当将清算事务移交给人民法院。

第一百九十七条　公司清算结束后，清算组应当制作清算报告，报股东会或者有关主管机关确认,并报送公司登记机关,申请注销公司登记,公告公司终止。不申请注销公司登记的,由公司登记机关吊销其公司营业执照,并予以公告。

第一百九十八条　清算组成员应当忠于职守,依法履行清算义务。

清算组成员不得利用职权收受贿赂或者其他非法收入,不得侵占公司财产。

清算组成员因故意或者重大过失给公司或者债权人造成损失的,应当承担赔偿责任。

第九章　外国公司的分支机构

第一百九十九条　外国公司依照本法规定可以在中国境内设立分支机构,从事生产经营活动。

本法所称外国公司是指依照外国法律在中国境外登记成立的公司。

第二百条　外国公司在中国境内设立分支机构,必须向中国主管机关提出申请,并提交其公司章程、所属国的公司登记证书等有关文件,经批准后,向公司登记机关依法办理登记,领取营业执照。

外国公司分支机构的审批办法由国务院另行规定。

第二百零一条　外国公司在中国境内设立分支机构,必须在中国境内指定负责该分支机构的代表人或者代理人,并向该分支机构拨付与其所从事的经营活动相适应的资金。

对外国公司分支机构的经营资金需要规定最低限额的,由国务院另行规定。

第二百零二条　外国公司的分支机构应当在其名称中标明该外国公司的国籍及责任形式。

外国公司的分支机构应当在本机构中置备该外国公司章程。

第二百零三条　外国公司属于外国法人,其在中国境内设立的分支机构不具有中国法人资格。

外国公司对其分支机构在中国境内进行经营活动承担民事责任。

第二百零四条　经批准设立的外国公司分支机构,在中国境内从事业务活动,必须遵守中国的法律,不得损害中国的社会公共利益,其合法权益受中国法律保护。

第二百零五条　外国公司撤销其在中国境内的分支机构时,必须依法清偿债务,按照本法有关公司清算程序的规定进行清算。未清偿债务之前,不得将其分支机构的财产移至中国境外。

第十章　法　律　责　任

第二百零六条　违反本法规定,办理公司登记时虚报注册资本、提交虚假证明文件或者采取其他欺诈手段隐瞒重要事实取得公司登记的,责令改正,对虚报注册资本的公司,处以虚报注册资本金额百分之五以上百分之十以下的罚款;对提交虚假证明文件或者采取其他欺诈手段隐瞒重要事实的公司,处以一万元以上十万元以下的罚款;情节严重的,撤销公司登记。构成犯罪的,依法追究刑事责任。

第二百零七条　制作虚假的招股说明书、认股书、公司债券募集办法发行股票或者公司债券的,责令停止发行,退还所募资金及其利息,处以非法募集资金金额百分之一以上百分之五以下的罚款。构成犯罪的,依法追究刑事责任。

第二百零八条　公司的发起人、股东未交付货币、实物或者未转移财产权,虚假出资，欺骗债权人和社会公众的，责令改正，处以虚假出资金额百分之五以上百分之十以下的罚款。构成犯罪的，依法追究刑事责任。

第二百零九条 公司的发起人、股东在公司成立后，抽逃其出资的，责令改正，处以所抽逃出资金额百分之五以上百分之十以下的罚款。构成犯罪的，依法追究刑事责任。

第二百一十条 未经本法规定的有关主管部门的批准，擅自发行股票或者公司债券的，责令停止发行，退还所募资金及其利息，处以非法所募资金金额百分之一以上百分之五以下的罚款。构成犯罪的，依法追究刑事责任。

第二百一十一条 公司违反本法规定，在法定的会计账册以外另立会计账册的，责令改正，处以一万元以上十万元以下的罚款。构成犯罪的，依法追究刑事责任。

将公司资产以任何个人名义开立账户存储的，没收违法所得，并处以违法所得一倍以上五倍以下的罚款。构成犯罪的，依法追究刑事责任。

第二百一十二条 公司向股东和社会公众提供虚假的或者隐瞒重要事实的财务会计报告的，对直接负责的主管人员和其他直接责任人员处以一万元以上十万元以下的罚款。构成犯罪的，依法追究刑事责任。

第二百一十三条 违反本法规定，将国有资产低价折股、低价出售或者无偿分给个人的，对直接负责的主管人员和其他直接责任人员依法给予行政处分。构成犯罪的，依法追究刑事责任。

第二百一十四条 董事、监事、经理利用职权收受贿赂、其他非法收入或者侵占公司财产的，没收违法所得，责令退还公司财产，由公司给予处分。构成犯罪的，依法追究刑事责任。

董事、经理挪用公司资金或者将公司资金借贷给他人的，责令退还公司的资金，由公司给予处分，将其所得收入归公司所有。构成犯罪的，依法追究刑事责任。

董事、经理违反本法规定，以公司资产为本公司的股东或者其他个人债务提供担保的，责令取消担保，并依法承担赔偿责任，将违法提供担保取得的收入归公司所有。情节严重的，由公司给予处分。

第二百一十五条 董事、经理违反本法规定自营或者为他人经营与其所任职公司同类的营业的，除将其所得收入归公司所有外，并可由公司给予处分。

第二百一十六条 公司不按照本法规定提取法定公积金、法定公益金的，责令如数补足应当提取的金额，并可对公司处以一万元以上十万元以下的罚款。

第二百一十七条 公司在合并、分立、减少注册资本或者进行清算时，不按照本法规定通知或者公告债权人的，责令改正，对公司处以一万元以上十万元以下的罚款。

公司在进行清算时，隐匿财产，对资产负债表或者财产清单作虚伪记载或者未清偿债务前分配公司财产的，责令改正，对公司处以隐匿财产或者未清偿债务前分配公司财产金额百分之一以上百分之五以下的罚款。对直接负责的主管人员和其他直接责任人员处以一万元以上十万元以下的罚款。构成犯罪的，依法追究刑事责任。

第二百一十八条 清算组不按本法规定向公司登记机关报送清算报告，或者报送清算报告隐瞒重要事实或者有重大遗漏的，责令改正。

清算组成员利用职权徇私舞弊、谋取非法收入或者侵占公司财产的，责令退还公司财产，没收违法所得，并可处以违法所得一倍以上五倍以下的罚款。构成犯罪的，依法追究刑事责任。

第二百一十九条 承担资产评估、验资或者验证的机构提供虚假证明文件的，没收违法所得，处以违法所得一倍以上五倍以下的罚款，并可由有关主管部门依法责令该机构停业，吊销直接责任人员的资格证书。构成犯罪的，依法追究刑事责任。

承担资产评估、验资或者验证的机构因过失提供有重大遗漏的报告的，责令改正，情节较重的，处以所得收入一倍以上三倍以下的罚款，并可由有关主管部门依法责令该机构停业，吊销直接责任人员的资格证书。

第二百二十条 国务院授权的有关主管部门，对不符合本法规定条件的设立公司的申请予以批准，或者对不符合本法规定条件的股份发行的申请予以批准，情节严重的，对直接负责的主管人员和其他直接责任人员，依法给予行政处分。构成犯罪的，依法追究刑事责任。

第二百二十一条 国务院证券管理部门对不符合本法规定条件的募集股份、股票上市和债券发行的申请予以批准，情节严重的，对直接负责的主管人员和其他直接责任人员，依法给予行政处分。构成犯罪的，依法追究刑事责任。

第二百二十二条 公司登记机关对不符合本法规定条件的登记申请予以登记，情节严重的，对直接负责的主管人员和其他直接责任人员，依法给予行政处分。构成犯罪的，依法追究刑事责任。

第二百二十三条 公司登记机关的上级部门强令公司登记机关对不符合本法规定条件的登记申请予以登记的，或者对违法登记进行包庇的，对直接负责的主管人员和其他直接责任人员依法给予行政处分。构成犯罪的，依法追究刑事责任。

第二百二十四条 未依法登记为有限责任公司或者股份有限公司，而冒用有限责任公司或者股份有限公司名义的，责令改正或者予以取缔，并可处以一万元以上十万元以下的罚款。构成犯罪的，依法追究刑事责任。

第二百二十五条 公司成立后无正当理由超过六个月未开业的，或者开业后自行停业连续六个月以上的，由公司登记机关吊销其公司营业执照。

公司登记事项发生变更时，未按照本法规定办理有关变更登记的，责令限期登记，逾期不登记的，处以一万元以上十万元以下的罚款。

第二百二十六条 外国公司违反本法规定，擅自在中国境内设立分支机构的，责令改正或者关闭，并可处以一万元以上十万元以下的罚款。

第二百二十七条 依照本法履行审批职责的有关主管部门，对符合法定条件的申请，不予批准的，或者公司登记机关对符合法定条件的申请，不予登记的，当事人可以依法申请复议或者提起行政诉讼。

第二百二十八条 公司违反本法规定，应当承担民事赔偿责任和缴纳罚款、罚金的，其财产不足以支付时，先承担民事赔偿责任。

第十一章 附 则

第二百二十九条 本法施行前依照法律、行政法规、地方性法规和国务院有关主管部门制定的《有限责任公司规范意见》、《股份有限公司规范意见》登记成立的公司，继续保留，其中不完全具备本法规定的条件的，应当在规定的限期内达到本法规定的条件。具体实施办法,由国务院另行规定。

　　属于高新技术的股份有限公司,发起人以工业产权和非专利技术作价出资的金额占公司注册资本的比例,公司发行新股、申请股票上市的条件,由国务院另行规定。

　　第二百三十条　本法自1994年7月1日起施行。

中华人民共和国合同法(节选)

(1999年3月15日第九届全国人民代表大会第二次会议通过)

目录
总则
第一章 一般规定
第二章 合同的订立
第三章 合同的效力
第四章 合同的履行
第五章 合同的变更和转让
第六章 合同的权利义务终止
第七章 违约责任
第八章 其他规定

总则

第一章 一 般 规 定

第一条 为了保护合同当事人的合法权益,维护社会经济秩序,促进社会主义现代化建设,制定本法。

第二条 本法所称合同是平等主体的自然人、法人、其他组织之间设立、变更、终止民事权利义务关系的协议。

婚姻、收养、监护等有关身份关系的协议,适用其他法律的规定。

第三条 合同当事人的法律地位平等,一方不得将自己的意志强加给另一方。

第四条 当事人依法享有自愿订立合同的权利,任何单位和个人不得非法干预。

第五条 当事人应当遵循公平原则确定各方的权利和义务。

第六条 当事人行使权利、履行义务应当遵循诚实信用原则。

第七条 当事人订立、履行合同,应当遵守法律、行政法规,尊重社会公德,不得扰乱社会经济秩序,损害社会公共利益。

第八条 依法成立的合同,对当事人具有法律约束力。当事人应当按照约定履行自己的义务,不得擅自变更或者解除合同。

依法成立的合同,受法律保护。

第二章 合同的订立

第九条 当事人订立合同,应当具有相应的民事权利能力和民事行为能力。

当事人依法可以委托代理人订立合同。

第十条 当事人订立合同,有书面形式、口头形式和其他形式。

法律、行政法规规定采用书面形式的,应当采用书面形式。当事人约定采用书面形式的,应当采用书面形式。

第十一条 书面形式是指合同书、信件和数据电文(包括电报、电传、传真、电子数据交换和电子邮件)等可以有形地表现所载内容的形式。

第十二条 合同的内容由当事人约定,一般包括以下条款:
(一)当事人的名称或者姓名和住所;
(二)标的;
(三)数量;
(四)质量;
(五)价款或者报酬;
(六)履行期限、地点和方式;
(七)违约责任;
(八)解决争议的方法。

当事人可以参照各类合同的示范文本订立合同。

第十三条 当事人订立合同,采取要约、承诺方式。

第十四条 要约是希望和他人订立合同的意思表示,该意思表示应当符合下列规定:
(一)内容具体确定;
(二)表明经受要约人承诺,要约人即受该意思表示约束。

第十五条 要约邀请是希望他人向自己发出要约的意思表示。寄送的价目表、拍卖公告、招标公告、招股说明书、商业广告等为要约邀请。

商业广告的内容符合要约规定的,视为要约。

第十六条 要约到达受要约人时生效。

采用数据电文形式订立合同,收件人指定特定系统接收数据电文的,该数据电文进入该特定系统的时间,视为到达时间;未指定特定系统的,该数据电文进入收件人的任何系统的首次时间,视为到达时间。

第十七条 要约可以撤回。撤回要约的通知应当在要约到达受要约人之前或者与要约同时到达受要约人。

第十八条 要约可以撤销。撤销要约的通知应当在受要约人发出承诺通知之前到达受要约人。

第十九条 有下列情形之一的,要约不得撤销:
(一)要约人确定了承诺期限或者以其他形式明示要约不可撤销;
(二)受要约人有理由认为要约是不可撤销的,并已经为履行合同作了准备工作。

第二十条 有下列情形之一的,要约失效:
(一)拒绝要约的通知到达要约人;
(二)要约人依法撤销要约;
(三)承诺期限届满,受要约人未作出承诺;
(四)受要约人对要约的内容作出实质性变更。

第二十一条 承诺是受要约人同意要约的意思表示。

第二十二条 承诺应当以通知的方式作出,但根据交易习惯或者要约表明可以通过行为作出承诺的除外。

第二十三条 承诺应当在要约确定的期限内到达要约人。

要约没有确定承诺期限的,承诺应当依照下列规定到达:

(一)要约以对话方式作出的,应当即时作出承诺,但当事人另有约定的除外;

(二)要约以非对话方式作出的,承诺应当在合理期限内到达。

第二十四条 要约以信件或者电报作出的,承诺期限自信件载明的日期或者电报交发之日开始计算。信件未载明日期的,自投寄该信件的邮戳日期开始计算。要约以电话、传真等快速通讯方式作出的,承诺期限自要约到达受要约人时开始计算。

第二十五条 承诺生效时合同成立。

第二十六条 承诺通知到达要约人时生效。承诺不需要通知的,根据交易习惯或者要约的要求作出承诺的行为时生效。

采用数据电文形式订立合同的,承诺到达的时间适用本法第十六条第二款的规定。

第二十七条 承诺可以撤回。撤回承诺的通知应当在承诺通知到达要约人之前或者与承诺通知同时到达要约人。

第二十八条 受要约人超过承诺期限发出承诺的,除要约人及时通知受要约人该承诺有效的以外,为新要约。

第二十九条 受要约人在承诺期限内发出承诺,按照通常情形能够及时到达要约人,但因其他原因承诺到达要约人时超过承诺期限的,除要约人及时通知受要约人因承诺超过期限不接受该承诺的以外,该承诺有效。

第三十条 承诺的内容应当与要约的内容一致。受要约人对要约的内容作出实质性变更的,为新要约。有关合同标的、数量、质量、价款或者报酬、履行期限、履行地点和方式、违约责任和解决争议方法等的变更,是对要约内容的实质性变更。

第三十一条 承诺对要约的内容作出非实质性变更的,除要约人及时表示反对或者要约表明承诺不得对要约的内容作出任何变更的以外,该承诺有效,合同的内容以承诺的内容为准。

第三十二条 当事人采用合同书形式订立合同的,自双方当事人签字或者盖章时合同成立。

第三十三条 当事人采用信件、数据电文等形式订立合同的,可以在合同成立之前要求签订确认书。签订确认书时合同成立。

第三十四条 承诺生效的地点为合同成立的地点。

采用数据电文形式订立合同的,收件人的主营业地为合同成立的地点;没有主营业地的,其经常居住地为合同成立的地点。当事人另有约定的,按照其约定。

第三十五条 当事人采用合同书形式订立合同的,双方当事人签字或者盖章的地点为合同成立的地点。

第三十六条 法律、行政法规规定或者当事人约定采用书面形式订立合同,当事人未采用书面形式但一方已经履行主要义务,对方接受的,该合同成立。

第三十七条 采用合同书形式订立合同,在签字或者盖章之前,当事人一方已经履行主要义务,对方接受的,该合同成立。

第三十八条 国家根据需要下达指令性任务或者国家订货任务的,有关法人、其他组织之间应当依照有关法律、行政法规规定的权利和义务订立合同。

第三十九条　采用格式条款订立合同的，提供格式条款的一方应当遵循公平原则确定当事人之间的权利和义务，并采取合理的方式提请对方注意免除或者限制其责任的条款，按照对方的要求，对该条款予以说明。

格式条款是当事人为了重复使用而预先拟定，并在订立合同时未与对方协商的条款。

第四十条　格式条款具有本法第五十二条和第五十三条规定情形的，或者提供格式条款一方免除其责任、加重对方责任、排除对方主要权利的，该条款无效。

第四十一条　对格式条款的理解发生争议的，应当按通常理解予以解释。对格式条款有两种以上解释的，应当作出不利于提供格式条款一方的解释。格式条款和非格式条款不一致的，应当采用非格式条款。

第四十二条　当事人在订立合同过程中有下列情形之一，给对方造成损失的，应当承担损害赔偿责任：

（一）假借订立合同，恶意进行磋商；

（二）故意隐瞒与订立合同有关的重要事实或者提供虚假情况；

（三）有其他违背诚实信用原则的行为。

第四十三条　当事人在订立合同过程中知悉的商业秘密，无论合同是否成立，不得泄露或者不正当地使用。泄露或者不正当地使用该商业秘密给对方造成损失的，应当承担损害赔偿责任。

第三章　合同的效力

第四十四条　依法成立的合同，自成立时生效。

法律、行政法规规定应当办理批准、登记等手续生效的，依照其规定。

第四十五条　当事人对合同的效力可以约定附条件。附生效条件的合同，自条件成就时生效。附解除条件的合同，自条件成就时失效。

当事人为自己的利益不正当地阻止条件成就的，视为条件已成就；不正当地促成条件成就的，视为条件不成就。

第四十六条　当事人对合同的效力可以约定附期限。附生效期限的合同，自期限届至时生效。附终止期限的合同，自期限届满时失效。

第四十七条　限制民事行为能力人订立的合同，经法定代理人追认后，该合同有效，但纯获利益的合同或者与其年龄、智力、精神健康状况相适应而订立的合同，不必经法定代理人追认。

相对人可以催告法定代理人在一个月内予以追认。法定代理人未作表示的，视为拒绝追认。合同被追认之前，善意相对人有撤销的权利。撤销应当以通知的方式作出。

第四十八条　行为人没有代理权、超越代理权或者代理权终止后以被代理人名义订立的合同，未经被代理人追认，对被代理人不发生效力，由行为人承担责任。

相对人可以催告被代理人在一个月内予以追认。被代理人未作表示的，视为拒绝追认。合同被追认之前，善意相对人有撤销的权利。撤销应当以通知的方式作出。

第四十九条　行为人没有代理权、超越代理权或者代理权终止后以被代理人名义订立合同，相对人有理由相信行为人有代理权的，该代理行为有效。

第五十条　法人或者其他组织的法定代表人、负责人超越权限订立的合同，除相对人知道或者应当知道其超越权限的以外，该代表行为有效。

第五十一条　无处分权的人处分他人财产，经权利人追认或者无处分权的人订立合同后取得处分权的，该合同有效。

第五十二条　有下列情形之一的，合同无效：
（一）一方以欺诈、胁迫的手段订立合同，损害国家利益；
（二）恶意串通，损害国家、集体或者第三人利益；
（三）以合法形式掩盖非法目的；
（四）损害社会公共利益；
（五）违反法律、行政法规的强制性规定。

第五十三条　合同中的下列免责条款无效：
（一）造成对方人身伤害的；
（二）因故意或者重大过失造成对方财产损失的。

第五十四条　下列合同，当事人一方有权请求人民法院或者仲裁机构变更或者撤销：
（一）因重大误解订立的；
（二）在订立合同时显失公平的。
一方以欺诈、胁迫的手段或者乘人之危，使对方在违背真实意思的情况下订立的合同，受损害方有权请求人民法院或者仲裁机构变更或者撤销。
当事人请求变更的，人民法院或者仲裁机构不得撤销。

第五十五条　有下列情形之一的，撤销权消灭：
（一）具有撤销权的当事人自知道或者应当知道撤销事由之日起一年内没有行使撤销权；
（二）具有撤销权的当事人知道撤销事由后明确表示或者以自己的行为放弃撤销权。

第五十六条　无效的合同或者被撤销的合同自始没有法律约束力。合同部分无效，不影响其他部分效力的，其他部分仍然有效。

第五十七条　合同无效、被撤销或者终止的，不影响合同中独立存在的有关解决争议方法的条款的效力。

第五十八条　合同无效或者被撤销后，因该合同取得的财产，应当予以返还；不能返还或者没有必要返还的，应当折价补偿。有过错的一方应当赔偿对方因此所受到的损失，双方都有过错的，应当各自承担相应的责任。

第五十九条　当事人恶意串通，损害国家、集体或者第三人利益的，因此取得的财产收归国家所有或者返还集体、第三人。

第四章　合同的履行

第六十条　当事人应当按照约定全面履行自己的义务。
当事人应当遵循诚实信用原则，根据合同的性质、目的和交易习惯履行通知、协助、保密等义务。

第六十一条　合同生效后，当事人就质量、价款或者报酬、履行地点等内容没有约定或者约定不明确的，可以协议补充；不能达成补充协议的，按照合同有关条款或者交易习惯确定。

第六十二条 当事人就有关合同内容约定不明确，依照本法第六十一条的规定仍不能确定的，适用下列规定：

（一）质量要求不明确的，按照国家标准、行业标准履行；没有国家标准、行业标准的，按照通常标准或者符合合同目的的特定标准履行。

（二）价款或者报酬不明确的，按照订立合同时履行地的市场价格履行；依法应当执行政府定价或者政府指导价的，按照规定履行。

（三）履行地点不明确，给付货币的，在接受货币一方所在地履行；交付不动产的，在不动产所在地履行；其他标的，在履行义务一方所在地履行。

（四）履行期限不明确的，债务人可以随时履行，债权人也可以随时要求履行，但应当给对方必要的准备时间。

（五）履行方式不明确的，按照有利于实现合同目的的方式履行。

（六）履行费用的负担不明确的，由履行义务一方负担。

第六十三条 执行政府定价或者政府指导价的，在合同约定的交付期限内政府价格调整时，按照交付时的价格计价。逾期交付标的物的，遇价格上涨时，按照原价格执行；价格下降时，按照新价格执行。逾期提取标的物或者逾期付款的，遇价格上涨时，按照新价格执行；价格下降时，按照原价格执行。

第六十四条 当事人约定由债务人向第三人履行债务的，债务人未向第三人履行债务或者履行债务不符合约定，应当向债权人承担违约责任。

第六十五条 当事人约定由第三人向债权人履行债务的，第三人不履行债务或者履行债务不符合约定，债务人应当向债权人承担违约责任。

第六十六条 当事人互负债务，没有先后履行顺序的，应当同时履行。一方在对方履行之前有权拒绝其履行要求。一方在对方履行债务不符合约定时，有权拒绝其相应的履行要求。

第六十七条 当事人互负债务，有先后履行顺序，先履行一方未履行的，后履行一方有权拒绝其履行要求。先履行一方履行债务不符合约定的，后履行一方有权拒绝其相应的履行要求。

第六十八条 应当先履行债务的当事人，有确切证据证明对方有下列情形之一的，可以中止履行：

（一）经营状况严重恶化；

（二）转移财产、抽逃资金，以逃避债务；

（三）丧失商业信誉；

（四）有丧失或者可能丧失履行债务能力的其他情形。

当事人没有确切证据中止履行的，应当承担违约责任。

第六十九条 当事人依照本法第六十八条的规定中止履行的，应当及时通知对方。对方提供适当担保时，应当恢复履行。中止履行后，对方在合理期限内未恢复履行能力并且未提供适当担保的，中止履行的一方可以解除合同。

第七十条 债权人分立、合并或者变更住所没有通知债务人，致使履行债务发生困难的，债务人可以中止履行或者将标的物提存。

第七十一条 债权人可以拒绝债务人提前履行债务，但提前履行不损害债权人利益的除外。

债务人提前履行债务给债权人增加的费用，由债务人负担。

第七十二条 债权人可以拒绝债务人部分履行债务，但部分履行不损害债权人利益的除外。

债务人部分履行债务给债权人增加的费用，由债务人负担。

第七十三条 因债务人怠于行使其到期债权，对债权人造成损害的，债权人可以向人民法院请求以自己的名义代位行使债务人的债权，但该债权专属于债务人自身的除外。

代位权的行使范围以债权人的债权为限。债权人行使代位权的必要费用，由债务人负担。

第七十四条 因债务人放弃其到期债权或者无偿转让财产，对债权人造成损害的，债权人可以请求人民法院撤销债务人的行为。债务人以明显不合理的低价转让财产，对债权人造成损害，并且受让人知道该情形的，债权人也可以请求人民法院撤销债务人的行为。

撤销权的行使范围以债权人的债权为限。债权人行使撤销权的必要费用，由债务人负担。

第七十五条 撤销权自债权人知道或者应当知道撤销事由之日起一年内行使。自债务人的行为发生之日起五年内没有行使撤销权的，该撤销权消灭。

第七十六条 合同生效后，当事人不得因姓名、名称的变更或者法定代表人、负责人、承办人的变动而不履行合同义务。

第五章 合同的变更和转让

第七十七条 当事人协商一致，可以变更合同。

法律、行政法规规定变更合同应当办理批准、登记等手续的，依照其规定。

第七十八条 当事人对合同变更的内容约定不明确的，推定为未变更。

第七十九条 债权人可以将合同的权利全部或者部分转让给第三人，但有下列情形之一的除外：

（一）根据合同性质不得转让；

（二）按照当事人约定不得转让；

（三）依照法律规定不得转让。

第八十条 债权人转让权利的，应当通知债务人。未经通知，该转让对债务人不发生效力。

债权人转让权利的通知不得撤销，但经受让人同意的除外。

第八十一条 债权人转让权利的，受让人取得与债权有关的从权利，但该从权利专属于债权人自身的除外。

第八十二条 债务人接到债权转让通知后，债务人对让与人的抗辩，可以向受让人主张。

第八十三条 债务人接到债权转让通知时，债务人对让与人享有债权，并且债务人的债权先于转让的债权到期或者同时到期的，债务人可以向受让人主张抵销。

第八十四条 债务人将合同的义务全部或者部分转移给第三人的，应当经债权人同意。

第八十五条 债务人转移义务的，新债务人可以主张原债务人对债权人的抗辩。

第八十六条　债务人转移义务的,新债务人应当承担与主债务有关的从债务,但该从债务专属于原债务人自身的除外。

第八十七条　法律、行政法规规定转让权利或者转移义务应当办理批准、登记等手续的,依照其规定。

第八十八条　当事人一方经对方同意,可以将自己在合同中的权利和义务一并转让给第三人。

第八十九条　权利和义务一并转让的,适用本法第七十九条、第八十一条至第八十三条、第八十五条至第八十七条的规定。

第九十条　当事人订立合同后合并的,由合并后的法人或者其他组织行使合同权利,履行合同义务。当事人订立合同后分立的,除债权人和债务人另有约定的以外,由分立的法人或者其他组织对合同的权利和义务享有连带债权,承担连带债务。

第六章　合同的权利义务终止

第九十一条　有下列情形之一的,合同的权利义务终止:
(一)债务已经按照约定履行;
(二)合同解除;
(三)债务相互抵销;
(四)债务人依法将标的物提存;
(五)债权人免除债务;
(六)债权债务同归于一人;
(七)法律规定或者当事人约定终止的其他情形。

第九十二条　合同的权利义务终止后,当事人应当遵循诚实信用原则,根据交易习惯履行通知、协助、保密等义务。

第九十三条　当事人协商一致,可以解除合同。

当事人可以约定一方解除合同的条件。解除合同的条件成就时,解除权人可以解除合同。

第九十四条　有下列情形之一的,当事人可以解除合同:
(一)因不可抗力致使不能实现合同目的;
(二)在履行期限届满之前,当事人一方明确表示或者以自己的行为表明不履行主要债务;
(三)当事人一方迟延履行主要债务,经催告后在合理期限内仍未履行;
(四)当事人一方迟延履行债务或者有其他违约行为致使不能实现合同目的;
(五)法律规定的其他情形。

第九十五条　法律规定或者当事人约定解除权行使期限,期限届满当事人不行使的,该权利消灭。

法律没有规定或者当事人没有约定解除权行使期限,经对方催告后在合理期限内不行使的,该权利消灭。

第九十六条　当事人一方依照本法第九十三条第二款、第九十四条的规定主张解除合同的,应当通知对方。合同自通知到达对方时解除。对方有异议的,可以请求人民法院或者仲裁机构确认解除合同的效力。

法律、行政法规规定解除合同应当办理批准、登记等手续的，依照其规定。

第九十七条　合同解除后，尚未履行的，终止履行；已经履行的，根据履行情况和合同性质，当事人可以要求恢复原状、采取其他补救措施，并有权要求赔偿损失。

第九十八条　合同的权利义务终止，不影响合同中结算和清理条款的效力。

第九十九条　当事人互负到期债务，该债务的标的物种类、品质相同的，任何一方可以将自己的债务与对方的债务抵销，但依照法律规定或者按照合同性质不得抵销的除外。

当事人主张抵销的，应当通知对方。通知自到达对方时生效。抵销不得附条件或者附期限。

第一百条　当事人互负债务，标的物种类、品质不相同的，经双方协商一致，也可以抵销。

第一百零一条　有下列情形之一，难以履行债务的，债务人可以将标的物提存：

（一）债权人无正当理由拒绝受领；

（二）债权人下落不明；

（三）债权人死亡未确定继承人或者丧失民事行为能力未确定监护人；

（四）法律规定的其他情形。

标的物不适于提存或者提存费用过高的，债务人依法可以拍卖或者变卖标的物，提存所得的价款。

第一百零二条　标的物提存后，除债权人下落不明的以外，债务人应当及时通知债权人或者债权人的继承人、监护人。

第一百零三条　标的物提存后，毁损、灭失的风险由债权人承担。提存期间，标的物的孳息归债权人所有。提存费用由债权人负担。

第一百零四条　债权人可以随时领取提存物，但债权人对债务人负有到期债务的，在债权人未履行债务或者提供担保之前，提存部门根据债务人的要求应当拒绝其领取提存物。

债权人领取提存物的权利，自提存之日起五年内不行使而消灭，提存物扣除提存费用后归国家所有。

第一百零五条　债权人免除债务人部分或者全部债务的，合同的权利义务部分或者全部终止。

第一百零六条　债权和债务同归于一人的，合同的权利义务终止，但涉及第三人利益的除外。

第七章　违约责任

第一百零七条　当事人一方不履行合同义务或者履行合同义务不符合约定的，应当承担继续履行、采取补救措施或者赔偿损失等违约责任。

第一百零八条　当事人一方明确表示或者以自己的行为表明不履行合同义务的，对方可以在履行期限届满之前要求其承担违约责任。

第一百零九条　当事人一方未支付价款或者报酬的，对方可以要求其支付价款或者报酬。

第一百一十条　当事人一方不履行非金钱债务或者履行非金钱债务不符合约定的，对方可以要求履行，但有下列情形之一的除外：

（一）法律上或者事实上不能履行；

（二）债务的标的不适于强制履行或者履行费用过高；

（三）债权人在合理期限内未要求履行。

第一百一十一条　质量不符合约定的，应当按照当事人的约定承担违约责任。对违约责任没有约定或者约定不明确，依照本法第六十一条的规定仍不能确定的，受损害方根据标的的性质以及损失的大小，可以合理选择要求对方承担修理、更换、重作、退货、减少价款或者报酬等违约责任。

第一百一十二条　当事人一方不履行合同义务或者履行合同义务不符合约定的，在履行义务或者采取补救措施后，对方还有其他损失的，应当赔偿损失。

第一百一十三条　当事人一方不履行合同义务或者履行合同义务不符合约定，给对方造成损失的，损失赔偿额应当相当于因违约所造成的损失，包括合同履行后可以获得的利益，但不得超过违反合同一方订立合同时预见到或者应当预见到的因违反合同可能造成的损失。

经营者对消费者提供商品或者服务有欺诈行为的，依照《中华人民共和国消费者权益保护法》的规定承担损害赔偿责任。

第一百一十四条　当事人可以约定一方违约时应当根据违约情况向对方支付一定数额的违约金，也可以约定因违约产生的损失赔偿额的计算方法。

约定的违约金低于造成的损失的，当事人可以请求人民法院或者仲裁机构予以增加；约定的违约金过分高于造成的损失的，当事人可以请求人民法院或者仲裁机构予以适当减少。

当事人就迟延履行约定违约金的，违约方支付违约金后，还应当履行债务。

第一百一十五条　当事人可以依照《中华人民共和国担保法》约定一方向对方给付定金作为债权的担保。债务人履行债务后，定金应当抵作价款或者收回。给付定金的一方不履行约定的债务的，无权要求返还定金；收受定金的一方不履行约定的债务的，应当双倍返还定金。

第一百一十六条　当事人既约定违约金，又约定定金的，一方违约时，对方可以选择适用违约金或者定金条款。

第一百一十七条　因不可抗力不能履行合同的，根据不可抗力的影响，部分或者全部免除责任，但法律另有规定的除外。当事人迟延履行后发生不可抗力的，不能免除责任。

本法所称不可抗力，是指不能预见、不能避免并不能克服的客观情况。

第一百一十八条　当事人一方因不可抗力不能履行合同的，应当及时通知对方，以减轻可能给对方造成的损失，并应当在合理期限内提供证明。

第一百一十九条　当事人一方违约后，对方应当采取适当措施防止损失的扩大；没有采取适当措施致使损失扩大的，不得就扩大的损失要求赔偿。

当事人因防止损失扩大而支出的合理费用，由违约方承担。

第一百二十条　当事人双方都违反合同的，应当各自承担相应的责任。

第一百二十一条　当事人一方因第三人的原因造成违约的，应当向对方承担违约责任。当事人一方和第三人之间的纠纷，依照法律规定或者按照约定解决。

第一百二十二条　因当事人一方的违约行为，侵害对方人身、财产权益的，受损害方有权选择依照本法要求其承担违约责任或者依照其他法律要求其承担侵权责任。

第八章　其他规定

第一百二十三条　其他法律对合同另有规定的，依照其规定。

第一百二十四条　本法分则或者其他法律没有明文规定的合同，适用本法总则的规定，并可以参照本法分则或者其他法律最相类似的规定。

第一百二十五条　当事人对合同条款的理解有争议的，应当按照合同所使用的词句、合同的有关条款、合同的目的、交易习惯以及诚实信用原则，确定该条款的真实意思。

合同文本采用两种以上文字订立并约定具有同等效力的，对各文本使用的词句推定具有相同含义。各文本使用的词句不一致的，应当根据合同的目的予以解释。

第一百二十六条　涉外合同的当事人可以选择处理合同争议所适用的法律，但法律另有规定的除外。涉外合同的当事人没有选择的，适用与合同有最密切联系的国家的法律。

在中华人民共和国境内履行的中外合资经营企业合同、中外合作经营企业合同、中外合作勘探开发自然资源合同，适用中华人民共和国法律。

第一百二十七条　工商行政管理部门和其他有关行政主管部门在各自的职权范围内，依照法律、行政法规的规定，对利用合同危害国家利益、社会公共利益的违法行为，负责监督处理；构成犯罪的，依法追究刑事责任。

第一百二十八条　当事人可以通过和解或者调解解决合同争议。

当事人不愿和解、调解或者和解、调解不成的，可以根据仲裁协议向仲裁机构申请仲裁。涉外合同的当事人可以根据仲裁协议向中国仲裁机构或者其他仲裁机构申请仲裁。当事人没有订立仲裁协议或者仲裁协议无效的，可以向人民法院起诉。当事人应当履行发生法律效力的判决、仲裁裁决、调解书；拒不履行的，对方可以请求人民法院执行。

第一百二十九条　因国际货物买卖合同和技术进出口合同争议提起诉讼或者申请仲裁的期限为四年，自当事人知道或者应当知道其权利受到侵害之日起计算。因其他合同争议提起诉讼或者申请仲裁的期限，依照有关法律的规定。

以下省略。

中华人民共和国城市规划法

(1989年12月26日第七届全国人民代表大会常务委员会第十一次会议通过)

目录
第一章　总则
第二章　城市规划的制定
第三章　城市新区开发和旧区改建
第四章　城市规划的实施
第五章　法律责任
第六章　附则

第一章　总　则

第一条　为了确定城市的规模和发展方向，实现城市的经济和社会发展目标，合理地制定城市规划和进行城市建设，适应社会主义现代化建设的需要，制定本法。

第二条　制定和实施城市规划，在城市规划区内进行建设，必须遵守本法。

第三条　本法所称城市，是指国家按行政建制设立的直辖市、市、镇。

本法所称城市规划区，是指城市市区、近郊区以及城市行政区域内因城市建设和发展需要实行规划控制的区域。城市规划区的具体范围，由城市人民政府在编制的城市总体规划中划定。

第四条　国家实行严格控制大城市规模、合理发展中等城市和小城市的方针，促进生产力和人口的合理布局。

大城市是指市区和近郊区非农业人口五十万以上的城市。

中等城市是指市区和近郊区非农业人口二十万以上、不满五十万的城市。

小城市是指市区和近郊区非农业人口不满二十万的城市。

第五条　城市规划必须符合我国国情，正确处理近期建设和远景发展的关系。

在城市规划区内进行建设，必须坚持适用、经济的原则，贯彻勤俭建国的方针。

第六条　城市规划的编制应当依据国民经济和社会发展规划以及当地的自然环境、资源条件、历史情况、现状特点，统筹兼顾，综合部署。

城市规划确定的城市基础设施建设项目，应当按照国家基本建设程序的规定纳入国民经济和社会发展计划，按计划分步实施。

第七条　城市总体规划应当和国土规划、区域规划、江河流域规划、土地利用总体规划相协调。

第八条　国家鼓励城市规划科学技术研究，推广先进技术，提高城市规划科学技术水平。

第九条　国务院城市规划行政主管部门主管全国的城市规划工作。

县级以上地方人民政府城市规划行政主管部门主管本行政区域内的城市规划工作。

第十条 任何单位和个人都有遵守城市规划的义务，并有权对违反城市规划的行为进行检举和控告。

第二章 城市规划的制定

第十一条 国务院城市规划行政主管部门和省、自治区、直辖市人民政府应当分别组织编制全国和省、自治区、直辖市的城镇体系规划，用以指导城市规划的编制。

第十二条 城市人民政府负责组织编制城市规划。县级人民政府所在地镇的城市规划，由县级人民政府负责组织编制。

第十三条 编制城市规划必须从实际出发，科学预测城市远景发展的需要；应当使城市的发展规模、各项建设标准、定额指标、开发程序同国家和地方的经济技术发展水平相适应。

第十四条 编制城市规划应当注意保护和改善城市生态环境，防止污染和其他公害，加强城市绿化建设和市容环境卫生建设，保护历史文化遗产、城市传统风貌、地方特色和自然景观。

编制民族自治地方的城市规划，应当注意保持民族传统和地方特色。

第十五条 编制城市规划应当贯彻有利生产、方便生活、促进流通、繁荣经济、促进科学技术文化教育事业的原则。

编制城市规划应当符合城市防火、防爆、抗震、防泥石流和治安、交通管理、人民防空建设等要求；在可能发生强烈地震和严重洪水灾害的地区，必须在规划中采取相应的抗震、防洪措施。

第十六条 编制城市规划应当贯彻合理用地、节约用地的原则。

第十七条 编制城市规划应当具备勘察、测量及其他必要的基础资料。

第十八条 编制城市规划一般分总体规划和详细规划两个阶段进行。大城市、中等城市为了进一步控制和确定不同地段的土地用途、范围和容量，协调各项基础设施和公共设施的建设，在总体规划基础上，可以编制分区规划。

第十九条 城市总体规划应当包括：城市的性质、发展目标和发展规模，城市主要建设标准和定额指标，城市建设用地布局、功能分区和各项建设的总体部署、城市综合交通体系和河湖、绿地系统，各项专业规划，近期建设规划。

设市城市和县级人民政府所在地镇的总体规划，应当包括市或者县的行政区域的城镇体系规划。

第二十条 城市详细规划应当在城市总体规划或者分区规划的基础上，对城市近期建设区域内各项建设作出具体规划。

城市详细规划应当包括：规划地段各项建设的具体用地范围，建筑密度和高度等控制指标，总平面布置、工程管线综合规划和竖向规划。

第二十一条 城市规划实行分级审批。

直辖市的城市总体规划，由直辖市人民政府报国务院审批。

省和自治区人民政府所在地城市、城市人口在一百万以上的城市及国务院指定的其他城市的总体规划，由省、自治区人民政府审查同意后，报国务院审批。

本条第二款和第三款规定以外的设市城市和县级人民政府所在地镇的总体规划，报省、自治区、直辖市人民政府审批，其中市管辖的县级人民政府所在地镇的总体规划，报市人民政府审批。

前款规定以外的其他建制镇的总体规划，报县级人民政府审批。

城市人民政府和县级人民政府在向上级人民政府报请审批城市总体规划前，须经同级人民代表大会或者其常务委员会审查同意。

城市分区规划由城市人民政府审批。

城市详细规划由城市人民政府审批；编制分区规划的城市的详细规划，除重要的详细规划由城市人民政府审批外，由城市人民政府城市规划行政主管部门审批。

第二十二条　城市人民政府可以根据城市经济和社会发展需要，对城市总体规划进行局部调整，报同级人民代表大会常务委员会和原批准机关备案；但涉及城市性质、规模、发展方向和总体布局重大变更的，须经同级人民代表大会或者其常务委员会审查同意后报原批准机关审批。

第三章　城市新区开发和旧区改建

第二十三条　城市新区开发和旧区改建必须坚持统一规划、合理布局、因地制宜、综合开发、配套建设的原则。各项建设工程的选址、定点，不得妨碍城市的发展，危害城市的安全，污染和破坏城市环境，影响城市各项功能的协调。

第二十四条　新建铁路编制站、铁路货运干线、过境公路、机场和重要军事设施等应当避开市区。

港口建设应当兼顾城市岸线的合理分配和利用，保障城市生活岸线用地。

第二十五条　城市新区开发应当具备水资源、能源、交通、防灾等建设条件，并应当避开地下矿藏、地下文物古迹。

第二十六条　城市新区开发应当合理利用城市现有设施。

第二十七条　城市旧区改建应当遵循加强维护、合理利用、调整布局、逐步改善的原则，统一规划，分期实施，并逐步改善居住和交通运输条件，加强基础设施和公共设施建设，提高城市的综合功能。

第四章　城市规划的实施

第二十八条　城市规划经批准后，城市人民政府应当公布。

第二十九条　城市规划区内的土地利用和各项建设必须符合城市规划，服从规划管理。

第三十条　城市规划区内的建设工程的选址和布局必须符合城市规划。设计任务书报请批准时，必须附有城市规划行政主管部门的选址意见书。

第三十一条　在城市规划区内进行建设需要申请用地的，必须持国家批准建设项目的有关文件，向城市规划行政主管部门申请定点，由城市规划行政主管部门核定其用地位置和界限，提供规划设计条件，核发建设用地规划许可证。建设单位或者个人在取得建设用地规划许可证后，方可向县级以上地方人民政府土地管理部门申请用地，经县级以上人民政府审查批准后，由土地管理部门划拨土地。

第三十二条 在城市规划区内新建、扩建和改建建筑物、构筑物、道路、管线和其他工程设施,必须持有关批准文件向城市规划行政主管部门提出申请,由城市规划行政主管部门根据城市规划提出的规划设计要求,核发建设工程规划许可证件。建设单位或者个人在取得建设工程规划许可证件和其他有关批准文件后,方可申请办理开工手续。

第三十三条 在城市规划区内进行临时建设,必须在批准的使用期限内拆除。临时建设和临时用地的具体规划管理办法由省、自治区、直辖市人民政府制定。

禁止在批准临时使用的土地上建设永久性建筑物、构筑物和其他设施。

第三十四条 任何单位和个人必须服从城市人民政府根据城市规划作出的调整用地决定。

第三十五条 任何单位和个人不得占用道路、广场、绿地、高压供电走廊和压占地下管线进行建设。

第三十六条 在城市规划区内进行挖取砂石、土方等活动,须经有关主管部门批准,不得破坏城市环境,影响城市规划的实施。

第三十七条 城市规划行政主管部门有权对城市规划区内的建设工程是否符合规划要求进行检查。被检查者应当如实提供情况和必要的资料,检查者有责任为被检查者保守技术秘密和业务秘密。

第三十八条 城市规划行政主管部门可以参加城市规划区内重要建设工程的竣工验收。城市规划区内的建设工程,建设单位应当在竣工验收后六个月内向城市规划行政主管部门报送有关竣工资料。

第五章 法律责任

第三十九条 在城市规划区内,未取得建设用地规划许可证而取得建设用地批准文件、占用土地的,批准文件无效,占用的土地由县级以上人民政府责令退回。

第四十条 在城市规划区内,未取得建设工程规划许可证件或者违反建设工程规划许可证件的规定进行建设,严重影响城市规划的,由县级以上地方人民政府城市规划行政主管部门责令停止建设,限期拆除或者没收违法建筑物、构筑物或者其他设施;影响城市规划,尚可采取改正措施的,由县级以上地方人民政府城市规划行政主管部门责令限期改正,并处罚款。

第四十一条 对未取得建设工程规划许可证件或者违反建设工程规划许可证件的规定进行建设的单位的有关责任人员,可以由其所在单位或者上级主管机关给予行政处分。

第四十二条 当事人对行政处罚决定不服的,可以在接到处罚通知之日起十五日内,向作出处罚决定的机关的上一级机关申请复议;对复议决定不服的,可以在接到复议决定之日起十五日内,向人民法院起诉。当事人也可以在接到处罚通知之日起十五日内,直接向人民法院起诉。当事人逾期不申请复议、也不向人民法院起诉、又不履行处罚决定的,由作出处罚决定的机关申请人民法院强制执行。

第四十三条 城市规划行政主管部门工作人员玩忽职守、滥用职权、徇私舞弊的,由其所在单位或者上级主管机关给予行政处分;构成犯罪的,依法追究刑事责任。

第六章 附 则

第四十四条 未设镇建制的工矿区的居民点,参加本法执行。

第四十五条 国务院城市规划行政主管部门根据本法制定实施条例,报国务院批准后施行。

省、自治区、直辖市人民代表大会常务委员会可以根据本法制定实施办法。

第四十六条 本法自 1990 年 4 月 1 日起施行。国务院发布的《城市规划条例》同时废止。

中华人民共和国城市房地产管理法

(1994年7月5日第八届全国人民代表大会常务委员会第八次会议通过)

目录
第一章　总则
第二章　房地产开发用地
第一节　土地使用权出让
第二节　土地使用权划拨
第三章　房地产开发
第四章　房地产交易
第一节　一般规定
第二节　房地产转让
第三节　房地产抵押
第四节　房屋租赁
第五节　中介服务机构
第五章　房地产权属登记管理
第六章　法律责任
第七章　附则

第一章　总　　则

第一条　为了加强对城市房地产的管理，维护房地产市场秩序，保障房地产权利人的合法权益，促进房地产业的健康发展，制定本法。

第二条　在中华人民共和国城市规划区国有土地（以下简称国有土地）范围内取得房地产开发用地的土地使用权，从事房地产开发、房地产交易，实施房地产管理，应当遵守本法。

本法所称房屋，是指土地上的房屋等建筑物及构筑物。

本法所称房地产开发，是指在依据本法取得国有土地使用权的土地上进行基础设施、房屋建设的行为。

本法所称房地产交易，包括房地产转让、房地产抵押和房屋租赁。

第三条　国家依法实行国有土地有偿、有限期使用制度。但是，国家在本法规定的范围内划拨国有土地使用权的除外。

第四条　国家根据社会、经济发展水平，扶持发展居民住宅建设，逐步改善居民的居住条件。

第五条　房地产权利人应当遵守法律和行政法规，依法纳税。房地产权利人的合法权益受法律保护，任何单位和个人不得侵犯。

第六条　国务院建设行政主管部门、土地管理部门依照国务院规定的职权划分，各司其职，密切配合，管理全国房地产工作。

县级以上地方人民政府房产管理、土地管理部门的机构设置及其职权由省、自治区、直辖市人民政府确定。

第二章　房地产开发用地

第一节　土地使用权出让

第七条　土地使用权出让，是指国家将国有土地使用权（以下简称土地使用权）在一定年限内出让给土地使用者，由土地使用者向国家支付土地使用权出让金的行为。

第八条　城市规划区内的集体所有的土地，经依法征用转为国有土地后，该幅国有土地的使用权方可有偿出让。

第九条　土地使用权出让，必须符合土地利用总体规划、城市规划和年度建设用地计划。

第十条　县级以上地方人民政府出让土地使用权用于房地产开发的，须根据省级以上人民政府下达的控制指标拟订年度出让土地使用权总面积方案，按照国务院规定，报国务院或者省级人民政府批准。

第十一条　土地使用权出让，由市、县人民政府有计划、有步骤地进行。出让的每幅地块、用途、年限和其他条件，由市、县人民政府土地管理部门会同城市规划、建设、房产管理部门共同拟定方案，按照国务院规定，报经有批准权的人民政府批准后，由市、县人民政府土地管理部门实施。

直辖市的县人民政府及其有关部门行使前款规定的权限，由直辖市人民政府规定。

第十二条　土地使用权出让，可以采取拍卖、招标或者双方协议的方式。

商业、旅游、娱乐和豪华住宅用地，有条件的，必须采取拍卖、招标方式；没有条件，不能采取拍卖、招标方式的，可以采取双方协议的方式。

采取双方协议方式出让土地使用权的出让金不得低于按国家规定所确定的最低价。

第十三条　土地使用权出让最高年限由国务院规定。

第十四条　土地使用权出让，应当签订书面出让合同。

土地使用权出让合同由市、县人民政府土地管理部门与土地使用者签订。

第十五条　土地使用者必须按照出让合同约定，支付土地使用权出让金；未按照出让合同约定支付土地使用权出让金的，土地管理部门有权解除合同，并可以请求违约赔偿。

第十六条　土地使用者按照出让合同约定支付土地使用权出让金的，市、县人民政府土地管理部门必须按照出让合同约定，提供出让的土地；未按照出让合同约定提供出让的土地的，土地使用者有权解除合同，由土地管理部门返还土地使用权出让金，土地使用者并可以请求违约赔偿。

第十七条　土地使用者需要改变土地使用权出让合同约定的土地用途的，必须取得出让方和市、县人民政府城市规划行政主管部门的同意，签订土地使用权出让合同变更协议或者重新签订土地使用权出让合同，相应调整土地使用权出让金。

第十八条　土地使用权出让金应当全部上缴财政，列入预算，用于城市基础设施建设和土地开发。土地使用权出让金上缴和使用的具体办法由国务院规定。

第十九条 国家对土地使用者依法取得的土地使用权,在出让合同约定的使用年限届满前不收回;在特殊情况下,根据社会公共利益的需要,可以依照法律程序提前收回,并根据土地使用者使用土地的实际年限和开发土地的实际情况给予相应补偿。

第二十条 土地使用权因土地灭失而终止。

第二十一条 土地使用权出让合同约定的使用年限届满,土地使用者需要继续使用土地的,应当至迟于届满前一年申请续期,除根据社会公共利益需要收回该幅土地的,应当予以批准。经批准准予续期的,应当重新签订土地使用权出让合同,依照规定支付土地使用权出让金。

土地使用权出让合同约定的使用年限届满,土地使用者未申请续期或者虽申请续期但依照前款规定未获批准的,土地使用权由国家无偿收回。

第二节 土地使用权划拨

第二十二条 土地使用权划拨,是指县级以上人民政府依法批准,在土地使用者缴纳补偿、安置等费用后将该幅土地交付其使用,或者将土地使用权无偿交付给土地使用者使用的行为。

依照本法规定以划拨方式取得土地使用权的,除法律、行政法规另有规定外,没有使用期限的限制。

第二十三条 下列建设用地的土地使用权,确属必需的,可以由县级以上人民政府依法批准划拨:

(一)国家机关用地和军事用地;
(二)城市基础设施用地和公益事业用地;
(三)国家重点扶持的能源、交通、水利等项目用地;
(四)法律、行政法规规定的其他用地。

第三章 房地产开发

第二十四条 房地产开发必须严格执行城市规划,按照经济效益、社会效益、环境效益相统一的原则,实行全面规划、合理布局、综合开发、配套建设。

第二十五条 以出让方式取得土地使用权进行房地产开发的,必须按照土地使用权出让合同约定的土地用途、动工开发期限开发土地。超过出让合同约定的动工开发日期满一年未动工开发的,可以征收相当于土地使用权出让金百分之二十以下的土地闲置费;满二年未动工开发的,可以无偿收回土地使用权;但是,因不可抗力或者政府、政府有关部门的行为或者动工开发必需的前期工作造成动工开发迟延的除外。

第二十六条 房地产开发项目的设计、施工,必须符合国家的有关标准和规范。

房地产开发项目竣工,经验收合格后,方可交付使用。

第二十七条 依法取得的土地使用权,可以依照本法和有关法律、行政法规的规定,作价入股,合资、合作开发经营房地产。

第二十八条 国家采取税收等方面的优惠措施鼓励和扶持房地产开发企业开发建设居民住宅。

第二十九条　房地产开发企业是以营利为目的，从事房地产开发和经营的企业。设立房地产开发企业，应当具备下列条件：
（一）有自己的名称和组织机构；
（二）有固定的经营场所；
（三）有符合国务院规定的注册资本；
（四）有足够的专业技术人员；
（五）法律、行政法规规定的其他条件。

设立房地产开发企业，应当向工商行政管理部门申请设立登记。工商行政管理部门对符合本法规定条件的，应当予以登记，发给营业执照；对不符合本法规定条件的，不予登记。

设立有限责任公司、股份有限公司，从事房地产开发经营的，还应当执行公司法的有关规定。

房地产开发企业在领取营业执照后的一个月内，应当到登记机关所在地的县级以上地方人民政府规定的部门备案。

第三十条　房地产开发企业的注册资本与投资总额的比例应当符合国家有关规定。

房地产开发企业分期开发房地产的，分期投资额应当与项目规模相适应，并按照土地使用权出让合同的约定，按期投入资金，用于项目建设。

第四章　房地产交易

第一节　一般规定

第三十一条　房地产转让、抵押时，房屋的所有权和该房屋占用范围内的土地使用权同时转让、抵押。

第三十二条　基准地价、标定地价和各类房屋的重置价格应当定期确定并公布。具体办法由国务院规定。

第三十三条　国家实行房地产价格评估制度。

房地产价格评估，应当遵循公正、公平、公开的原则，按照国家规定的技术标准和评估程序，以基准地价、标定地价和各类房屋的重置价格为基础，参照当地的市场价格进行评估。

第三十四条　国家实行房地产成交价格申报制度。

房地产权利人转让房地产，应当向县级以上地方人民政府规定的部门如实申报成交价，不得瞒报或者作不实的申报。

第三十五条　房地产转让、抵押，当事人应当依照本法第五章的规定办理权属登记。

第二节　房地产转让

第三十六条　房地产转让，是指房地产权利人通过买卖、赠与或者其他合法方式将其房地产转移给他人的行为。

第三十七条　下列房地产，不得转让：
（一）以出让方式取得土地使用权的，不符合本法第三十八条规定的条件的；

（二）司法机关和行政机关依法裁定、决定查封或者以其他形式限制房地产权利的；

（三）依法收回土地使用权的；

（四）共有房地产，未经其他共有人书面同意的；

（五）权属有争议的；

（六）未依法登记领取权属证书的；

（七）法律、行政法规规定禁止转让的其他情形。

第三十八条 以出让方式取得土地使用权的，转让房地产时，应当符合下列条件：

（一）按照出让合同约定已经支付全部土地使用权出让金，并取得土地使用权证书；

（二）按照出让合同约定进行投资开发，属于房屋建设工程的，完成开发投资总额的百分之二十五以上，属于成片开发土地的，形成工业用地或者其他建设用地条件。

转让房地产时房屋已经建成的，还应当持有房屋所有权证书。

第三十九条 以划拨方式取得土地使用权的，转让房地产时，应当按照国务院规定，报有批准权的人民政府审批。有批准权的人民政府准予转让的，应当由受让方办理土地使用权出让手续，并依照国家有关规定缴纳土地使用权出让金。

以划拨方式取得土地使用权的，转让房地产报批时，有批准权的人民政府按照国务院规定决定可以不办理土地使用权出让手续的，转让方应当按照国务院规定将转让房地产所获收益中的土地收益上缴国家或者作其他处理。

第四十条 房地产转让，应当签订书面转让合同，合同中应当载明土地使用权取得的方式。

第四十一条 房地产转让时，土地使用权出让合同载明的权利、义务随之转移。

第四十二条 以出让方式取得土地使用权的，转让房地产后，其土地使用权的使用年限为原土地使用权出让合同约定的使用年限减去原土地使用者已经使用年限后的剩余年限。

第四十三条 以出让方式取得土地使用权的，转让房地产后，受让人改变原土地使用权出让合同约定的土地用途的，必须取得原出让方和市、县人民政府城市规划行政主管部门的同意，签订土地使用权出让合同变更协议或者重新签订土地使用权出让合同，相应调整土地使用权出让金。

第四十四条 商品房预售，应当符合下列条件：

（一）已交付全部土地使用权出让金，取得土地使用权证书；

（二）持有建设工程规划许可证；

（三）按提供预售的商品房计算，投入开发建设的资金达到工程建设总投资的百分之二十五以上，并已经确定施工进度和竣工交付日期；

（四）向县级以上人民政府房产管理部门办理预售登记，取得商品房预售许可证明。

商品房预售人应当按照国家有关规定将预售合同报县级以上人民政府房产管理部门和土地管理部门登记备案。

商品房预售所得款项，必须用于有关的工程建设。

第四十五条 商品房预售的，商品房预购人将购买的未竣工的预售商品房再行转让的问题，由国务院规定。

第三节 房地产抵押

第四十六条 房地产抵押，是指抵押人以其合法的房地产以不转移占有的方式向抵押权人提供债务履行担保的行为。债务人不履行债务时，抵押权人有权依法以抵押的房地产拍卖所得的价款优先受偿。

第四十七条 依法取得的房屋所有权连同该房屋占用范围内的土地使用权，可以设定抵押权。

以出让方式取得的土地使用权，可以设定抵押权。

第四十八条 房地产抵押，应当凭土地使用权证书、房屋所有权证书办理。

第四十九条 房地产抵押，抵押人和抵押权人应当签订书面抵押合同。

第五十条 设定房地产抵押权的土地使用权是以划拨方式取得的，依法拍卖该房地产后，应当从拍卖所得的价款中缴纳相当于应缴纳的土地使用权出让金的款额后，抵押权人方可优先受偿。

第五十一条 房地产抵押合同签订后，土地上新增的房屋不属于抵押财产。需要拍卖该抵押的房地产时，可以依法将土地上新增的房屋与抵押财产一同拍卖，但对拍卖新增房屋所得，抵押权人无权优先受偿。

第四节 房屋租赁

第五十二条 房屋租赁，是指房屋所有权人作为出租人将其房屋出租给承租人使用，由承租人向出租人支付租金的行为。

第五十三条 房屋租赁，出租人和承租人应当签订书面租赁合同，约定租赁期限、租赁用途、租赁价格、修缮责任等条款，以及双方的其他权利和义务，并向房产管理部门登记备案。

第五十四条 住宅用房的租赁，应当执行国家和房屋所在城市人民政府规定的租赁政策。租用房屋从事生产、经营活动的，由租赁双方协商议定租金和其他租赁条款。

第五十五条 以营利为目的，房屋所有权人将以划拨方式取得使用权的国有土地上建成的房屋出租的，应当将租金中所含土地收益上缴国家。具体办法由国务院规定。

第五节 中介服务机构

第五十六条 房地产中介服务机构包括房地产咨询机构、房地产价格评估机构、房地产经纪机构等。

第五十七条 房地产中介服务机构应当具备下列条件：

（一）有自己的名称和组织机构；

（二）有固定的服务场所；

（三）有必要的财产和经费；

（四）有足够数量的专业人员；

（五）法律、行政法规规定的其他条件。

设立房地产中介服务机构，应当向工商行政管理部门申请设立登记，领取营业执照后，方可开业。

第五十八条 国家实行房地产价格评估人员资格认证制度。

第五章 房地产权属登记管理

第五十九条 国家实行土地使用权和房屋所有权登记发证制度。

第六十条 以出让或者划拨方式取得土地使用权，应当向县级以上地方人民政府土地管理部门申请登记，经县级以上地方人民政府土地管理部门核实，由同级人民政府颁发土地使用权证书。

在依法取得的房地产开发用地上建成房屋的，应当凭土地使用权证书向县级以上地方人民政府房产管理部门申请登记，由县级以上地方人民政府房产管理部门核实并颁发房屋所有权证书。

房地产转让或者变更时，应当向县级以上地方人民政府房产管理部门申请房产变更登记，并凭变更后的房屋所有权证书向同级人民政府土地管理部门申请土地使用权变更登记，经同级人民政府土地管理部门核实，由同级人民政府更换或者更改土地使用权证书。

法律另有规定的，依照有关法律的规定办理。

第六十一条 房地产抵押时，应当向县级以上地方人民政府规定的部门办理抵押登记。

因处分抵押房地产而取得土地使用权和房屋所有权的，应当依照本章规定办理过户登记。

第六十二条 经省、自治区、直辖市人民政府确定，县级以上地方人民政府由一个部门统一负责房产管理和土地管理工作的，可以制作、颁发统一的房地产权证书，依照本法第六十条的规定，将房屋的所有权和该房屋占用范围内的土地使用权的确认和变更，分别载入房地产权证书。

第六章 法 律 责 任

第六十三条 违反本法第十条、第十一条的规定，擅自批准出让或者擅自出让土地使用权用于房地产开发的，由上级机关或者所在单位给予有关责任人员行政处分。

第六十四条 违反本法第二十九条的规定，未取得营业执照擅自从事房地产开发业务的，由县级以上人民政府工商行政管理部门责令停止房地产开发业务活动，没收违法所得，可以并处罚款。

第六十五条 违反本法第三十八条第一款的规定转让土地使用权的，由县级以上人民政府土地管理部门没收违法所得，可以并处罚款。

第六十六条 违反本法第三十九条第一款的规定转让房地产的，由县级以上人民政府土地管理部门责令缴纳土地使用权出让金，没收违法所得，可以并处罚款。

第六十七条 违反本法第四十四条第一款的规定预售商品房的，由县级以上人民政府房产管理部门责令停止预售活动，没收违法所得，可以并处罚款。

第六十八条 违反本法第五十七条的规定，未取得营业执照擅自从事房地产中介服务业务的，由县级以上人民政府工商行政管理部门责令停止房地产中介服务业务活动，没收违法所得，可以并处罚款。

第六十九条 没有法律、法规的依据，向房地产开发企业收费的，上级机关应当责令退回所收取的钱款;情节严重的,由上级机关或者所在单位给予直接责任人员行政处分。

第七十条　房产管理部门、土地管理部门工作人员玩忽职守、滥用职权,构成犯罪的,依法追究刑事责任;不构成犯罪的,给予行政处分。

房产管理部门、土地管理部门工作人员利用职务上的便利,索取他人财物,或者非法收受他人财物为他人谋取利益,构成犯罪的,依照惩治贪污罪贿赂罪的补充规定追究刑事责任;不构成犯罪的,给予行政处分。

第七章　附　　则

第七十一条　在城市规划区外的国有土地范围内取得房地产开发用地的土地使用权,从事房地产开发、交易活动以及实施房地产管理,参照本法执行。

第七十二条　本法自1995年1月1日起施行。

建设工程质量管理条例

(2000年1月1日国务院第25次常务会议通过)

目录
第一章　总则
第二章　建设单位的质量责任和义务
第三章　勘察、设计单位的质量责任和义务
第四章　施工单位的质量责任和义务
第五章　工程监理单位的质量责任和义务
第六章　建设工程质量保修
第七章　监督管理
第八章　罚则
第九章　附则
附刑法有关条款

第一章　总　　则

第一条　为了加强对建设工程质量的管理，保证建设工程质量，保护人民生命和财产安全，根据《中华人民共和国建筑法》，制定本条例。

第二条　凡在中华人民共和国境内从事建设工程的新建、扩建、改建等有关活动及实施对建设工程质量监督管理的，必须遵守本条例。

本条例所称建设工程，是指土木工程、建筑工程、线路管道和设备安装工程及装修工程。

第三条　建设单位、勘察单位、设计单位、施工单位、工程监理单位依法对建设工程质量负责。

第四条　县级以上人民政府建设行政主管部门和其他有关部门应当加强对建设工程质量的监督管理。

第五条　从事建设工程活动，必须严格执行基本建设程序，坚持先勘察、后设计、再施工的原则。

县级以上人民政府及其有关部门不得超越权限审批建设项目或者擅自简化基本建设程序。

第六条　国家鼓励采用先进的科学技术和管理方法，提高建设工程质量。

第二章　建设单位的质量责任和义务

第七条　建设单位应当将工程发包给具有相应资质等级的单位。

建设单位不得将建设工程肢解发包。

第八条 建设单位应当依法对工程建设项目的勘察、设计、施工、监理以及与工程建设有关的重要设备、材料等的采购进行招标。

第九条 建设单位必须向有关的勘察、设计、施工、工程监理等单位提供与建设工程有关的原始资料。

原始资料必须真实、准确、齐全。

第十条 建设工程发包单位不得迫使承包方以低于成本的价格竞标,不得任意压缩合理工期。

建设单位不得明示或者暗示设计单位或者施工单位违反工程建设强制性标准,降低建设工程质量。

第十一条 建设单位应当将施工图设计文件报县级以上人民政府建设行政主管部门或者其他有关部门审查。施工图设计文件审查的具体办法,由国务院建设行政主管部门会同国务院其他有关部门制定。

施工图设计文件未经审查批准的,不得使用。

第十二条 实行监理的建设工程,建设单位应当委托具有相应资质等级的工程监理单位进行监理,也可以委托具有工程监理相应资质等级并与被监理工程的施工承包单位没有隶属关系或者其他利害关系的该工程的设计单位进行监理。

下列建设工程必须实行监理:

(一)国家重点建设工程;

(二)大中型公用事业工程;

(三)成片开发建设的住宅小区工程;

(四)利用外国政府或者国际组织贷款、援助资金的工程;

(五)国家规定必须实行监理的其他工程。

第十三条 建设单位在领取施工许可证或者开工报告前,应当按照国家有关规定办理工程质量监督手续。

第十四条 按照合同约定,由建设单位采购建筑材料、建筑构配件和设备的,建设单位应当保证建筑材料、建筑构配件和设备符合设计文件和合同要求。

建设单位不得明示或者暗示施工单位使用不合格的建筑材料、建筑构配件和设备。

第十五条 涉及建筑主体和承重结构变动的装修工程,建设单位应当在施工前委托原设计单位或者具有相应资质等级的设计单位提出设计方案;没有设计方案的,不得施工。

房屋建筑使用者在装修过程中,不得擅自变动房屋建筑主体和承重结构。

第十六条 建设单位收到建设工程竣工报告后,应当组织设计、施工、工程监理等有关单位进行竣工验收。

建设工程竣工验收应当具备下列条件:

(一)完成建设工程设计和合同约定的各项内容;

(二)有完整的技术档案和施工管理资料;

(三)有工程使用的主要建筑材料、建筑构配件和设备的进场试验报告;

(四)有勘察、设计、施工、工程监理等单位分别签署的质量合格文件;

(五)有施工单位签署的工程保修书。

建设工程经验收合格的,方可交付使用。

第十七条 建设单位应当严格按照国家有关档案管理的规定,及时收集、整理建设项目各环节的文件资料,建立、健全建设项目档案,并在建设工程竣工验收后,及时向建设行政主管部门或者其他有关部门移交建设项目档案。

第三章 勘察、设计单位的质量责任和义务

第十八条 从事建设工程勘察、设计的单位应当依法取得相应等级的资质证书,并在其资质等级许可的范围内承揽工程。

禁止勘察、设计单位超越其资质等级许可的范围或者以其他勘察、设计单位的名义承揽工程。禁止勘察、设计单位允许其他单位或者个人以本单位的名义承揽工程。

勘察、设计单位不得转包或者违法分包所承揽的工程。

第十九条 勘察、设计单位必须按照工程建设强制性标准进行勘察、设计,并对其勘察、设计的质量负责。

注册建筑师、注册结构工程师等注册执业人员应当在设计文件上签字,对设计文件负责。

第二十条 勘察单位提供的地质、测量、水文等勘察成果必须真实、准确。

第二十一条 设计单位应当根据勘察成果文件进行建设工程设计。

设计文件应当符合国家规定的设计深度要求,注明工程合理使用年限。

第二十二条 设计单位在设计文件中选用的建筑材料、建筑构配件和设备,应当注明规格、型号、性能等技术指标,其质量要求必须符合国家规定的标准。

除有特殊要求的建筑材料、专用设备、工艺生产线等外,设计单位不得指定生产厂、供应商。

第二十三条 设计单位应当就审查合格的施工图设计文件向施工单位作出详细说明。

第二十四条 设计单位应当参与建设工程质量事故分析,并对因设计造成的质量事故,提出相应的技术处理方案。

第四章 施工单位的质量责任和义务

第二十五条 施工单位应当依法取得相应等级的资质证书,并在其资质等级许可的范围内承揽工程。

禁止施工单位超越本单位资质等级许可的业务范围或者以其他施工单位的名义承揽工程。禁止施工单位允许其他单位或者个人以本单位的名义承揽工程。

施工单位不得转包或者违法分包工程。

第二十六条 施工单位对建设工程的施工质量负责。

施工单位应当建立质量责任制,确定工程项目的项目经理、技术负责人和施工管理负责人。

建设工程实行总承包的,总承包单位应当对全部建设工程质量负责;建设工程勘察、设计、施工、设备采购的一项或者多项实行总承包的,总承包单位应当对其承包的建设工程或者采购的设备的质量负责。

第二十七条 总承包单位依法将建设工程分包给其他单位的,分包单位应当按照分包合同的约定对其分包工程的质量向总承包单位负责,总承包单位与分包单位对分包工程的

质量承担连带责任。

第二十八条 施工单位必须按照工程设计图纸和施工技术标准施工，不得擅自修改工程设计，不得偷工减料。

施工单位在施工过程中发现设计文件和图纸有差错的，应当及时提出意见和建议。

第二十九条 施工单位必须按照工程设计要求、施工技术标准和合同约定，对建筑材料、建筑构配件、设备和商品混凝土进行检验，检验应当有书面记录和专人签字；

未经检验或者检验不合格的，不得使用。

第三十条 施工单位必须建立、健全施工质量的检验制度，严格工序管理，作好隐蔽工程的质量检查和记录。隐蔽工程在隐蔽前，施工单位应当通知建设单位和建设工程质量监督机构。

第三十一条 施工人员对涉及结构安全的试块、试件以及有关材料，应当在建设单位或者工程监理单位监督下现场取样，并送具有相应资质等级的质量检测单位进行检测。

第三十二条 施工单位对施工中出现质量问题的建设工程或者竣工验收不合格的建设工程，应当负责返修。

第三十三条 施工单位应当建立、健全教育培训制度，加强对职工的教育培训；未经教育培训或者考核不合格的人员，不得上岗作业。

第五章 工程监理单位的质量责任和义务

第三十四条 工程监理单位应当依法取得相应等级的资质证书，并在其资质等级许可的范围内承担工程监理业务。

禁止工程监理单位超越本单位资质等级许可的范围或者以其他工程监理单位的名义承担工程监理业务。禁止工程监理单位允许其他单位或者个人以本单位的名义承担工程监理业务。

工程监理单位不得转让工程监理业务。

第三十五条 工程监理单位与被监理工程的施工承包单位以及建筑材料、建筑构配件和设备供应单位有隶属关系或者其他利害关系的，不得承担该项建设工程的监理业务。

第三十六条 工程监理单位应当依照法律、法规以及有关技术标准、设计文件和建设工程承包合同，代表建设单位对施工质量实施监理，并对施工质量承担监理责任。

第三十七条 工程监理单位应当选派具备相应资格的总监理工程师和监理工程师进驻施工现场。

未经监理工程师签字，建筑材料、建筑构配件和设备不得在工程上使用或者安装，施工单位不得进行下一道工序的施工。未经总监理工程师签字，建设单位不拨付工程款，不进行竣工验收。

第三十八条 监理工程师应当按照工程监理规范的要求，采取旁站、巡视和平行检验等形式，对建设工程实施监理。

第六章 建设工程质量保修

第三十九条 建设工程实行质量保修制度。

建设工程承包单位在向建设单位提交工程竣工验收报告时，应当向建设单位出具质量保修书。质量保修书中应当明确建设工程的保修范围、保修期限和保修责任等。

第四十条　在正常使用条件下，建设工程的最低保修期限为：

（一）基础设施工程、房屋建筑的地基基础工程和主体结构工程，为设计文件规定的该工程的合理使用年限；

（二）屋面防水工程、有防水要求的卫生间、房间和外墙面的防渗漏，为5年；

（三）供热与供冷系统，为2个采暖期、供冷期；

（四）电气管线、给排水管道、设备安装和装修工程，为2年。

其他项目的保修期限由发包方与承包方约定。

建设工程的保修期，自竣工验收合格之日起计算。

第四十一条　建设工程在保修范围和保修期限内发生质量问题的，施工单位应当履行保修义务，并对造成的损失承担赔偿责任。

第四十二条　建设工程在超过合理使用年限后需要继续使用的，产权所有人应当委托具有相应资质等级的勘察、设计单位鉴定，并根据鉴定结果采取加固、维修等措施，重新界定使用期。

第七章　监　督　管　理

第四十三条　国家实行建设工程质量监督管理制度。

国务院建设行政主管部门对全国的建设工程质量实施统一监督管理。国务院铁路、交通、水利等有关部门按照国务院规定的职责分工，负责对全国的有关专业建设工程质量的监督管理。

县级以上地方人民政府建设行政主管部门对本行政区域内的建设工程质量实施监督管理。县级以上地方人民政府交通、水利等有关部门在各自的职责范围内，负责对本行政区域内的专业建设工程质量的监督管理。

第四十四条　国务院建设行政主管部门和国务院铁路、交通、水利等有关部门应当加强对有关建设工程质量的法律、法规和强制性标准执行情况的监督检查。

第四十五条　国务院发展计划部门按照国务院规定的职责，组织稽察特派员，对国家出资的重大建设项目实施监督检查。

国务院经济贸易主管部门按照国务院规定的职责，对国家重大技术改造项目实施监督检查。

第四十六条　建设工程质量监督管理，可以由建设行政主管部门或者其他有关部门委托的建设工程质量监督机构具体实施。

从事房屋建筑工程和市政基础设施工程质量监督的机构，必须按照国家有关规定经国务院建设行政主管部门或者省、自治区、直辖市人民政府建设行政主管部门考核；从事专业建设工程质量监督的机构，必须按照国家有关规定经国务院有关部门或者省、自治区、直辖市人民政府有关部门考核。经考核合格后，方可实施质量监督。

第四十七条　县级以上地方人民政府建设行政主管部门和其他有关部门应当加强对有关建设工程质量的法律、法规和强制性标准执行情况的监督检查。

第四十八条　县级以上人民政府建设行政主管部门和其他有关部门履行监督检查职责

时，有权采取下列措施：

（一）要求被检查的单位提供有关工程质量的文件和资料；

（二）进入被检查单位的施工现场进行检查；

（三）发现有影响工程质量的问题时，责令改正。

第四十九条　建设单位应当自建设工程竣工验收合格之日起 15 日内，将建设工程竣工验收报告和规划、公安消防、环保等部门出具的认可文件或者准许使用文件报建设行政主管部门或者其他有关部门备案。

建设行政主管部门或者其他有关部门发现建设单位在竣工验收过程中有违反国家有关建设工程质量管理规定行为的，责令停止使用，重新组织竣工验收。

第五十条　有关单位和个人对县级以上人民政府建设行政主管部门和其他有关部门进行的监督检查应当支持与配合，不得拒绝或者阻碍建设工程质量监督检查人员依法执行职务。

第五十一条　供水、供电、供气、公安消防等部门或者单位不得明示或者暗示建设单位、施工单位购买其指定的生产供应单位的建筑材料、建筑构配件和设备。

第五十二条　建设工程发生质量事故，有关单位应当在 24 小时内向当地建设行政主管部门和其他有关部门报告。对重大质量事故，事故发生地的建设行政主管部门和其他有关部门应当按照事故类别和等级向当地人民政府和上级建设行政主管部门和其他有关部门报告。

特别重大质量事故的调查程序按照国务院有关规定办理。

第五十三条　任何单位和个人对建设工程的质量事故、质量缺陷都有权检举、控告、投诉。

第八章　罚　　则

第五十四条　违反本条例规定，建设单位将建设工程发包给不具有相应资质等级的勘察、设计、施工单位或者委托给不具有相应资质等级的工程监理单位的，责令改正，处 50 万元以上 100 万元以下的罚款。

第五十五条　违反本条例规定，建设单位将建设工程肢解发包的，责令改正，处工程合同价款百分之零点五以上百分之一以下的罚款；对全部或者部分使用国有资金的项目，并可以暂停项目执行或者暂停资金拨付。

第五十六条　违反本条例规定，建设单位有下列行为之一的，责令改正，处 20 万元以上 50 万元以下的罚款：

（一）迫使承包方以低于成本的价格竞标的；

（二）任意压缩合理工期的；

（三）明示或者暗示设计单位或者施工单位违反工程建设强制性标准，降低工程质量的；

（四）施工图设计文件未经审查或者审查不合格，擅自施工的；

（五）建设项目必须实行工程监理而未实行工程监理的；

（六）未按照国家规定办理工程质量监督手续的；

（七）明示或者暗示施工单位使用不合格的建筑材料、建筑构配件和设备的；

（八）未按照国家规定将竣工验收报告、有关认可文件或者准许使用文件报送备案的。

第五十七条　违反本条例规定，建设单位未取得施工许可证或者开工报告未经批准，擅自施工的，责令停止施工，限期改正，处工程合同价款百分之一以上百分之二以下的罚款。

第五十八条　违反本条例规定，建设单位有下列行为之一的，责令改正，处工程合同价款百分之二以上百分之四以下的罚款；造成损失的，依法承担赔偿责任：

（一）未组织竣工验收，擅自交付使用的；

（二）验收不合格，擅自交付使用的；

（三）对不合格的建设工程按照合格工程验收的。

第五十九条　违反本条例规定，建设工程竣工验收后，建设单位未向建设行政主管部门或者其他有关部门移交建设项目档案的，责令改正，处1万元以上10万元以下的罚款。

第六十条　违反本条例规定，勘察、设计、施工、工程监理单位超越本单位资质等级承揽工程的，责令停止违法行为，对勘察、设计单位或者工程监理单位处合同约定的勘察费、设计费或者监理酬金1倍以上2倍以下的罚款；对施工单位处工程合同价款百分之二以上百分之四以下的罚款，可以责令停业整顿，降低资质等级；情节严重的，吊销资质证书；有违法所得的，予以没收。

未取得资质证书承揽工程的，予以取缔，依照前款规定处以罚款；有违法所得的，予以没收。

以欺骗手段取得资质证书承揽工程的，吊销资质证书，依照本条第一款规定处以罚款；有违法所得的，予以没收。

第六十一条　违反本条例规定，勘察、设计、施工、工程监理单位允许其他单位或者个人以本单位名义承揽工程的，责令改正，没收违法所得，对勘察、设计单位和工程监理单位处合同约定的勘察费、设计费和监理酬金1倍以上2倍以下的罚款；对施工单位处工程合同价款百分之二以上百分之四以下的罚款；可以责令停业整顿，降低资质等级；情节严重的，吊销资质证书。

第六十二条　违反本条例规定，承包单位将承包的工程转包或者违法分包的，责令改正，没收违法所得，对勘察、设计单位处合同约定的勘察费、设计费百分之二十五以上百分之五十以下的罚款；对施工单位处工程合同价款百分之零点五以上百分之一以下的罚款；可以责令停业整顿，降低资质等级；情节严重的，吊销资质证书。

工程监理单位转让工程监理业务的，责令改正，没收违法所得，处合同约定的监理酬金百分之二十五以上百分之五十以下的罚款；可以责令停业整顿，降低资质等级；情节严重的，吊销资质证书。

第六十三条　违反本条例规定，有下列行为之一的，责令改正，处10万元以上30万元以下的罚款：

（一）勘察单位未按照工程建设强制性标准进行勘察的；

（二）设计单位未根据勘察成果文件进行工程设计的；

（三）设计单位指定建筑材料、建筑构配件的生产厂、供应商的；

（四）设计单位未按照工程建设强制性标准进行设计的。

有前款所列行为，造成工程质量事故的，责令停业整顿，降低资质等级；情节严重的，吊销资质证书；造成损失的，依法承担赔偿责任。

第六十四条　违反本条例规定，施工单位在施工中偷工减料的，使用不合格的建筑材料、建筑构配件和设备的，或者有不按照工程设计图纸或者施工技术标准施工的其他行为的，责令改正，处工程合同价款百分之二以上百分之四以下的罚款；造成建设工程质量不符合规定的质量标准的，负责返工、修理，并赔偿因此造成的损失；情节严重的，责令停业整顿，降低资质等级或者吊销资质证书。

第六十五条　违反本条例规定，施工单位未对建筑材料、建筑构配件、设备和商品混凝土进行检验，或者未对涉及结构安全的试块、试件以及有关材料取样检测的，责令改正，处10万元以上20万元以下的罚款；情节严重的，责令停业整顿，降低资质等级或者吊销资质证书；造成损失的，依法承担赔偿责任。

第六十六条　违反本条例规定，施工单位不履行保修义务或者拖延履行保修义务的，责令改正，处10万元以上20万元以下的罚款，并对在保修期内因质量缺陷造成的损失承担赔偿责任。

第六十七条　工程监理单位有下列行为之一的，责令改正，处50万元以上100万元以下的罚款，降低资质等级或者吊销资质证书；有违法所得的，予以没收；造成损失的，承担连带赔偿责任：

（一）与建设单位或者施工单位串通，弄虚作假、降低工程质量的；

（二）将不合格的建设工程、建筑材料、建筑构配件和设备按照合格签字的。

第六十八条　违反本条例规定，工程监理单位与被监理工程的施工承包单位以及建筑材料、建筑构配件和设备供应单位有隶属关系或者其他利害关系承担该项建设工程的监理业务的，责令改正，处5万元以上10万元以下的罚款，降低资质等级或者吊销资质证书；有违法所得的，予以没收。

第六十九条　违反本条例规定，涉及建筑主体或者承重结构变动的装修工程，没有设计方案擅自施工的，责令改正，处50万元以上100万元以下的罚款；房屋建筑使用者在装修过程中擅自变动房屋建筑主体和承重结构的，责令改正，处5万元以上10万元以下的罚款。

有前款所列行为，造成损失的，依法承担赔偿责任。

第七十条　发生重大工程质量事故隐瞒不报、谎报或者拖延报告期限的，对直接负责的主管人员和其他责任人员依法给予行政处分。

第七十一条　违反本条例规定，供水、供电、供气、公安消防等部门或者单位明示或者暗示建设单位或者施工单位购买其指定的生产供应单位的建筑材料、建筑构配件和设备的，责令改正。

第七十二条　违反本条例规定，注册建筑师、注册结构工程师、监理工程师等注册执业人员因过错造成质量事故的，责令停止执业1年；造成重大质量事故的，吊销执业资格证书，5年以内不予注册；情节特别恶劣的，终身不予注册。

第七十三条　依照本条例规定，给予单位罚款处罚的，对单位直接负责的主管人员和其他直接责任人员处单位罚款数额百分之五以上百分之十以下的罚款。

第七十四条　建设单位、设计单位、施工单位、工程监理单位违反国家规定，降低工程质量标准，造成重大安全事故，构成犯罪的，对直接责任人员依法追究刑事责任。

第七十五条　本条例规定的责令停业整顿，降低资质等级和吊销资质证书的行政处罚，由颁发资质证书的机关决定；其他行政处罚，由建设行政主管部门或者其他有关部门依照法定职权决定。

依照本条例规定被吊销资质证书的，由工商行政管理部门吊销其营业执照。

第七十六条　国家机关工作人员在建设工程质量监督管理工作中玩忽职守、滥用职权、徇私舞弊，构成犯罪的，依法追究刑事责任；尚不构成犯罪的，依法给予行政处分。

第七十七条　建设、勘察、设计、施工、工程监理单位的工作人员因调动工作、退休等原因离开该单位后，被发现在该单位工作期间违反国家有关建设工程质量管理规定，造成重大工程质量事故的，仍应当依法追究法律责任。

第九章　附　则

第七十八条　本条例所称肢解发包，是指建设单位将应当由一个承包单位完成的建设工程分解成若干部分发包给不同的承包单位的行为。本条例所称违法分包，是指下列行为：

（一）总承包单位将建设工程分包给不具备相应资质条件的单位的；

（二）建设工程总承包合同中未有约定，又未经建设单位认可，承包单位将其承包的部分建设工程交由其他单位完成的；

（三）施工总承包单位将建设工程主体结构的施工分包给其他单位的；

（四）分包单位将其承包的建设工程再分包的。

本条例所称转包，是指承包单位承包建设工程后，不履行合同约定的责任和义务，将其承包的全部建设工程转给他人或者将其承包的全部建设工程肢解以后以分包的名义分别转给其他单位承包的行为。

第七十九条　本条例规定的罚款和没收的违法所得，必须全部上缴国库。

第八十条　抢险救灾及其他临时性房屋建筑和农民自建低层住宅的建设活动，不适用本条例。

第八十一条　军事建设工程的管理，按照中央军事委员会的有关规定执行。

第八十二条　本条例自发布之日起施行。

附刑法有关条款：

第一百三十七条　建设单位、设计单位、施工单位、工程监理单位违反国家规定，降低工程质量标准，造成重大安全事故的，对直接责任人员处五年以下有期徒刑或者拘役，并处罚金；后果特别严重的，处五年以上十年以下有期徒刑，并处罚金。

物业管理条例

(2003年5月28日国务院第9次常务会议通过，2003年9月1日起施行)

目录
第一章　总则
第二章　业主及业主大会
第三章　前期物业管理
第四章　物业管理服务
第五章　物业的使用与维护
第六章　法律责任
第八章　附则

第一章　总　　则

第一条　为了规范物业管理活动，维护业主和物业管理企业的合法权益，改善人民群众的生活和工作环境，制定本条例。

第二条　本条例所称物业管理，是指业主通过选聘物业管理企业，由业主和物业管理企业按照物业服务合同约定，对房屋及配套的设施设备和相关场地进行维修、养护、管理，维护相关区域内的环境卫生和秩序的活动。

第三条　国家提倡业主通过公开、公平、公正的市场竞争机制选择物业管理企业。

第四条　国家鼓励物业管理采用新技术、新方法，依靠科技进步提高管理和服务水平。

第五条　国务院建设行政主管部门负责全国物业管理活动的监督管理工作。

县级以上地方人民政府房地产行政主管部门负责本行政区域内物业管理活动的监督管理工作。

第二章　业主及业主大会

第六条　房屋的所有权人为业主。

业主在物业管理活动中，享有下列权利：

（一）按照物业服务合同的约定，接受物业管理企业提供的服务；

（二）提议召开业主大会会议，并就物业管理的有关事项提出建议；

（三）提出制定和修改业主公约、业主大会议事规则的建议；

（四）参加业主大会会议，行使投票权；

（五）选举业主委员会委员，并享有被选举权；

（六）监督业主委员会的工作；

（七）监督物业管理企业履行物业服务合同；

（八）对物业共用部位、共用设施设备和相关场地使用情况享有知情权和监督权；

（九）监督物业共用部位、共用设施设备专项维修资金（以下简称专项维修资金）的管理和使用；

（十）法律、法规规定的其他权利。

第七条 业主在物业管理活动中，履行下列义务：

（一）遵守业主公约、业主大会议事规则；

（二）遵守物业管理区域内物业共用部位和共用设施设备的使用、公共秩序和环境卫生的维护等方面的规章制度；

（三）执行业主大会的决定和业主大会授权业主委员会作出的决定；

（四）按照国家有关规定交纳专项维修资金；

（五）按时交纳物业服务费用；

（六）法律、法规规定的其他义务。

第八条 物业管理区域内全体业主组成业主大会。

业主大会应当代表和维护物业管理区域内全体业主在物业管理活动中的合法权益。

第九条 一个物业管理区域成立一个业主大会。

物业管理区域的划分应当考虑物业的共用设施设备、建筑物规模、社区建设等因素。具体办法由省、自治区、直辖市制定。

第十条 同一个物业管理区域内的业主，应当在物业所在地的区、县人民政府房地产行政主管部门的指导下成立业主大会，并选举产生业主委员会。但是，只有一个业主的，或者业主人数较少且经全体业主一致同意，决定不成立业主大会的，由业主共同履行业主大会、业主委员会职责。

业主在首次业主大会会议上的投票权，根据业主拥有物业的建筑面积、住宅套数等因素确定。具体办法由省、自治区、直辖市制定。

第十一条 业主大会履行下列职责：

（一）制定、修改业主公约和业主大会议事规则；

（二）选举、更换业主委员会委员，监督业主委员会的工作；

（三）选聘、解聘物业管理企业；

（四）决定专项维修资金使用、续筹方案，并监督实施；

（五）制定、修改物业管理区域内物业共用部位和共用设施设备的使用、公共秩序和环境卫生的维护等方面的规章制度；

（六）法律、法规或者业主大会议事规则规定的其他有关物业管理的职责。

第十二条 业主大会会议可以采用集体讨论的形式，也可以采用书面征求意见的形式；但应当有物业管理区域内持有1/2以上投票权的业主参加。

业主可以委托代理人参加业主大会会议。

业主大会作出决定，必须经与会业主所持投票权1/2以上通过。业主大会作出制定和修改业主公约、业主大会议事规则，选聘和解聘物业管理企业，专项维修资金使用和续筹方案的决定，必须经物业管理区域内全体业主所持投票权2/3以上通过。

业主大会的决定对物业管理区域内的全体业主具有约束力。

第十三条 业主大会会议分为定期会议和临时会议。

业主大会定期会议应当按照业主大会议事规则的规定召开。经20％以上的业主提议，业主委员会应当组织召开业主大会临时会议。

第十四条　召开业主大会会议，应当于会议召开15日以前通知全体业主。

住宅小区的业主大会会议，应当同时告知相关的居民委员会。

业主委员会应当做好业主大会会议记录。

第十五条　业主委员会是业主大会的执行机构，履行下列职责：

（一）召集业主大会会议，报告物业管理的实施情况；

（二）代表业主与业主大会选聘的物业管理企业签订物业服务合同；

（三）及时了解业主、物业使用人的意见和建议，监督和协助物业管理企业履行物业服务合同；

（四）监督业主公约的实施；

（五）业主大会赋予的其他职责。

第十六条　业主委员会应当自选举产生之日起30日内，向物业所在地的区、县人民政府房地产行政主管部门备案。

业主委员会委员应当由热心公益事业、责任心强、具有一定组织能力的业主担任。

业主委员会主任、副主任在业主委员会委员中推选产生。

第十七条　业主公约应当对有关物业的使用、维护、管理，业主的共同利益，业主应当履行的义务，违反公约应当承担的责任等事项依法作出约定。

业主公约对全体业主具有约束力。

第十八条　业主大会议事规则应当就业主大会的议事方式、表决程序、业主投票权确定办法、业主委员会的组成和委员任期等事项作出约定。

第十九条　业主大会、业主委员会应当依法履行职责，不得作出与物业管理无关的决定，不得从事与物业管理无关的活动。

业主大会、业主委员会作出的决定违反法律、法规的，物业所在地的区、县人民政府房地产行政主管部门，应当责令限期改正或者撤销其决定，并通告全体业主。

第二十条　业主大会、业主委员会应当配合公安机关，与居民委员会相互协作，共同做好维护物业管理区域内的社会治安等相关工作。

在物业管理区域内，业主大会、业主委员会应当积极配合相关居民委员会依法履行自治管理职责，支持居民委员会开展工作，并接受其指导和监督。

住宅小区的业主大会、业主委员会作出的决定，应当告知相关的居民委员会，并认真听取居民委员会的建议。

第三章　前期物业管理

第二十一条　在业主、业主大会选聘物业管理企业之前，建设单位选聘物业管理企业的，应当签订书面的前期物业服务合同。

第二十二条　建设单位应当在销售物业之前，制定业主临时公约，对有关物业的使用、维护、管理，业主的共同利益，业主应当履行的义务，违反公约应当承担的责任等事项依法作出约定。

建设单位制定的业主临时公约，不得侵害物业买受人的合法权益。

第二十三条 建设单位应当在物业销售前将业主临时公约向物业买受人明示，并予以说明。

物业买受人在与建设单位签订物业买卖合同时，应当对遵守业主临时公约予以书面承诺。

第二十四条 国家提倡建设单位按照房地产开发与物业管理相分离的原则，通过招投标的方式选聘具有相应资质的物业管理企业。

住宅物业的建设单位，应当通过招投标的方式选聘具有相应资质的物业管理企业；投标人少于3个或者住宅规模较小的，经物业所在地的区、县人民政府房地产行政主管部门批准，可以采用协议方式选聘具有相应资质的物业管理企业。

第二十五条 建设单位与物业买受人签订的买卖合同应当包含前期物业服务合同约定的内容。

第二十六条 前期物业服务合同可以约定期限；但是，期限未满、业主委员会与物业管理企业签订的物业服务合同生效的，前期物业服务合同终止。

第二十七条 业主依法享有的物业共用部位、共用设施设备的所有权或者使用权，建设单位不得擅自处分。

第二十八条 物业管理企业承接物业时，应当对物业共用部位、共用设施设备进行查验。

第二十九条 在办理物业承接验收手续时，建设单位应当向物业管理企业移交下列资料：

（一）竣工总平面图，单体建筑、结构、设备竣工图，配套设施、地下管网工程竣工图等竣工验收资料；

（二）设施设备的安装、使用和维护保养等技术资料；

（三）物业质量保修文件和物业使用说明文件；

（四）物业管理所必需的其他资料。

物业管理企业应当在前期物业服务合同终止时将上述资料移交给业主委员会。

第三十条 建设单位应当按照规定在物业管理区域内配置必要的物业管理用房。

第三十一条 建设单位应当按照国家规定的保修期限和保修范围，承担物业的保修责任。

第四章 物业管理服务

第三十二条 从事物业管理活动的企业应当具有独立的法人资格。

国家对从事物业管理活动的企业实行资质管理制度。具体办法由国务院建设行政主管部门制定。

第三十三条 从事物业管理的人员应当按照国家有关规定，取得职业资格证书。

第三十四条 一个物业管理区域由一个物业管理企业实施物业管理。

第三十五条 业主委员会应当与业主大会选聘的物业管理企业订立书面的物业服务合同。

物业服务合同应当对物业管理事项、服务质量、服务费用、双方的权利义务、专项维修资金的管理与使用、物业管理用房、合同期限、违约责任等内容进行约定。

第三十六条　物业管理企业应当按照物业服务合同的约定，提供相应的服务。

物业管理企业未能履行物业服务合同的约定，导致业主人身、财产安全受到损害的，应当依法承担相应的法律责任。

第三十七条　物业管理企业承接物业时，应当与业主委员会办理物业验收手续。

业主委员会应当向物业管理企业移交本条例第二十九条第一款规定的资料。

第三十八条　物业管理用房的所有权依法属于业主。未经业主大会同意，物业管理企业不得改变物业管理用房的用途。

第三十九条　物业服务合同终止时，物业管理企业应当将物业管理用房和本条例第二十九条第一款规定的资料交还给业主委员会。

物业服务合同终止时，业主大会选聘了新的物业管理企业的，物业管理企业之间应当做好交接工作。

第四十条　物业管理企业可以将物业管理区域内的专项服务业务委托给专业性服务企业，但不得将该区域内的全部物业管理一并委托给他人。

第四十一条　物业服务收费应当遵循合理、公开以及费用与服务水平相适应的原则，区别不同物业的性质和特点，由业主和物业管理企业按照国务院价格主管部门会同国务院建设行政主管部门制定的物业服务收费办法，在物业服务合同中约定。

第四十二条　业主应当根据物业服务合同的约定交纳物业服务费用。业主与物业使用人约定由物业使用人交纳物业服务费用的，从其约定，业主负连带交纳责任。

已竣工但尚未出售或者尚未交给物业买受人的物业，物业服务费用由建设单位交纳。

第四十三条　县级以上人民政府价格主管部门会同同级房地产行政主管部门，应当加强对物业服务收费的监督。

第四十四条　物业管理企业可以根据业主的委托提供物业服务合同约定以外的服务项目，服务报酬由双方约定。

第四十五条　物业管理区域内，供水、供电、供气、供热、通讯、有线电视等单位应当向最终用户收取有关费用。

物业管理企业接受委托代收前款费用的，不得向业主收取手续费等额外费用。

第四十六条　对物业管理区域内违反有关治安、环保、物业装饰装修和使用等方面法律、法规规定的行为，物业管理企业应当制止，并及时向有关行政管理部门报告。

有关行政管理部门在接到物业管理企业的报告后，应当依法对违法行为予以制止或者依法处理。

第四十七条　物业管理企业应当协助做好物业管理区域内的安全防范工作。发生安全事故时，物业管理企业在采取应急措施的同时，应当及时向有关行政管理部门报告，协助做好救助工作。

物业管理企业雇请保安人员的，应当遵守国家有关规定。保安人员在维护物业管理区域内的公共秩序时，应当履行职责，不得侵害公民的合法权益。

第四十八条　物业使用人在物业管理活动中的权利义务由业主和物业使用人约定，但不得违反法律、法规和业主公约的有关规定。

物业使用人违反本条例和业主公约的规定，有关业主应当承担连带责任。

第四十九条　县级以上地方人民政府房地产行政主管部门应当及时处理业主、业主委员会、物业使用人和物业管理企业在物业管理活动中的投诉。

第五章 物业的使用与维护

第五十条 物业管理区域内按照规划建设的公共建筑和共用设施，不得改变用途。

业主依法确需改变公共建筑和共用设施用途的，应当在依法办理有关手续后告知物业管理企业；物业管理企业确需改变公共建筑和共用设施用途的，应当提请业主大会讨论决定同意后，由业主依法办理有关手续。

第五十一条 业主、物业管理企业不得擅自占用、挖掘物业管理区域内的道路、场地，损害业主的共同利益。

因维修物业或者公共利益，业主确需临时占用、挖掘道路、场地的，应当征得业主委员会和物业管理企业的同意；物业管理企业确需临时占用、挖掘道路、场地的，应当征得业主委员会的同意。

业主、物业管理企业应当将临时占用、挖掘的道路、场地，在约定期限内恢复原状。

第五十二条 供水、供电、供气、供热、通讯、有线电视等单位，应当依法承担物业管理区域内相关管线和设施设备维修、养护的责任。

前款规定的单位因维修、养护等需要，临时占用、挖掘道路、场地的，应当及时恢复原状。

第五十三条 业主需要装饰装修房屋的，应当事先告知物业管理企业。

物业管理企业应当将房屋装饰装修中的禁止行为和注意事项告知业主。

第五十四条 住宅物业、住宅小区内的非住宅物业或者与单幢住宅楼结构相连的物业使用人，应当按照国家有关规定交纳专项维修资金。

专项维修资金属业主所有，专项用于物业保修期满后物业共用部位、共用设施设备的维修和更新、改造，不得挪作他用。

专项维修资金收取、使用、管理的办法由国务院建设行政主管部门会同国务院财政部门制定。

第五十五条 利用物业共用部位、共用设施设备进行经营的，应当在征得相关业主、业主大会、物业管理企业的同意后，按照规定办理有关手续。业主所得收益应当主要用于补充专项维修资金，也可以按照业主大会的决定使用。

第五十六条 物业存在安全隐患，危及公共利益及他人合法权益时，责任人应当及时维修养护，有关业主应当给予配合。

责任人不履行维修养护义务的，经业主大会同意，可以由物业管理企业维修养护，费用由责任人承担。

第六章 法 律 责 任

第五十七条 违反本条例的规定，住宅物业的建设单位未通过招投标的方式选聘物业管理企业或者未经批准，擅自采用协议方式选聘物业管理企业的，由县级以上地方人民政府房地产行政主管部门责令限期改正，给予警告，可以并处10万元以下的罚款。

第五十八条 违反本条例的规定，建设单位擅自处分属于业主的物业共用部位、共用设施设备的所有权或者使用权的，由县级以上地方人民政府房地产行政主管部门处5万元以上20万元以下的罚款；给业主造成损失的，依法承担赔偿责任。

第五十九条　违反本条例的规定，不移交有关资料的，由县级以上地方人民政府房地产行政主管部门责令限期改正；逾期仍不移交有关资料的，对建设单位、物业管理企业予以通报，处1万元以上10万元以下的罚款。

第六十条　违反本条例的规定，未取得资质证书从事物业管理的，由县级以上地方人民政府房地产行政主管部门没收违法所得，并处5万元以上20万元以下的罚款；给业主造成损失的，依法承担赔偿责任。

以欺骗手段取得资质证书的，依照本条第一款规定处罚，并由颁发资质证书的部门吊销资质证书。

第六十一条　违反本条例的规定，物业管理企业聘用未取得物业管理职业资格证书的人员从事物业管理活动的，由县级以上地方人民政府房地产行政主管部门责令停止违法行为，处5万元以上20万元以下的罚款；给业主造成损失的，依法承担赔偿责任。

第六十二条　违反本条例的规定，物业管理企业将一个物业管理区域内的全部物业管理一并委托给他人的，由县级以上地方人民政府房地产行政主管部门责令限期改正，处委托合同价款30％以上50％以下的罚款；情节严重的，由颁发资质证书的部门吊销资质证书。委托所得收益，用于物业管理区域内物业共用部位、共用设施设备的维修、养护，剩余部分按照业主大会的决定使用；给业主造成损失的，依法承担赔偿责任。

第六十三条　违反本条例的规定，挪用专项维修资金的，由县级以上地方人民政府房地产行政主管部门追回挪用的专项维修资金，给予警告，没收违法所得，可以并处挪用数额2倍以下的罚款；物业管理企业挪用专项维修资金，情节严重的，并由颁发资质证书的部门吊销资质证书；构成犯罪的，依法追究直接负责的主管人员和其他直接责任人员的刑事责任。

第六十四条　违反本条例的规定，建设单位在物业管理区域内不按照规定配置必要的物业管理用房的，由县级以上地方人民政府房地产行政主管部门责令限期改正，给予警告，没收违法所得，并处10万元以上50万元以下的罚款。

第六十五条　违反本条例的规定，未经业主大会同意，物业管理企业擅自改变物业管理用房的用途的，由县级以上地方人民政府房地产行政主管部门责令限期改正，给予警告，并处1万元以上10万元以下的罚款；有收益的，所得收益用于物业管理区域内物业共用部位、共用设施设备的维修、养护，剩余部分按照业主大会的决定使用。

第六十六条　违反本条例的规定，有下列行为之一的，由县级以上地方人民政府房地产行政主管部门责令限期改正，给予警告，并按照本条第二款的规定处以罚款；所得收益，用于物业管理区域内物业共用部位、共用设施设备的维修、养护，剩余部分按照业主大会的决定使用：

（一）擅自改变物业管理区域内按照规划建设的公共建筑和共用设施用途的；

（二）擅自占用、挖掘物业管理区域内道路、场地，损害业主共同利益的；

（三）擅自利用物业共用部位、共用设施设备进行经营的。

个人有前款规定行为之一的，处1000元以上1万元以下的罚款；单位有前款规定行为之一的，处5万元以上20万元以下的罚款。

第六十七条 违反物业服务合同约定,业主逾期不交纳物业服务费用的,业主委员会应当督促其限期交纳;逾期仍不交纳的,物业管理企业可以向人民法院起诉。

第六十八条 业主以业主大会或者业主委员会的名义,从事违反法律、法规的活动,构成犯罪的,依法追究刑事责任;尚不构成犯罪的,依法给予治安管理处罚。

第六十九条 违反本条例的规定,国务院建设行政主管部门、县级以上地方人民政府房地产行政主管部门或者其他有关行政管理部门的工作人员利用职务上的便利,收受他人财物或者其他好处,不依法履行监督管理职责,或者发现违法行为不予查处,构成犯罪的,依法追究刑事责任;尚不构成犯罪的,依法给予行政处分。

第七章 附 则

第七十条 本条例自2003年9月1日起施行。

物业服务收费管理办法

第一条 为规范物业服务收费行为,保障业主和物业管理企业的合法权益,根据《中华人民共和国价格法》和《物业管理条例》,制定本办法。

第二条 本办法所称物业服务收费,是指物业管理企业按照物业服务合同的约定,对房屋及配套的设施设备和相关场地进行维修、养护、管理,维护相关区域内的环境卫生和秩序,向业主所收取的费用。

第三条 国家提倡业主通过公开、公平、公正的市场竞争机制选择物业管理企业;鼓励物业管理企业开展正当的价格竞争,禁止价格欺诈,促进物业服务收费通过市场竞争形成。

第四条 国务院价格主管部门会同国务院建设行政主管部门负责全国物业服务收费的监督管理工作。

县级以上地方人民政府价格主管部门会同同级房地产行政主管部门负责本行政区域内物业服务收费的监督管理工作。

第五条 物业服务收费应当遵循合理、公开以及费用与服务水平相适应的原则。

第六条 物业服务收费应当区分不同物业的性质和特点分别实行政府指导价和市场调节价。具体定价形式由省、自治区、直辖市人民政府价格主管部门会同房地产行政主管部门确定。

第七条 物业服务收费实行政府指导价的,有定价权限的人民政府价格主管部门应当会同房地产行政主管部门根据物业管理服务等级标准等因素,制定相应的基准价及其浮动幅度,并定期公布。具体收费标准由业主与物业管理企业根据规定的基准价和浮动幅度在物业服务合同中约定。

实行市场调节价的物业服务收费,由业主与物业管理企业在物业服务合同中约定。

第八条 物业管理企业应当按照政府价格主管部门的规定实行明码标价,在物业管理区域内的显著位置,将服务内容、服务标准以及收费项目、收费标准等有关情况进行公示。

第九条 业主与物业管理企业可以采取包干制或者酬金制等形式约定物业服务费用。

包干制是指由业主向物业管理企业支付固定物业服务费用,盈余或者亏损均由物业管理企业享有或者承担的物业服务计费方式。

酬金制是指在预收的物业服务资金中按约定比例或者约定数额提取酬金支付给物业管理企业,其余全部用于物业服务合同约定的支出,结余或者不足均由业主享有或者承担的物业服务计费方式。

第十条 建设单位与物业买受人签订的买卖合同,应当约定物业管理服务内容、服务标准、收费标准、计费方式及计费起始时间等内容,涉及物业买受人共同利益的约定应当一致。

第十一条 实行物业服务费用包干制的,物业服务费用的构成包括物业服务成本、法定税费和物业管理企业的利润。

实行物业服务费用酬金制的，预收的物业服务资金包括物业服务支出和物业管理企业的酬金。

物业服务成本或者物业服务支出构成一般包括以下部分：

1. 管理服务人员的工资、社会保险和按规定提取的福利费等；
2. 物业共用部位、共用设施设备的日常运行、维护费用；
3. 物业管理区域清洁卫生费用；
4. 物业管理区域绿化养护费用；
5. 物业管理区域秩序维护费用；
6. 办公费用；
7. 物业管理企业固定资产折旧；
8. 物业共用部位、共用设施设备及公众责任保险费用；
9. 经业主同意的其他费用。

物业共用部位、共用设施设备的大修、中修和更新、改造费用，应当通过专项维修资金予以列支，不得计入物业服务支出或者物业服务成本。

第十二条 实行物业服务费用酬金制的，预收的物业服务支出属于代管性质，为所交纳的业主所有，物业管理企业不得将其用于物业服务合同约定以外的支出。

物业管理企业应当向业主大会或者全体业主公布物业服务资金年度预决算并每年不少于一次公布物业服务资金的收支情况。

业主或者业主大会对公布的物业服务资金年度预决算和物业服务资金的收支情况提出质询时，物业管理企业应当及时答复。

第十三条 物业服务收费采取酬金制方式，物业管理企业或者业主大会可以按照物业服务合同约定聘请专业机构对物业服务资金年度预决算和物业服务资金的收支情况进行审计。

第十四条 物业管理企业在物业服务中应当遵守国家的价格法律法规，严格履行物业服务合同，为业主提供质价相符的服务。

第十五条 业主应当按照物业服务合同的约定按时足额交纳物业服务费用或者物业服务资金。业主违反物业服务合同约定逾期不交纳服务费用或者物业服务资金的，业主委员会应当督促其限期交纳；逾期仍不交纳的，物业管理企业可以依法追缴。

业主与物业使用人约定由物业使用人交纳物业服务费用或者物业服务资金的，从其约定，业主负连带交纳责任。

物业发生产权转移时，业主或者物业使用人应当结清物业服务费用或者物业服务资金。

第十六条 纳入物业管理范围的已竣工但尚未出售，或者因开发建设单位原因未按时交给物业买受人的物业，物业服务费用或者物业服务资金由开发建设单位全额交纳。

第十七条 物业管理区域内，供水、供电、供气、供热、通讯、有线电视等单位应当向最终用户收取有关费用。物业管理企业接受委托代收上述费用的，可向委托单位收取手续费，不得向业主收取手续费等额外费用。

第十八条 利用物业共用部位、共用设施设备进行经营的，应当在征得相关业主、业主大会、物业管理企业的同意后，按照规定办理有关手续。业主所得收益应当主要用于补充专项维修资金，也可以按照业主大会的决定使用。

第十九条 物业管理企业已接受委托实施物业服务并相应收取服务费用的，其他部门和单位不得重复收取性质和内容相同的费用。

第二十条 物业管理企业根据业主的委托提供物业服务合同约定以外的服务，服务收费由双方约定。

第二十一条 政府价格主管部门会同房地产行政主管部门，应当加强对物业管理企业的服务内容、标准和收费项目、标准的监督。物业管理企业违反价格法律、法规和规定，由政府价格主管部门依据《中华人民共和国价格法》和《价格违法行为行政处罚规定》予以处罚。

第二十二条 各省、自治区、直辖市人民政府价格主管部门、房地产行政主管部门可以依据本办法制定具体实施办法，并报国家发展和改革委员会、建设部备案。

第二十三条 本办法由国家发展和改革委员会会同建设部负责解释。

第二十四条 本办法自 2004 年 1 月 1 日起执行，原国家计委、建设部印发的《城市住宅小区物业管理服务收费暂行办法》（计价费[1996]266 号）同时废止。

业主大会规程

第一条 为了规范业主大会的活动,维护业主的合法权益,根据《物业管理条例》,制定本规程。

第二条 业主大会应当代表和维护物业管理区域内全体业主在物业管理活动中的合法权益。

第三条 一个物业管理区域只能成立一个业主大会。

业主大会由物业管理区域内的全体业主组成。

业主大会应当设立业主委员会作为执行机构。

业主大会自首次业主大会会议召开之日起成立。

第四条 只有一个业主,或者业主人数较少且经全体业主同意,决定不成立业主大会的,由业主共同履行业主大会、业主委员会职责。

第五条 业主筹备成立业主大会的,应当在物业所在地的区、县人民政府房地产行政主管部门和街道办事处(乡镇人民政府)的指导下,由业主代表、建设单位(包括公有住房出售单位)组成业主大会筹备组(以下简称筹备组),负责业主大会筹备工作。

筹备组成员名单确定后,以书面形式在物业管理区域内公告。

第六条 筹备组应当做好下列筹备工作:

(一)确定首次业主大会会议召开的时间、地点、形式和内容;

(二)参照政府主管部门制订的示范文本,拟定《业主大会议事规则》(草案)和《业主公约》(草案);

(三)确认业主身份,确定业主在首次业主大会会议上的投票权数;

(四)确定业主委员会委员候选人产生办法及名单;

(五)做好召开首次业主大会会议的其他准备工作。

前款(一)、(二)、(三)、(四)项的内容应当在首次业主大会会议召开15日前以书面形式在物业管理区域内公告。

第七条 业主在首次业主大会会议上的投票权数,按照省、自治区、直辖市制定的具体办法确定。

第八条 筹备组应当自组成之日起30日内在物业所在地的区、县人民政府房地产行政主管部门的指导下,组织业主召开首次业主大会会议,并选举产生业主委员会。

第九条 业主大会履行以下职责:

(一)制定、修改业主公约和业主大会议事规则;

(二)选举、更换业主委员会委员,监督业主委员会的工作;

(三)选聘、解聘物业管理企业;

(四)决定专项维修资金使用、续筹方案,并监督实施;

(五)制定、修改物业管理区域内物业共用部位和共用设施设备的使用、公共秩序和环境卫生的维护等方面的规章制度;

(六)法律、法规或者业主大会议事规则规定的其他有关物业管理的职责。

第十条 业主大会议事规则应当就业主大会的议事方式、表决程序、业主投票权确定办法、业主委员会的组成和委员任期等事项依法作出约定。

第十一条 业主公约应当对有关物业的使用、维护、管理，业主的共同利益，业主应当履行的义务，违反公约应当承担的责任等事项依法作出约定。

业主公约对全体业主具有约束力。

第十二条 业主大会会议分为定期会议和临时会议。

业主大会定期会议应当按照业主大会议事规则的规定由业主委员会组织召开。

有下列情况之一的，业主委员会应当及时组织召开业主大会临时会议：

（一）20%以上业主提议的；

（二）发生重大事故或者紧急事件需要及时处理的；

（三）业主大会议事规则或者业主公约规定的其他情况。

发生应当召开业主大会临时会议的情况，业主委员会不履行组织召开会议职责的，区、县人民政府房地产行政主管部门应当责令业主委员会限期召开。

第十三条 业主委员会应当在业主大会会议召开 15 日前将会议通知及有关材料以书面形式在物业管理区域内公告。

住宅小区的业主大会会议，应当同时告知相关的居民委员会。

第十四条 业主因故不能参加业主大会会议的，可以书面委托代理人参加。

第十五条 业主大会会议可以采用集体讨论的形式，也可以采用书面征求意见的形式；但应当有物业管理区域内持有 1/2 以上投票权的业主参加。

第十六条 物业管理区域内业主人数较多的，可以幢、单元、楼层等为单位，推选一名业主代表参加业主大会会议。

推选业主代表参加业主大会会议的，业主代表应当于参加业主大会会议 3 日前，就业主大会会议拟讨论的事项书面征求其所代表的业主意见，凡需投票表决的，业主的赞同、反对及弃权的具体票数经本人签字后，由业主代表在业主大会投票时如实反映。

业主代表因故不能参加业主大会会议的，其所代表的业主可以另外推选一名业主代表参加。

第十七条 业主大会作出决定，必须经与会业主所持投票权 1/2 以上通过。

业主大会作出制定和修改业主公约、业主大会议事规则、选聘、解聘物业管理企业、专项维修资金使用、续筹方案的决定，必须经物业管理区域内全体业主所持投票权 2/3 以上通过。

第十八条 业主大会会议应当由业主委员会作书面记录并存档。

第十九条 业主大会作出的决定对物业管理区域内的全体业主具有约束力。

业主大会的决定应当以书面形式在物业管理区域内及时公告。

第二十条 业主委员会应当自选举产生之日起 3 日内召开首次业主委员会会议，推选产生业主委员会主任 1 人，副主任 1~2 人。

第二十一条 业主委员会委员应当符合下列条件：

（一）本物业管理区域内具有完全民事行为能力的业主；

（二）遵守国家有关法律、法规；

（三）遵守业主大会议事规则、业主公约，模范履行业主义务；

(四)热心公益事业,责任心强,公正廉洁,具有社会公信力;
(五)具有一定组织能力;
(六)具备必要的工作时间。

第二十二条 业主委员会应当自选举产生之日起30日内,将业主大会的成立情况、业主大会议事规则、业主公约及业主委员会委员名单等材料向物业所在地的区、县人民政府房地产行政主管部门备案。

业主委员会备案的有关事项发生变更的,依照前款规定重新备案。

第二十三条 业主委员会履行以下职责:
(一)召集业主大会会议,报告物业管理的实施情况;
(二)代表业主与业主大会选聘的物业管理企业签订物业服务合同;
(三)及时了解业主、物业使用人的意见和建议,监督和协助物业管理企业履行物业服务合同;
(四)监督业主公约的实施;
(五)业主大会赋予的其他职责。

第二十四条 业主委员会应当督促违反物业服务合同约定逾期不交纳物业服务费用的业主,限期交纳物业服务费用。

第二十五条 经三分之一以上业主委员会委员提议或者业主委员会主任认为有必要的,应当及时召开业主委员会会议。

第二十六条 业主委员会会议应当作书面记录,由出席会议的委员签字后存档。

第二十七条 业主委员会会议应当有过半数委员出席,作出决定必须经全体委员人数半数以上同意。

业主委员会的决定应当以书面形式在物业管理区域内及时公告。

第二十八条 业主委员会任期届满2个月前,应当召开业主大会会议进行业主委员会的换届选举;逾期未换届的,房地产行政主管部门可以指派工作人员指导其换届工作。

原业主委员会应当在其任期届满之日起10日内,将其保管的档案资料、印章及其他属于业主大会所有的财物移交新一届业主委员会,并做好交接手续。

第二十九条 经业主委员会或者20%以上业主提议,认为有必要变更业主委员会委员的,由业主大会会议作出决定,并以书面形式在物业管理区域内公告。

第三十条 业主委员会委员有下列情形之一的,经业主大会会议通过,其业主委员会委员资格终止:
(一)因物业转让、灭失等原因不再是业主的;
(二)无故缺席业主委员会会议连续三次以上的;
(三)因疾病等原因丧失履行职责能力的;
(四)有犯罪行为的;
(五)以书面形式向业主大会提出辞呈的;
(六)拒不履行业主义务的;
(七)其他原因不宜担任业主委员会委员的。

第三十一条 业主委员会委员资格终止的,应当自终止之日起3日内将其保管的档案资料、印章及其他属于业主大会所有的财物移交给业主委员会。

第三十二条 因物业管理区域发生变更等原因导致业主大会解散的,在解散前,业主大会、业主委员会应当在区、县人民政府房地产行政主管部门和街道办事处(乡镇人民政府)的指导监督下,做好业主共同财产清算工作。

第三十三条 业主大会、业主委员会应当依法履行职责,不得作出与物业管理无关的决定,不得从事与物业管理无关的活动。

业主大会、业主委员会作出的决定违反法律、法规的,物业所在地的区、县人民政府房地产行政主管部门,应当责令限期改正或者撤销其决定,并通告全体业主。

第三十四条 业主大会、业主委员会应当配合公安机关,与居民委员会相互协作,共同做好维护物业管理区域内的社会治安等相关工作。

在物业管理区域内,业主大会、业主委员会应当积极配合相关居民委员会依法履行自治管理职责,支持居民委员会开展工作,并接受其指导和监督。

住宅小区的业主大会、业主委员会作出的决定,应当告知相关的居民委员会,并听取居民委员会的建议。

第三十五条 业主大会和业主委员会开展工作的经费由全体业主承担;经费的筹集、管理、使用具体由业主大会议事规则规定。

业主大会和业主委员会工作经费的使用情况应当定期以书面形式在物业管理区域内公告,接受业主的质询。

第三十六条 业主大会和业主委员会的印章依照有关法律法规和业主大会议事规则的规定刻制、使用、管理。

违反印章使用规定,造成经济损失或者不良影响的,由责任人承担相应的责任。

物业管理企业资质管理办法

(2004年2月24日建设部第29次常务会议讨论通过，2004年5月1日起施行)

第一条 为了加强对物业管理活动的监督管理，规范物业管理市场秩序，提高物业管理服务水平，根据《物业管理条例》，制定本办法。

第二条 在中华人民共和国境内申请物业管理企业资质，实施对物业管理企业资质管理，适用本办法。

本办法所称物业管理企业，是指依法设立、具有独立法人资格，从事物业管理服务活动的企业。

第三条 物业管理企业资质等级分为一、二、三级。

第四条 国务院建设主管部门负责一级物业管理企业资质证书的颁发和管理。

省、自治区人民政府建设主管部门负责二级物业管理企业资质证书的颁发和管理，直辖市人民政府房地产主管部门负责二级和三级物业管理企业资质证书的颁发和管理，并接受国务院建设主管部门的指导和监督。

设区的市的人民政府房地产主管部门负责三级物业管理企业资质证书的颁发和管理，并接受省、自治区人民政府建设主管部门的指导和监督。

第五条 各资质等级物业管理企业的条件如下：

(一) 一级资质：

1. 注册资本人民币500万元以上；

2. 物业管理专业人员以及工程、管理、经济等相关专业类的专职管理和技术人员不少于30人。其中，具有中级以上职称的人员不少于20人，工程、财务等业务负责人具有相应专业中级以上职称；

3. 物业管理专业人员按照国家有关规定取得职业资格证书；

4. 管理两种类型以上物业，并且管理各类物业的房屋建筑面积分别占下列相应计算基数的百分比之和不低于100%：

(1) 多层住宅200万平方米；

(2) 高层住宅100万平方米；

(3) 独立式住宅(别墅)15万平方米；

(4) 办公楼、工业厂房及其他物业50万平方米。

5. 建立并严格执行服务质量、服务收费等企业管理制度和标准，建立企业信用档案系统，有优良的经营管理业绩。

(二) 二级资质：

1. 注册资本人民币300万元以上；

2. 物业管理专业人员以及工程、管理、经济等相关专业类的专职管理和技术人员不少于20人。其中，具有中级以上职称的人员不少于10人，工程、财务等业务负责人具有相应专业中级以上职称；

3. 物业管理专业人员按照国家有关规定取得职业资格证书；

4. 管理两种类型以上物业，并且管理各类物业的房屋建筑面积分别占下列相应计算基数的百分比之和不低于100%：

(1) 多层住宅100万平方米；

(2) 高层住宅50万平方米；

(3) 独立式住宅(别墅)8万平方米；

(4) 办公楼、工业厂房及其他物业20万平方米。

5. 建立并严格执行服务质量、服务收费等企业管理制度和标准，建立企业信用档案系统，有良好的经营管理业绩。

(三) 三级资质：

1. 注册资本人民币50万元以上；

2. 物业管理专业人员以及工程、管理、经济等相关专业类的专职管理和技术人员不少于10人。其中，具有中级以上职称的人员不少于5人，工程、财务等业务负责人具有相应专业中级以上职称；

3. 物业管理专业人员按照国家有关规定取得职业资格证书；

4. 有委托的物业管理项目；

5. 建立并严格执行服务质量、服务收费等企业管理制度和标准，建立企业信用档案系统。

第六条 新设立的物业管理企业应当自领取营业执照之日起30日内，持下列文件向工商注册所在地直辖市、设区的市的人民政府房地产主管部门申请资质：

(一) 营业执照；

(二) 企业章程；

(三) 验资证明；

(四) 企业法定代表人的身份证明；

(五) 物业管理专业人员的职业资格证书和劳动合同，管理和技术人员的职称证书和劳动合同。

第七条 新设立的物业管理企业，其资质等级按照最低等级核定，并设一年的暂定期。

第八条 一级资质物业管理企业可以承接各种物业管理项目。

二级资质物业管理企业可以承接30万平方米以下的住宅项目和8万平方米以下的非住宅项目的物业管理业务。

三级资质物业管理企业可以承接20万平方米以下住宅项目和5万平方米以下的非住宅项目的物业管理业务。

第九条 申请核定资质等级的物业管理企业，应当提交下列材料：

(一) 企业资质等级申报表；

(二) 营业执照；

(三) 企业资质证书正、副本；

(四) 物业管理专业人员的职业资格证书和劳动合同，管理和技术人员的职称证书和劳动合同，工程、财务负责人的职称证书和劳动合同；

(五) 物业服务合同复印件；

（六）物业管理业绩材料。

第十条 资质审批部门应当自受理企业申请之日起 20 个工作日内，对符合相应资质等级条件的企业核发资质证书；一级资质审批前，应当由省、自治区人民政府建设主管部门或者直辖市人民政府房地产主管部门审查，审查期限为 20 个工作日。

第十一条 物业管理企业申请核定资质等级，在申请之日前一年内有下列行为之一的，资质审批部门不予批准：

（一）聘用未取得物业管理职业资格证书的人员从事物业管理活动的；

（二）将一个物业管理区域内的全部物业管理业务一并委托给他人的；

（三）挪用专项维修资金的；

（四）擅自改变物业管理用房用途的；

（五）擅自改变物业管理区域内按照规划建设的公共建筑和共用设施用途的；

（六）擅自占用、挖掘物业管理区域内道路、场地，损害业主共同利益的；

（七）擅自利用物业共用部位、共用设施设备进行经营的；

（八）物业服务合同终止时，不按规定移交物业管理用房和有关资料的；

（九）与物业管理招标人或者其他物业管理投标人相互串通，以不正当手段谋取中标的；

（十）不履行物业服务合同，业主投诉较多，经查证属实的；

（十一）超越资质等级承接物业管理业务的；

（十二）出租、出借、转让资质证书的；

（十三）发生重大责任事故的。

第十二条 资质证书分为正本和副本，由国务院建设主管部门统一印制，正、副本具有同等法律效力。

第十三条 任何单位和个人不得伪造、涂改、出租、出借、转让资质证书。

企业遗失资质证书，应当在新闻媒体上声明后，方可申请补领。

第十四条 企业发生分立、合并的，应当在向工商行政管理部门办理变更手续后 30 日内，到原资质审批部门申请办理资质证书注销手续，并重新核定资质等级。

第十五条 企业的名称、法定代表人等事项发生变更的，应当在办理变更手续后 30 日内，到原资质审批部门办理资质证书变更手续。

第十六条 企业破产、歇业或者因其他原因终止业务活动的，应当在办理营业执照注销手续后 15 日内，到原资质审批部门办理资质证书注销手续。

第十七条 物业管理企业资质实行年检制度。

各资质等级物业管理企业的年检由相应资质审批部门负责。

第十八条 符合原定资质等级条件的，物业管理企业的资质年检结论为合格。

不符合原定资质等级条件的，物业管理企业的资质年检结论为不合格，原资质审批部门应当注销其资质证书，由相应资质审批部门重新核定其资质等级。

资质审批部门应当将物业管理企业资质年检结果向社会公布。

第十九条 物业管理企业取得资质证书后，不得降低企业的资质条件，并应当接受资质审批部门的监督检查。

资质审批部门应当加强对物业管理企业的监督检查。

第二十条　有下列情形之一的，资质审批部门或者其上级主管部门，根据利害关系人的请求或者根据职权可以撤销资质证书：

（一）审批部门工作人员滥用职权、玩忽职守作出物业管理企业资质审批决定的；

（二）超越法定职权作出物业管理企业资质审批决定的；

（三）违反法定程序作出物业管理企业资质审批决定的；

（四）对不具备申请资格或者不符合法定条件的物业管理企业颁发资质证书的；

（五）依法可以撤销审批的其他情形。

第二十一条　物业管理企业超越资质等级承接物业管理业务的，由县级以上地方人民政府房地产主管部门予以警告，责令限期改正，并处1万元以上3万元以下的罚款。

第二十二条　物业管理企业无正当理由不参加资质年检的，由资质审批部门责令其限期改正，可处1万元以上3万元以下的罚款。

第二十三条　物业管理企业出租、出借、转让资质证书的，由县级以上地方人民政府房地产主管部门予以警告，责令限期改正，并处1万元以上3万元以下的罚款。

第二十四条　物业管理企业不按照本办法规定及时办理资质变更手续的，由县级以上地方人民政府房地产主管部门责令限期改正，可处2万元以下的罚款。

第二十五条　资质审批部门有下列情形之一的，由其上级主管部门或者监察机关责令改正，对直接负责的主管人员和其他直接责任人员依法给予行政处分；构成犯罪的，依法追究刑事责任：

（一）对不符合法定条件的企业颁发资质证书的；

（二）对符合法定条件的企业不予颁发资质证书的；

（三）对符合法定条件的企业未在法定期限内予以审批的；

（四）利用职务上的便利，收受他人财物或者其他好处的；

（五）不履行监督管理职责，或者发现违法行为不予查处的。

第二十六条　本办法自2004年5月1日起施行。

前期物业管理招标投标管理暂行办法

(建设部 2003 年 6 月 26 日)

目录
第一章 总则
第二章 招标
第三章 投标
第四章 开标、评标和中标
第五章 附则

第一章 总　则

第一条 为了规范前期物业管理招标投标活动，保护招标投标当事人的合法权益，促进物业管理市场的公平竞争，制定本办法。

第二条 前期物业管理，是指在业主、业主大会选聘物业管理企业之前，由建设单位选聘物业管理企业实施的物业管理。

建设单位通过招投标的方式选聘具有相应资质的物业管理企业和行政主管部门对物业管理招投标活动实施监督管理，适用本办法。

第三条 住宅及同一物业管理区域内非住宅的建设单位，应当通过招投标的方式选聘具有相应资质的物业管理企业；投标人少于 3 个或者住宅规模较小的，经物业所在地的区、县人民政府房地产行政主管部门批准，可以采用协议方式选聘具有相应资质的物业管理企业。

国家提倡其他物业的建设单位通过招投标的方式，选聘具有相应资质的物业管理企业。

第四条 前期物业管理招标投标应当遵循公开、公平、公正和诚实信用的原则。

第五条 国务院建设行政主管部门负责全国物业管理招标投标活动的监督管理。

省、自治区人民政府建设行政主管部门负责本行政区域内物业管理招标投标活动的监督管理。

直辖市、市、县人民政府房地产行政主管部门负责本行政区域内物业管理招标投标活动的监督管理。

第六条 任何单位和个人不得违反法律、行政法规规定，限制或者排斥具备投标资格的物业管理企业参加投标，不得以任何方式非法干涉物业管理招标投标活动。

第二章 招　标

第七条 本办法所称招标人是指依法进行前期物业管理招标的物业建设单位。

前期物业管理招标由招标人依法组织实施。招标人不得以不合理条件限制或者排斥潜在投标人，不得对潜在投标人实行歧视待遇，不得对潜在投标人提出与招标物业管理项目实际要求不符的过高的资格等要求。

第八条 前期物业管理招标分为公开招标和邀请招标。

招标人采取公开招标方式的，应当在公共媒介上发布招标公告，并同时在中国住宅与房地产信息网和中国物业管理协会网上发布免费招标公告。

招标公告应当载明招标人的名称和地址，招标项目的基本情况以及获取招标文件的办法等事项。

招标人采取邀请招标方式的，应当向3个以上物业管理企业发出投标邀请书，投标邀请书应当包含前款规定的事项。

第九条 招标人可以委托招标代理机构办理招标事宜；有能力组织和实施招标活动的，也可以自行组织实施招标活动。

物业管理招标代理机构应当在招标人委托的范围内办理招标事宜，并遵守本办法对招标人的有关规定。

第十条 招标人应当根据物业管理项目的特点和需要，在招标前完成招标文件的编制。

招标文件应包括以下内容：

（一）招标人及招标项目简介，包括招标人名称、地址、联系方式、项目基本情况、物业管理用房的配备情况等；

（二）物业管理服务内容及要求，包括服务内容、服务标准等；

（三）对投标人及投标书的要求，包括投标人的资格、投标书的格式、主要内容等；

（四）评标标准和评标方法；

（五）招标活动方案，包括招标组织机构、开标时间及地点等；

（六）物业服务合同的签订说明；

（七）其他事项的说明及法律法规规定的其他内容。

第十一条 招标人应当在发布招标公告或者发出投标邀请书的10日前，提交以下材料报物业项目所在地的县级以上地方人民政府房地产行政主管部门备案：

（一）与物业管理有关的物业项目开发建设的政府批件；

（二）招标公告或者招标邀请书；

（三）招标文件；

（四）法律、法规规定的其他材料。

房地产行政主管部门发现招标有违反法律、法规规定的，应当及时责令招标人改正。

第十二条 公开招标的招标人可以根据招标文件的规定，对投标申请人进行资格预审。

实行投标资格预审的物业管理项目，招标人应当在招标公告或者投标邀请书中载明资格预审的条件和获取资格预审文件的办法。

资格预审文件一般应当包括资格预审申请书格式、申请人须知，以及需要投标申请人提供的企业资格文件、业绩、技术装备、财务状况和拟派出的项目负责人与主要管理人员的简历、业绩等证明材料。

第十三条 经资格预审后，公开招标的招标人应当向资格预审合格的投标申请人发出资格预审合格通知书,告知获取招标文件的时间、地点和方法,并同时向资格不合格的投标申请人告知资格预审结果。

在资格预审合格的投标申请人过多时,可以由招标人从中选择不少于5家资格预审合格的投标申请人。

第十四条　招标人应当确定投标人编制投标文件所需要的合理时间。公开招标的物业管理项目,自招标文件发出之日起至投标人提交投标文件截止之日止,最短不得少于20日。

第十五条　招标人对已发出的招标文件进行必要的澄清或者修改的,应当在招标文件要求提交投标文件截止时间至少15日前,以书面形式通知所有的招标文件收受人。该澄清或者修改的内容为招标文件的组成部分。

第十六条　招标人根据物业管理项目的具体情况,可以组织潜在的投标申请人踏勘物业项目现场,并提供隐蔽工程图纸等详细资料。对投标申请人提出的疑问应当予以澄清并以书面形式发送给所有的招标文件收受人。

第十七条　招标人不得向他人透露已获取招标文件的潜在投标人的名称、数量以及可能影响公平竞争的有关招标投标的其他情况。

招标人设有标底的,标底必须保密。

第十八条　在确定中标人前,招标人不得与投标人就投标价格、投标方案等实质内容进行谈判。

第十九条　通过招标投标方式选择物业管理企业的,招标人应当按照以下规定时限完成物业管理招标投标工作:

(一)新建现售商品房项目应当在现售前30日完成;

(二)预售商品房项目应当在取得《商品房预售许可证》之前完成;

(三)非出售的新建物业项目应当在交付使用前90日完成。

第三章　投　　标

第二十条　本办法所称投标人是指响应前期物业管理招标、参与投标竞争的物业管理企业。

投标人应当具有相应的物业管理企业资质和招标文件要求的其他条件。

第二十一条　投标人对招标文件有疑问需要澄清的,应当以书面形式向招标人提出。

第二十二条　投标人应当按照招标文件的内容和要求编制投标文件,投标文件应当对招标文件提出的实质性要求和条件作出响应。

投标文件应当包括以下内容:

(一)投标函;

(二)投标报价;

(三)物业管理方案;

(四)招标文件要求提供的其他材料。

第二十三条　投标人应当在招标文件要求提交投标文件的截止时间前,将投标文件密封送达投标地点。招标人收到投标文件后,应当向投标人出具标明签收人和签收时间的凭证,并妥善保存投标文件。在开标前,任何单位和个人均不得开启投标文件。

在招标文件要求提交投标文件的截止时间后送达的投标文件，为无效的投标文件，招标人应当拒收。

第二十四条 投标人在招标文件要求提交投标文件的截止时间前，可以补充、修改或者撤回已提交的投标文件，并书面通知招标人。补充、修改的内容为投标文件的组成部分，并应当按照本办法第二十三条的规定送达、签收和保管。在招标文件要求提交投标文件的截止时间后送达的补充或者修改的内容无效。

第二十五条 投标人不得以他人名义投标或者以其他方式弄虚作假，骗取中标。

投标人不得相互串通投标，不得排挤其他投标人的公平竞争，不得损害招标人或者其他投标人的合法权益。

投标人不得与招标人串通投标，损害国家利益、社会公共利益或者他人的合法权益。

禁止投标人以向招标人或者评标委员会成员行贿等不正当手段谋取中标。

第四章 开标、评标和中标

第二十六条 开标应当在招标文件确定的提交投标文件截止时间的同一时间公开进行；开标地点应当为招标文件中预先确定的地点。

第二十七条 开标由招标人主持，邀请所有投标人参加。开标应当按照下列规定进行：

由投标人或者其推选的代表检查投标文件的密封情况，也可以由招标人委托的公证机构进行检查并公证。经确认无误后，由工作人员当众拆封，宣读投标人名称、投标价格和投标文件的其他主要内容。

招标人在招标文件要求提交投标文件的截止时间前收到的所有投标文件，开标时都应当当众予以拆封。

开标过程应当记录，并由招标人存档备查。

第二十八条 评标由招标人依法组建的评标委员会负责。

评标委员会由招标人代表和物业管理方面的专家组成，成员为5人以上单数，其中招标人代表以外的物业管理方面的专家不得少于成员总数的三分之二。

评标委员会的专家成员，应当由招标人从房地产行政主管部门建立的专家名册中采取随机抽取的方式确定。

与投标人有利害关系的人不得进入相关项目的评标委员会。

第二十九条 房地产行政主管部门应当建立评标的专家名册。省、自治区、直辖市人民政府房地产行政主管部门可以将专家数量少的城市的专家名册予以合并或者实行专家名册计算机联网。

房地产行政主管部门应当对进入专家名册的专家进行有关法律和业务培训，对其评标能力、廉洁公正等进行综合考评，及时取消不称职或者违法违规人员的评标专家资格。被取消评标专家资格的人员，不得再参加任何评标活动。

第三十条 评标委员会成员应当认真、公正、诚实、廉洁地履行职责。

评标委员会成员不得与任何投标人或者与招标结果有利害关系的人进行私下接触，不得收受投标人、中介人、其他利害关系人的财物或者其他好处。

评标委员会成员和与评标活动有关的工作人员不得透露对投标文件的评审和比较、中标候选人的推荐情况以及与评标有关的其他情况。

前款所称与评标活动有关的工作人员，是指评标委员会成员以外的因参与评标监督工作或者事务性工作而知悉有关评标情况的所有人员。

第三十一条　评标委员会可以用书面形式要求投标人对投标文件中含义不明确的内容作必要的澄清或者说明。投标人应当采用书面形式进行澄清或者说明，其澄清或者说明不得超出投标文件的范围或者改变投标文件的实质性内容。

第三十二条　在评标过程中召开现场答辩会的，应当事先在招标文件中说明，并注明所占的评分比重。

评标委员会应当按照招标文件的评标要求，根据标书评分、现场答辩等情况进行综合评标。

除了现场答辩部分外，评标应当在保密的情况下进行。

第三十三条　评标委员会应当按照招标文件确定的评标标准和方法，对投标文件进行评审和比较，并对评标结果签字确认。

第三十四条　评标委员会经评审，认为所有投标文件都不符合招标文件要求的，可以否决所有投标。

依法必须进行招标的物业管理项目的所有投标被否决的，招标人应当重新招标。

第三十五条　评标委员会完成评标后，应当向招标人提出书面评标报告，阐明评标委员会对各投标文件的评审和比较意见，并按照招标文件规定的评标标准和评标方法，推荐不超过 3 名有排序的合格的中标候选人。

招标人应当按照中标候选人的排序确定中标人。当确定中标的中标候选人放弃中标或者因不可抗力提出不能履行合同的，招标人可以依序确定其他中标候选人为中标人。

第三十六条　招标人应当在投标有效期截止时限 30 日前确定中标人。投标有效期应当在招标文件中载明。

第三十七条　招标人应当向中标人发出中标通知书，同时将中标结果通知所有未中标的投标人，并应当返还其投标书。

招标人应当自确定中标人之日起 15 日内，向物业项目所在地的县级以上地方人民政府房地产行政主管部门备案。备案资料应当包括开标评标过程、确定中标人的方式及理由、评标委员会的评标报告、中标人的投标文件等资料。委托代理招标的，还应当附招标代理委托合同。

第三十八条　招标人和中标人应当自中标通知书发出之日起 30 日内，按照招标文件和中标人的投标文件订立书面合同；招标人和中标人不得再行订立背离合同实质性内容的其他协议。

第三十九条　招标人无正当理由不与中标人签订合同，给中标人造成损失的，招标人应当给予赔偿。

第五章　附　则

第四十条　投标人和其他利害关系人认为招标投标活动不符合本办法有关规定的，有权向招标人提出异议，或者依法向有关部门投诉。

第四十一条　招标文件或者投标文件使用两种以上语言文字的，必须有一种是中文；

如对不同文本的解释发生异议的，以中文文本为准。用文字表示的数额与数字表示的金额不一致的，以文字表示的金额为准。

第四十二条 本办法第三条规定住宅规模较小的，经物业所在地的区、县人民政府房地产行政主管部门批准，可以采用协议方式选聘物业管理企业的，其规模标准由省、自治区、直辖市人民政府房地产行政主管部门确定。

第四十三条 业主和业主大会通过招投标的方式选聘具有相应资质的物业管理企业的，参照本办法执行。

第四十四条 本办法自2003年9月1日起施行。

主要参考文献

1 夏善胜主编. 物业管理法. 北京：法律出版社，2003
2 高富平，黄武双著. 物业权属与物业管理. 北京：中国法制出版社，2002
3 郑立，王作堂主编. 民法学. 北京：北京大学出版社，1994
4 建设部人事教育司，政策法规司组织编写. 建设法律教程. 北京：中国建筑工业出版社，2002
5 谢家瑾，冯俊，王振江主编. 物业管理条例释义. 北京：知识产权出版社，2003
6 雷兴虎主编. 商法学教程. 北京：中国政法大学出版社，1999
7 张刚，雷兴虎，李皓平编著. 公司法教程. 北京：中国政法大学出版社，1996
8 江平主编. 新编公司法教程. 北京：法律出版社，1994
9 蒋亚东，何俊昆，丁邦开等著. 公司法律制度. 南京：东南大学出版社，2002
10 石少侠主编. 公司法教程. 北京：中国政法大学出版社，2002
11 徐晓松主编. 公司法学. 北京：中国政法大学出版社，1996
12 王新，秦芳华主编. 公司法. 北京：人民法院出版社，2000
13 雷兴虎主编. 公司法新论. 北京：中国法制出版社，2001
14 覃有土主编. 商法学. 北京：中国政法大学出版社，1999